AK Trivia Book 49

중세 유럽의 문화

이케가미 쇼타 | 지음   이은수 | 옮김

AK TRIVIA BOOK

중세 유럽이라는 단어는 꽤나 로맨틱한 인상을 준다. 씩씩하게 애마를 모는 기사, 그리스도교의 포교에 정열을 불태우는 사제와 수도사들, 성안에서 사랑의 노래를 연주하는 음유시인과 귀를 기울이는 숙녀, 목가적인 농촌에는 소박한 농민들이 살고 있으며 도시에는 꼼꼼한 상인과 견실한 기술자들이 각자의 가업에 열성을 다한다.

한편으로 중세는 암흑시대로서도 잘 알려져 있다. 거대한 로마 제국의 종언과 이민족 유입으로 인한 혼란, 빈번하게 찾아오던 기근과 재앙, 페스트를 비롯한 전염병 창궐. 예부터 전해지던 지식은 단절되고 위생 환경이 나쁜 궁핍한 세계에서 사람들이 벌벌 떨며 살고 있다.

이러한 이미지는 중세라는 실로 오랜 기간 중에서 일부만을 보여주는 것에 지나지 않는다. 중세라고 칭해지는 시대라 하여도 시기에 따라서 생활과 정세는 크게 다르다. 또한 무지몽매한 시대라고 하는 것도 오해. 잃어버린 지식도 많았지만 이 시대에 싹튼 다양한 기술도 있었다.

이 책은 이러한 중세시대에 대해 평이하면서 극히 간단한 형태로 다루고 있다. 이 책은 어디까지나 중세라고 하는 매력적이면서도 심오한 세계를 엿보는, 자그마한 열쇠구멍 같은 것이라고 생각해줬으면 한다. 그리고 이 책이 새로운 세계로 이어지는 문을 열어 중세라고 하는 시대를 깊이 알게 되는 계기가 된다면 좋겠다.

마지막으로 신세를 많이 진 편집자 여러분, 그리고 이해하기 쉽게 일러스트를 그려준 후쿠치 씨, 무엇보다 이 책을 읽어주신 모든 독자분들께 감사의 말을 전하고 싶다.

목차

■기사중의 기사 윌리엄 마셜의 생애

윌리엄 마셜(1146년~1219년)은 중세 영국 사회에서 기사 중의 기사라고 불리며 높은 명성을 얻은 영웅이다.

●탄생

윌리엄은 1146년에 존 머셜의 3남 또는 4남으로 태어났다. 존의 아버지인 길버트는 헨리 1세(재위 1106년~1135년)의 마구간지기장 또는 경비대장을 역임하고 있었으나, 존 자신은 헨리 1세 붕어 후에 발발한 왕위계승권 전쟁에서 마틸다 앙주(1102년~1167년)에 가세하여 「악마의 앞잡이. 모든 악의 원흉」이라 불릴 정도로 무시무시한 실력을 선보이며 공을 세우게 된다. 그 후 적대하던 스티븐 왕(재위 1135년~1154년)과 휴전한 존은 그 증표로 어린 윌리엄을 스티븐에게 인질로 보낸다. 하지만 그러는 동안에도 존은 군비를 확충하는 등 스티븐을 계속 도발하였고 불쌍한 윌리엄은 아버지의 눈앞에서 참수형에 처하게 되었다. 하지만 윌리엄과 그를 데리고 있는 스티븐에게 존이 한 말은 그야말로 최악이었다. 「나에겐 망치와 모루가 있고, 나는 아직도 더 좋은 아들을 제조할 수 있다!」 이 말을 듣고 윌리엄을 불쌍히 여긴 스티븐은 처형을 중지하고 몇 개월간 인질로 데리고 있다가 해방해주었다. 그동안에 스티븐은 윌리엄과 함께 질경이를 검처럼 들고 기사 흉내를 내면서 놀아주었다고 한다.

●기사로서

스티븐의 자비 덕분에 생환한 윌리엄이었지만 적자가 아닌 그는 상속받을 토지가 없었으므로 스스로의 힘으로 생계를 유지해야만 했다. 삼촌이자 보호자인 윌리엄 오브 탱커빌 밑에서 8년간 수행을 쌓은 윌리엄은 1167년에 기사로 서임된다. 주군인 헨리2세(재위 1154년~1189년)와 프랑스 왕 루이 7세(재위 1137년~1180년)가 한창 전쟁 중인 시기였다. 하지만 첫 출전에서 올린 전과는 그야말로 참담하여 적의 물자와 몸값을 벌기는커녕 자신의 말조차 잃어버리고 말았다. 며칠 후 지인을 통해서 어찌어찌 말을 조달한 윌리엄은 마상창시합에 참가하여 3연승을 달성, 패자에게서 말과 무구 일체 그리고 몸값을 받아내는 데 성공한다. 이후 윌리엄은 토너먼트에서 실력을 발휘하여 한때 10개월간에 103명의 기사를 물리쳤으며, 또 한편으로는 투구가 망가져서 벗지 못하는 상황에 처하면서도 500전 무패라고 하는 불후의 기록을 세우게 된다.

●영달의 길

기사 서임 후 윌리엄은 어머니 가계의 숙부에 해당하는 솔즈베리 백작 패트릭을 섬기며 왕비 엘레에노르과 인연을 맺는다. 그리고 그 명성 덕분에 헨리 2세의 아들, 젊은 헨리의 양육 담당으로 발탁된다. 토너먼트를 좋아했던 젊은 헨리는 윌리엄을 경애하였으며, 그를 기사로 서임한 것도 헨리였다. 그러나 윌리엄은 젊은 헨리의 아내와 불륜 행위를 하여 그의 곁을 떠나게 된다. 그 후 젊은 헨리의 죽음을 목전에 두고 두 사람은 화해하였고 헨리가 원했던 십자군 원정에 대신 참가하여 1185년부터 1186년에 걸쳐 성지로 원정을 나섰다. 그 충성에 감격한 헨리 2세는 윌리엄에게 100파운드의 원정 자금을 원조했다. 성지에서 귀환한 후에 윌리엄은 헨리 2세를 섬기게 된다.

1189년에는 헨리 2세에게 반기를 든 젊은 헨리의 동생 리처드 1세(재위 1189년~1199년)와 대결하여 물리쳤다.

●펜브룩 백작 윌리엄

헨리 2세의 탁월한 보좌관으로 명성을 날리게 된 윌리엄은 1189년 영국 서부 웨일즈와 아일랜드에 광대한 영토를 보유하고 있는 펜브룩 백작 리처드 클레이어의 후계자인 이사벨과 결혼한다. 이때 윌리엄은 40세, 이사벨은 17세였다. 이로 인해 영토 없는 기사에 지나지 않았던 윌리엄은 이사벨의 영토와 펜브룩 백작의 성을 잇게 된다. 또한 선량하고 아름다우며 총명했던 이사벨과는 나이차가 있음에도 불구하고 좋은 부부 관계를 유지하였고 슬하에 5명의 아들과 5명의 딸을 얻었다.

●영국의 섭정

헨리 2세 사후에 윌리엄은 리처드 1세를 섬기게 되며 과거에 적대관계였음에도 불구하고 평의회의 일원으로서 중용 받는다. 또한 리처드의 남동생인 존(재위 1199년~1216년)이 왕위를 이을 수 있었던 것도 윌리엄이 후원해준 덕분이었다. 한편 그는 존의 실정으로 인해 잃어버린 노르망디 영토를 유지하기 위해서 프랑스왕 필립 2세(재위 1180년~1223년)에게도 충성을 맹세했다. 하지만 그러한 와중에도 존에 대한 충성은 여전하여, 그가 지위를 유지할 수 있도록 토색들과 교황과의 화해를 주선하고 『마그나 카르타』를 수습하기 위해서 동분서주했다. 존 사후에도 어린 후계자였던 헨리 3세(재위 1216년~1272년)를 위해 섭정으로서 고군분투했다. 프랑스 왕태자 루이(1187년~1226년)를 수괴로 삼아 왕위를 노리는 반란 귀족을 제압하기 위해서 다수의 전투에 참가하였으며 1216년에 일어난 링컨 전투에서는 고령에도 불구하고 선두에서 싸워 승리를 거머쥐었다.

●영웅의 죽음과 저주

윌리엄은 생애에 걸쳐 봉건제도하의 기사로서 영토를 내려준 주군에게 충성을 다하였다. 1219년에 사망한 후 유해는 런던 템플 교회에 묻혔다. 이 교회에는 현재도 윌리엄 마셜이라 여겨지는 조각상이 남아 있다. 허나 영광으로 가득했던 그의 자손은 너무나도 손쉽게 대가 끊겼다. 거기에는 이런 에피소드가 전해진다. 윌리엄은 생전에 아일랜드 주교 펀즈의 교회에 소속되어 있는 장원 2곳을 몰수했다. 이에 대해 펀즈는 윌리엄을 파문시키는 것으로 대응한다. 윌리엄 자신은 전혀 신경 쓰지 않았지만 헨리 3세는 윌리엄 사후 펀즈에게 화해와 파문 취소를 요청한다. 펀즈는 부당하게 빼앗긴 토지를 돌려준다면 용서하겠다고 했다. 하지만 윌리엄의 뒤를 이은 아들은 장원 반환을 거부했다. 그러자 펀즈는 「그들의 일족은 1대에 멸망할 것이며 출산과 번영의 축복을 받지 못할 것이다」라는 불길한 저주를 걸었다. 이 저주대로 윌리엄의 다섯 아들은 자식을 얻지 못한 채 차례차례 이른 나이에 사망하였고, 윌리엄의 남성 직계 자손은 그 대가 끊겼다.

제1장
중세란 무엇인가

중세라고 하는 시대

중세는 암흑시대라고 불리며 정체된 시대라 여겨지고 있다. 하지만 혼란과 격동으로 인하여 새로운 질서가 창조된 중요한 시대이기도 하다.

● 혼돈에서 재생의 시대로

암흑시대라고 불리던 중세시대. 인류가 거듭나기 위한 기초를 쌓은 대제국을 탄생시킨 고대와 지성과 발견의 시대였던 근세 사이에 걸쳐 있는 중세는, 찬란했던 고대의 말기에 찾아온 동란 속에서 사람들이 다시 일어서려 했던 고난의 시대였다. 그런 의미로 보자면 확실히 중세는 암흑시대였을지도 모른다. 하지만 고대로부터 근근이 이어져 내려온 사상과 기술 그리고 새로운 시대로 날갯짓하기 위한 지혜가 융합하여 새로운 질서와 발전을 이룬 것 또한 이 시대이다.

역사적으로 서유럽의 중세는 5세기부터 14세기 또는 15세기까지의 기간을 지칭한다. 대략적으로 세 기간으로 이루어져 있으며 각각 5세기부터 10세기까지의 초기, 11세기부터 13세기까지의 중기, 13세기 후반 이후인 후기로 나누어진다. 중세 초기는 로마 제국의 붕괴, 그리고 게르만 민족의 대이동이 초래한 혼란과 싸움의 시대였다. 끊임없는 불안과 의심의 나날을 보내던 사람들은 내세의 희망을 걸며 그리스도교에 구원을 바라게 되었고 수많은 사람들이 교화되었다. 또한 게르만계의 새로운 지배자들은 민중지배의 수단으로서 또는 자신의 구원을 위해서 그리스도교를 받아들여 신민을 교화시키고 성직자들을 보호하기 시작했다. 이후로 이어지는 중기는 봉건제도의 시대였다. 혼란 속에서 힘을 손에 넣은 많은 세력들은 확실한 안전을 확보하기 위해 더욱 큰 힘을 지닌 자에게 영토를 헌납하고 그 비호 아래로 들어갔다. 이렇게 다수의 작은 세력이 소수의 커다란 세력으로 규합되어 서유럽은 일단 안정기를 맞이하게 된다. 마지막인 후기는 르네상스시대로 이어지는 혁신의 시대였다. 사상의 중심이었던 교회의 부패로 인해 일어난 반교회적 성향, 왕의 권력 확대로 인한 중앙 집권화, 도시와 상인의 대두, 페스트와 기근의 만연은 정체된 시대를 종언으로 몰아갔고 새로운 시대를 개척하게 된다.

중세라고 하는 시대

서유럽에 있어서 『중세』란?

5세기부터 14세기, 또는 15세기까지의 시대로 구분. 5~10세기의 초기, 11~13세기의 중기, 13세기 후반 이후인 후기로 나누어진다.

● 중세 초기

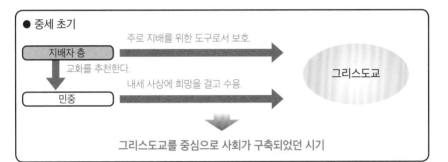

주로 지배를 위한 도구로서 보호.

지배자 층

교화를 추천한다.

민중

내세 사상에 희망을 걸고 수용.

그리스도교

그리스도교를 중심으로 사회가 구축되었던 시기

● 중세 중기

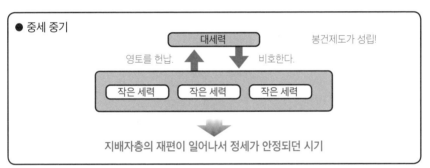

대세력

봉건제도가 성립!

영토를 헌납.

비호한다.

작은 세력   작은 세력   작은 세력

지배자층의 재편이 일어나서 정세가 안정되던 시기

● 중세 후기

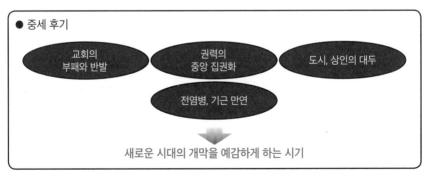

교회의 부패와 반발

권력의 중앙 집권화

도시, 상인의 대두

전염병, 기근 만연

새로운 시대의 개막을 예감하게 하는 시기

관련 항목
● 봉건제도 → No.003
● 신앙과 삶 → No.005
● 중세의 재난과 기근 → No.009
● 상인 → No.051
● 영주 → No.091

중세의 세계관

중세에 있어서 사람이 살아가는 세계에 관한 이해는 눈에 보이는 현실과 신학적인 환상이 기묘하게 섞여버린 독특한 것이었다.

● 신화와 현실이 섞여버린 세계

중세는 현재처럼 자연 현상과 지리에 관한 이해가 널리 퍼지지 않았기에, 그 해석은 신학적인 차원으로 접근하여 심플하게 정리되었다.

그리스도교가 절대적인 가치관이었던 중세 세계였지만 거기에는 이교문화의 잔재도 도입되었다. 그로 인해 세계는 성경에서 나오는 천지창조와 그리스·로마 철학에서 성경과 반목하지 않는 부분을 섞어버린 형태로 이해하고 있었다. 세계는 신에 의해서 무에서 6일 만에 창조되었다. 만물을 구성하는 것은 불, 공기, 물, 대지의 4대 원소다. 중세 사람들은 세계를 평면으로 파악했다고 착각하기 십상이지만 세계가 구체라는 개념은 널리 퍼져 있었다. 세계는 달걀 같은 구체 형태로 이루어져 하늘이 덮고 있고, 하늘은 천사와 선량한 사람들이 사는 천국 지역, 타천사가 내쳐진 지역, 신이 있는 지역으로 층을 이루고 있다. 하늘에는 많은 별이 있으며 47개의 성좌를 형성하고 있다. 세계의 핵은 대지고 그 주변을 천체가 돌고 있다. 대지 주변은 바다가 에워싸고 있다. 대지의 중앙에 위치하는 것은 예루살렘이며 동쪽에는 에덴의 낙원이 있다. 유럽과 지중해는 예루살렘을 사이에 두고 반대쪽인 서쪽에 있다.

지리적 지식이 존재했음에도 불구하고 중세의 지도는 개념적인 물건이었다. 마파 문디라고 불리는 당시의 세계지도는 기본적으로 3분할된 대지에 상징화된 도시를 배치한 것이다. 지도는 동쪽을 위에 두고 윗부분을 차지하는 아시아의 최상부에 에덴의 낙원을, 중앙에 희화화된 예루살렘을 배치하고 있다. 왼쪽 아래에는 유럽이 오른쪽 아래에는 지중해와 아프리카가 그려져 있다. 그리고 여행자들에게서 얻은 현실 정보, 고대 문헌으로부터 얻은 정보, 신화와 전설을 토대로 한 정보가 혼연일체가 되어 기재되어 있다. 그러나 14세기에 들어 항해술이 발달함에 따라 정확한 해도가 필요해지면서 지도는 한층 더 현실적으로 바뀌어간다.

중세 세계관의 기본

중세 세계관은 성경을 토대로 다양한 지식을 도입한 것이다.

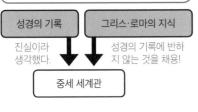

성경의 기록 → 진실이라 생각했다.

그리스·로마의 지식 → 성경의 기록에 반하지 않는 것을 채용!

중세 세계관

※예 · 세계는 신에 의해 무에서 6일 만에 창조되었다(성경).
· 만물을 구성하는 것은 불, 공기, 물, 대지의 4대 원소이다(그리스·로마).

당시의 세계 인식

하늘에는 천체가 배치되어 있으며 대지 주변을 순회하고 있다.

대지의 주변은 바다.

세계의 핵인 대지. 구체라고 하는 개념은 널리 유포되어 있었다.

대지의 중심에는 예루살렘. 동쪽에 에덴의 낙원, 서쪽에 유럽이 있다.

타천사의 지역, 신의 지역 등 하늘은 몇 개의 층으로 나누어져 있다.

마파 문디

마파 문디란?

중세에 만들어진 세계지도. 지리적인 인식이 있었음에도 불구하고 이 지도는 종교적, 상징적인 의장으로 이루어져 있다.

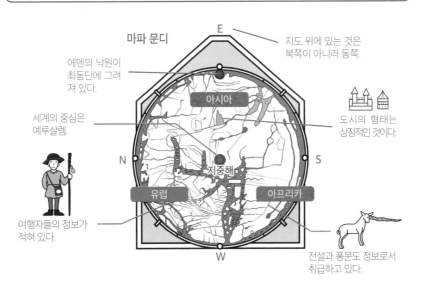

마파 문디

에덴의 낙원이 최동단에 그려져 있다.

세계의 중심은 예루살렘.

여행자들의 정보가 적혀 있다.

지도 위에 있는 것은 북쪽이 아니라 동쪽.

도시의 형태는 상징적인 것이다.

전설과 풍문도 정보로서 취급하고 있다.

관련 항목
● 신앙과 삶 → No.005

봉건제도

봉건제도라 불리는 사회제도는 중세 서유럽이 직면한 혼란 와중에 스스로를 지키기 위해 새로운 질서로서 태어났다.

● 봉건제도의 탄생 배경

봉건제도는 중세 중기를 대표하는 정치제도다. 이 단어에는 다양한 해석이 따르지만 이 책에서는 봉토에 의한 통치 체제로서 해설한다.

봉건제도의 전신이 된 것이 장원제도이다. 로마 제국 시대의 황제와 귀족의 사유지와 농노에서 발단된 이 제도는 프랑크 왕국 시대에 은대지(恩貸地)라 불리는 토지를 유력자에게 내리고 그 대가로 충성을 약속받는 레헨제도로 발전된다. 이 은대지는 보통 수급자가 사망하면 반환되었다. 또 하나의 제도로는 게르만인의 종사제도를 들 수 있다. 이는 왕과 수장이 자유인의 전사와 자제를 부양하여 개인적인 병력으로 삼는 것이다.

카롤루스 대제(재위 768년~814년) 사후 그가 세운 서로마는 분열하고 구심력이 급격하게 사라졌다. 각지의 영주와 대규모의 토지를 소유하는 성직자들은 더욱 약소한 자들을 신하로 받아들이고 그 영토를 은대지로 보증해줌으로써 자신들의 전력을 증강시켰다. 하지만 영주들의 연합은 소영주들의 권한도 강화해서 1대 한정이었던 은대지는 이윽고 소유권을 세습으로 보장받는 봉토로 바뀌어버렸다.

이렇게 정리된 봉건제도는 몇몇의 인간관계로부터 만들어진 제도라 할 수 있다. 왕 또는 대영주는 자신들을 섬기는 소영주, 기사들에게 봉토를 내려줌으로써 충성을 얻는다. 한편 신하가 된 기사들은 봉토에서 얻는 이익을 통해서 무장하고 그 전력을 주군을 위해서 준비해야만 했다. 그러나 이 관계는 단순한 것이 아니어서 신하는 보다 많은 봉토를 얻기 위해 다수의 주군에게 충성을 맹세하는 경우도 있다. 또한 봉토에는 그 영주의 소유물로서 농노들이 얽매여 있었다. 이리하여 봉건제도라고 하는 상하관계 속에서 싸우는 사람인 기사, 기도하는 사람인 성직자, 일하는 사람인 농민이라고 하는 엄격한 신분제도가 생겨났으며 이러한 사회 격차는 오랜 기간 동안 이어지게 된다.

봉건제도의 형성

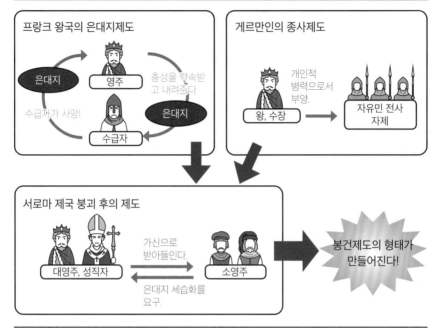

프랑크 왕국의 은대지제도

은대지 → 영주 → 충성을 약속받고 내려준다 → 은대지 → 수급자 → 수급자가 사망!

게르만인의 종사제도

왕, 수장 → 개인적 병력으로서 부양. → 자유민 전사 자제

서로마 제국 붕괴 후의 제도

대영주, 성직자 → 가신으로 받아들인다. → 소영주
소영주 → 은대지 세습화를 요구. → 대영주, 성직자

봉건제도의 형태가 만들어진다!

봉건제도를 유지하는 신분제도

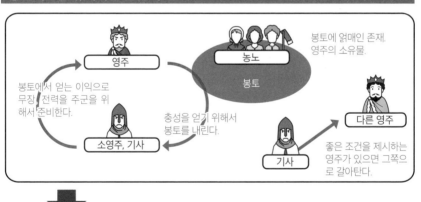

영주 → 농노
봉토
봉토에 얽매인 존재. 영주의 소유물.

봉토에서 얻는 이익으로 무장, 전력을 주군을 위해서 준비한다.

충성을 얻기 위해서 봉토를 내린다.

소영주, 기사

기사 → 다른 영주
좋은 조건을 제시하는 영주가 있으면 그쪽으로 갈아탄다.

봉건제도 속에서 싸우는 사람 「기사」, 기도하는 사람 「성직자」, 일하는 사람 「농민」이라고 하는 엄격한 신분제도가 확립된다!

관련 항목
● 장원제도 → No.022
● 농노 → No.026
● 영주 → No.091
● 기사 → No.092

영토와 소교구

영토는 영주가 귀족으로서 존재하게 해주는 근간이며 생활을 지탱해주는 소중한 재산이다. 그 형식에는 몇 가지 구분이 있으며 다양한 형태로 징세가 이루어졌다.

● 영주의 생활을 지탱해주는 징세의 기반이 되는 토지

영토는 중세 유럽 귀족들의 수입 기반이 되는 지배 영역이다. 그들은 영토에서 얻은 세금으로 먹고 입고 싸웠다.

영토는 왕이나 개인적인 재산이 아닌 한, 주군으로부터 충성의 대가로서 하사받은 것이다. 개중에는 세습 가능한 봉토와 하사받은 자가 사망하는 경우 반환해야만 하는 녹지, 백작 이상의 특별한 지위에 있는 경우에 선물 받아 사후에 반환해야 하는 은대지가 있다. 하지만 봉토와 그 외의 토지 구분이 애매하여 소유자가 사망한 후에도 세습으로 계승되는 경우가 많다.

영주가 소지하는 영토는 직영지와 농민보유지 2가지로 구분된다. 직영지는 영주 자신이 소지하고 있는 토지이며 영주 자신이 가신과 소유하고 있는 농노와 함께 경작과 운영을 행한다. 한편 농민보유지는 영주가 징세 권리를 소유하고 있으면서도 농민들에게 양도한 토지다. 농민보유지에 대한 징세는 초기에는 현물로 받았지만 화폐경제가 발전함에 따라 현금 징세로 변화했다. 또한 농민에게 노동을 강제하는 부역도 금전 납세로 대체가 가능했다.

물리적인 영토 외에도 반(Bann) 권력이라 불리는 권한을 지정한 영토에 부여하는 경우도 있다. 이는 병사의 소집과 가도 정비, 재판권 같은 것으로 원래는 왕의 권한이었지만 권력 분산화에 따라 하급 영주에게도 부분적으로 위양하게 되었다. 반 권력을 지닌 반 영주는 이 권한을 통해 유통세와 시장세를 얻을 수 있게 되었으며, 또한 재판으로 죄인의 재산을 몰수할 수 있게 되었다.

소교구는 그리스도 교회 지배 영역의 최소단위이며 교회를 중심으로 촌락 하나 정도의 범위를 지칭한다. 소교구는 그곳에 살고 있는 민중의 종교적, 문화적 커뮤니티로서 기능했다. 따라서 소교구는 징세와 징병의 최소단위로서도 유용되었다. 또한 교회는 여기에서 십일조라고 불리는 세금을 징수한다. 이 세금은 교구 교회의 관리비와 성직자의 보수로서 사용되었다.

주군에게서 부여 받는 생활 기반

영토란?

영주들의 생활 기반.
영토에서 얻는 세수가 그들의 생활을 지탱해준다.

주군   충성의 대가로 하사한다.

영주

봉토	녹지	은대지
세습 가능한 영토.	1대 한정 영토.	백작 지위 이상의 특별한 인물에게 내려준 영토.

애초에 녹지가 세습되는 등 예외도 많으며
구분도 명확하지 않다.

영토에 대한 영주의 권한

직영지
영주 자신이 보유하는 토지.
· 모든 권한을 지닌다.
· 경작, 관리는 농민에게 부역을 내려서 행한다.

농민보유지
농민에게 양도된 토지.
· 징세 가능(나중에 금전으로 징수).
· 직영지에서의 부역을 요구 가능(금전으로 면제).

반 권력
주군에게서 일부의 권한을 부여받은 토지.
· 일부 징세가 가능(유통세, 시장세).
· 징병 가능.
· 거리 정비 가능.
· 재판권.

소교구
교회가 지배하는 토지의 최소단위.
· 민중 생활의 중심이었기에 징세와 징병의
　최소단위가 되었다.

← 십일조를 징수

교회
십일조는 교회의 유지비,
성직자의 보수로 사용되
었다.

관련 항목
- 농민 → No.025
- 농노 → No.026
- 성직자 → No.079
- 영주 → No.091

신앙과 삶

중세 유럽에서 그리스도교는 민중의 생활에 깊게 뿌리내리고 있었다. 사람들은 가르침을 따르고 교회는 그들에게 성사를 내린다.

● 요람에서 무덤까지 함께하는 가르침

중세 세계에 있어서 그리스도교는 세계관, 도덕 등 가치관의 기초였다. 그 밑바탕에 깔려 있는 것은 인간은 아담이 신의 말을 어겨서 저지른 원죄를 아직도 간직한 채 살아가는 존재라는 것이었다. 원죄를 짊어진 인간이 신의 나라에 들어가기 위해서는 바르고 겸허하게 살아야 하며 교회에게 중재를 부탁해야만 한다. 그러기 위해서 민중은 미사에 참여하고 약한 자들의 구제와 봉사 활동, 교회에 기부할 것을 명심했다. 교회도 십계명으로 잘 알려져 있는 「신의 10가지 가르침」과 신에 대한 믿음을 선언하는 것 등을 포함하는 「신앙 12개조」를 신설하여 신도들에게 선행을 촉구하였다.

교회와 민중의 사이를 이어주는 것은 매주 주말에 행해지는 미사와 강론, 그리고 각종 성사(새크라멘트)이다. 성사란 신과 인간을 이어주는 의식이며 세례, 성체, 견진, 고해, 병자, 성품, 혼인의 7가지로 이루어져 있다. 세례는 그리스도 교도가 되기 위한 의식이며 고대에는 스스로 입교의 의사를 표하고 전신을 물에 담갔다. 그러나 12~13세기에는 유아 세례라고 하여 머리를 물에 적시는 방식으로 세례를 하는 관수례가 일반적인 방식이 된다. 7세가 되면 안수와 성유를 통해서 성령과 그 은혜를 받아들이는 견진 성사를 행한다. 이는 세례 성사의 마무리이기도 했다. 성체는 그리스도의 살과 피인 빵과 와인을 먹음으로써 그리스도와 일체가 되는 성사이다. 성체 성사는 미사에서 행하지만 임종 시기에 받는 경우도 있었다. 고해 성사는 자신의 죄를 스스로 고백하고 이를 참회하는 의식이다. 고해자는 고해소에 들어가 사제에게 죄를 고백하고 죄에 따른 보속을 받아서 이를 기부하게 하였다. 이는 사람들의 마음속에 있는 무거운 짐을 덜어주기 위해서였지만, 동시에 죄는 돈으로 갚을 수 있다는 일그러진 사상도 만연하게 만들었다. 병자 성사는 죽음을 눈앞에 둔 신자가 죄를 고백하고 사제가 신도에게 성유로 축성을 내려서 죄의 사함을 청했다. 그러나 과장된 느낌이 있어서 그다지 인기가 없었다. 성품 성사는 안수를 통해서 사제가 되는 의식, 혼인은 그리스도교적인 모럴 안에서 남녀 관계를 맺어주는 의식이다.

원죄와 속죄의 나날

원죄란?

인류의 시초 아담이 신에게 저지른 죄를 그 자손인 인류가 태어나면서부터 짊어지고 있다는 생각.

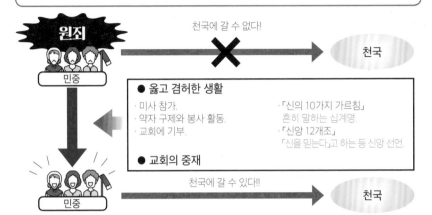

원죄

민중

천국에 갈 수 없다!

✕

천국

● 옳고 겸허한 생활
· 미사 참가.
· 약자 구제와 봉사 활동.
· 교회에 기부.

· 「신의 10가지 가르침」
  흔히 말하는 십계명.
· 「신앙 12개조」
  「신을 믿는다」고 하는 등 신앙 선언.

● 교회의 중재

민중

천국에 갈 수 있다!!

천국

인생을 함께하는 7성사

성사(새크라멘트)란?

신의 은혜를 내려 신과 인간을 이어주는 의식.

※이 외에 매주 주말에 참여하는 미사와 강론도 신과 사람을 이어주는 중요한 의식이었다.

인생의 정해진 단계마다 행해지는 성사	매번 행해지는 성사

● 세례(탄생, 그리스도교에 입신할 때)

초기 스스로 세례의 의지를 표명하고 물에 몸을 담근다.
12~3세기 유아의 머리를 물로 적시는 관수례.

● 견진(7세)

성체 성사 완료 조건. 머리에 손을 올려 축복하는 안수와 성유 축성을 받는다.

● 혼인(결혼할 때)

그리스도교의 모럴을 토대로 남녀를 맺어준다.

● 병자(임종 때)

인생의 죄를 고백. 사제에게 성유로 축성을 받는다.

● 성체(미사, 임종 때)

그리스도의 살과 피라 여겨지는 와인과 빵을 먹는다.

● 고해(죄를 고백할 때)

고해소에서 죄를 고백. 벌을 받아 들여 기부한다. 나중에 이익 중시로.

● 성품(성직자가 될 때)

신품 성사라고도 한다. 안수를 행하여 사제의 지위를 받는다.

관련 항목

● 종교 시설과 그 구분 → No.075   ● 죄와 면죄 → No.088

중세의 시간과 양력

중세의 시간 개념은 그리스도교와 강하게 이어져 있다. 그들이 울리는 일과의 종은 민중이 시간을 알게 되는 기준이 되었다.

● 시간과 강하게 이어진 교회

중세에 있어서 시간이라는 개념은 성직자가 가져온 것이다. 물론 고대 그리스와 로마시대에도 시간 개념은 존재했다. 양력은, 고대 바빌로니아와 이집트에서 농업에서의 필요성과 점성술에 대한 관심 덕분에 이른 시기에 태음태양력과 태양력이 탄생하였다. 낮과 밤을 각각 12등분하여 시간으로 구별한 것도 고대 이집트가 발상지이다. 하지만 농업을 중심으로 노동의 나날을 보내는 중세 유럽의 민중에게 시간은 원래 막연한 것에 지나지 않았으며 일출과 일몰 그리고 사계절의 리듬을 중심으로 생활하고 있었다. 거기에 자신들이 필요로 하는 시간 구별을 도입하여 세세한 시간 정보를 토대로 생활 시간대를 구분하기 시작한 것이 교회와 수도원이었다. 그들은 한밤중에 하는 말씀기도, 오전 3시에 하는 아침기도, 아침 6시에 하는 일시경, 오전 9시에 하는 삼시경, 오후 3시에 하는 구시경, 저녁 6시에 하는 저녁기도, 밤 9시에 하는 끝기도를 했는데 하루 7번의 기도를 할 때마다 종을 울렸다. 이에 따라 민중은 자신이 지내고 있는 현재가 어느 시간대인지를 깨닫게 되었다. 시간의 길이는 해시계에 의해서 대충 구분되었기에 계절에 따라서 변한다. 야간 시간의 관측은 짧은 시간이라면 모래시계를, 긴 시간이라면 물시계, 양초를 준비했다. 14세기에는 보다 정확한 기계식 시계가 만들어져서 상인들이 사용하기에 이른다.

양력은 로마시대 이후로 율리우스력을 이용했지만 6세기에 디오니시우스 엑시구스(470년경~544년경)가 산출한 그리스도 탄생년을 원년으로 했다. 계절 구분에도 교회가 깊게 관여하고 있으며 중요한 절기인 동절기, 춘절기, 하절기에는 고대로부터 내려온 이교의 축제 대신에 크리스마스, 부활절, 성 요한 축일 등을 결부시켜 성대한 축제를 벌였다. 1년의 시작은 지방과 국가에 따라서 제각각이었으며 그리스도교의 중요한 축제일인 크리스마스, 성모영보 또는 부활절을 민중들이 좋아했다.

그리스도교의 영향을 받은 시간 개념

중세 초기의 시간 개념

하루

구분은 낮과 밤뿐.

1년

구분은 사계절뿐.

자신들의 생활에 필수인 시간 정보를 도입.

교회
수도원

삼시경(오전 9시)   구시경(오후 3시)

일시경(오전 6시)   저녁기도(오후 6시)

아침기도(오전 3시)   끝기도(오후 9시)

말씀기도(한밤중)

낮은 해시계로 밤은 모래시계와 양초, 물시계로 잰다.

자신들의 생활에 종소리가 알리는 시간 정보를 도입한다.

민중

※기계식 시계는 14세기 이후에 등장했다.

그리스도교가 도입한 고대 양력

6세기 디오니우스 엑시구스가 그리스도의 탄생년을 산출!

중세 유럽의 양력

로마에서 유래한
율리우스력을 사용.

민중

교회
수도원

서로마 소멸 무렵부터 기원년을 그리스도 탄생년으로 변경한다.

게다가…

동절기 ➡ 크리스마스

춘절기 ➡ 부활절

하절기 ➡ 성 요한 축제

계절이 변하는 시기를 축하하는 이교의 축제를 그리스도교의 축제로서 즐기게 된다!

관련 항목

● 성직자 → No.079

● 교회와 수도원의 삶 → No.080

중세의 의술

중세의 의술은 그다지 신용할 만한 것이 아니었다. 논리와 구변을 중히 여기는 의학은 미신이라 여겼기에 현장의 의술은 꽤나 과격했다.

● 경직화된 피냄새 나는 치료

중세는 새로운 지식에 대한 싹이 트기는 했지만 여전히 경험과 미신이 지배하는 시대였다. 의료기술에 있어서도 그 경향은 변함이 없었다.

중세 의학의 기본은 고대 그리스의 의학자 히포크라테스(기원전 460년 무렵~기원전 370년 무렵)의 저술과 갈레노스(129년 무렵~200년 무렵)가 남긴 『정기론』이다. 특히 『정기론』은 영혼이 육체를 지배한다고 하는 그리스도교의 가르침과 합치하여 교회에서 추천하였다. 이렇게 중세의 의학은 교회를 중심으로 하는 지식인 속에서 자라나게 된다. 9세기에는 남 이탈리아의 살레르노에 의학교가 생겼고, 대학이 약진하던 시대에는 몽펠리에가 의학의 중심이 되었다. 이들 의학교는 십자군 원정으로 인해 얻은 중동의 의학도 흡수하여 번영했지만 어디까지나 의학의 기본은 갈레노스이자 신학이었다. 기술보다도 논리가, 외과보다 내과를 귀하게 여겨, 고명하고 지위가 높은 의사일수록 실전적인 기술과 치료법을 익히지 못했다는 사태를 일으키고 만다. 그들은 점성술에 의거하여 전염병의 원인을 찾고 치료에 알맞은 시간을 산출하는 미신이 깊은 사람들이었다. 그러는 한편으로 오줌의 색과 냄새로 병의 상태를 추측하는, 현대에도 통할 의료술도 행하고 있었다.

실전적인 의료를 행한 것은 환자와 직접 접촉하는 미천한 외과의와 이발사였다. 그들은 미숙함에도 불구하고 상처를 와인으로 씻거나 계란 흰자위로 덮는 등의 기술을 지니고 있었으며, 통상의 외과 수술 외에도 신체에서 피를 뽑는 사혈, 인두로 환부를 지지고 갈라서 출혈을 억제하거나 침구술에서도 사용하는 소작법 같은 치료를 했다.

이 외에도 다양한 의료종사자가 있다. 약 종업자는 내과의가 지정한 약물을 처방하거나 비전의 약이라고 칭하는 것을 사람들에게 팔았다. 그들의 약제는 주술적인 것도 많았지만 현재에도 사용하는 감초 등의 약초도 포함되어 있다. 재미있는 것은 노상 예인의 일종으로 치부된 치과 의사로 광대 같은 모자를 쓰고 환자의 비명이 들리지 않도록 북을 두들기면서 영업을 했다.

중세 세계의 의학

중세 의학의 기본

히포크라테스(그리스의 의학자)
갈레노스(로마시대의 그리스 의학자)

갈레노스의 「정기론」은 영혼이 육체를 지배한다고 하는 교회의 생각과 일치한다.

교회

중세 의학은 교회를 중심으로 자라났다!

더욱 중시 된다

· 논리
· 내과

>

· 기술
· 외과

의학 연구의 중심지

살레르노(현 이탈리아 남부)
몽펠리에(현 프랑스 남부)

십자군 원정 이후 중동 의학도 도입하지만 어디까지나 의학의 중심은 갈레노스와 신학!!

중세 세계의 주요 의학 관계자

내과의

· 실전보다 논리를 우선하는 중세 의학회의 권위자.

주요 진료, 치료 방법
· 점성술 등으로 병의 원인과 치료 일시를 정한다.
· 오줌의 색, 냄새 등으로 병 상태를 판단.

외과의, 이발사

· 실전적인 의술을 행하는 미천한 존재.

주요 진료, 치료 방법
· 상처를 와인으로 씻고 계란 흰자위로 덮는다.
· 인두로 상처를 지져서 지혈한다.
· 나이프 등으로 혈관을 절개하여 피를 뽑는다.
· 환부 등에 열을 가한다(소작법).

약 종업자

· 내과의의 하청과 집안 비전의 약을 파는 업자.

주요 진료, 치료 방법
· 감염주술에 가까운 수상한 약제.
· 현대 의학에서 통하는 약제도 있다.

치과 의사

· 광대 같은 차림으로 이빨을 치료. 노상 예인의 일종이었다.

주요 진료, 치료 방법
· 악기 소리로 비명이 들리지 않도록 하면서 이빨을 뽑는다.

관련 항목
● 대학과 학문 → No.060

중세의 위생 개념

암흑시대라고 불리는 중세지만 목욕을 좋아하고 신체의 청결함에 신경을 썼다. 그러나 쓰레기 청소 등 위생 면의 문제도 많다.

● 청결에 신경을 썼으나 두루두루 미치지 못한 시대

흔히 불결했을 것이라 생각되는 중세 세계지만 실제로는 어느 정도 청결에 관해서 신경은 쓰고 있었다. 특히 신체를 청결하게 하고 몸가짐을 단정하게 한다는 점에서는 근세보다도 훨씬 더 신경을 쓰고 있었다. 그러나 균과 세균 같은 병원체는 발견하지 못했고 생활환경에 대한 위생 개념도 아직은 미숙했다고 볼 수 있다.

아침에 교회에 가는 사람들은 우선 세안과 세수를 한다. 단 이는 청결을 유지하려는 것보다는 사람을 만나기 전에 몸가짐을 단정하게 하기 위해서였다. 이러한 풍습은 오늘날에도 남아 있으며 유럽 사람들은 아침에 목욕하는 경우가 많다. 나뭇잎을 씹어서 으깬 것과 전용 치약 가루로 이를 닦는 경우도 있다. 수질이 좋은 지방은 목욕탕이 많아서 비교적 자유로이 이용할 수 있었다. 그러나 일부 농민은 목욕을 나약한 행위라 생각하였고 사치가 금지되어 있던 수도사도 1년 동안 극히 제한된 횟수만 목욕을 할 수 있었다. 신체를 청결하게 유지하는 노력은 했지만 의복은 단벌인 경우도 많았고 모피를 안쪽에 붙인 의복은 세탁하는 일이 없었기에 벼룩과 이가 드글거리는 온상이 되었다. 또한 이를 잡으려면 머리를 감아야 하고 사이사이가 촘촘한 빗이 필요했다.

화장실은 농촌의 경우 가축의 축사에 볼일을 봐서 비료로 사용하든가 야외에서 처리했다. 도시와 성에서는 외부로 돌출된 창문 형태의 화장실이 있었는데 배출된 것을 대충 처리하든지 방목해서 키우는 돼지에게 먹였다. 또한 요강을 사용하는 경우도 있으며 내용물은 새벽녘에 도로에 버렸다. 일부 수도원에서는 로마에서 유래한 수세식 화장실을 이용했지만 이는 지극히 드문 사례이다. 쓰레기의 경우 농촌에서는 모아서 불에 태워버렸고 그 재를 비료로 사용했다. 하지만 도시는 쓰레기에 관하여 방탕했다. 길에는 생활 쓰레기와 대변이 뿌려져 있었기에 곧잘 전염병과 상수도 오염이 일어났다.

몸가짐이 중시된 「청결함」

중세의 위생 개념은?

타인의 시선을 의식하여 「청결함」에 대한 배려는 있지만 균과 세균, 병원체에 대한 지식이 없었기에 미숙. 독특한 가치관도 있다.

● 목욕, 그 외

일반
　외출 전에 세안, 세수. 나뭇잎이나 치약 가루로 양치질. 목욕 정도는 빈번하게 했다.

수질이 좋은 지방
　공공 목욕 시설이 발달. 가격도 적당.

농민 등 일부
　목욕을 나약한 행위라 생각했다.

수도사
　목욕을 사치스러운 행위라 생각하여 1년에 몇 번 정도밖에 목욕을 하지 않았다.

● 몸치장

의복 종류
　단벌인 경우가 많다. 안쪽에 모피가 있는 의상을 빨지 못하여 벼룩과 이의 온상.

머리 감기
　이를 잡기 위해서는 촘촘한 빗이 필요했다.

도시, 농촌의 쓰레기와 화장실 사정

도시의 화장실, 쓰레기

화장실
· 성에서는 돌출창식 화장실 또는 정원.
· 도시는 돌출창식 또는 요강. 도로에 버림.
쓰레기
· 도로에 버림.

덕분에 쓰레기투성이……
상수도의 오염과 전염병이 문제로.

쓰레기 처리인, 방목해서 키우는 돼지에게 처리하게 하다!

※방목해서 키우는 돼지는 편리했지만 때때로 난동을 부려서 사람들을 곤란하게 했다.

농촌의 화장실, 쓰레기

화장실
· 가축의 축사와 주변에 처리.
쓰레기
· 소각 처분.

대부분은 비료로 재활용.

예외

일부 수도원 등에서는 로마시대의 수세식 화장실, 하수도 시설을 이용했었다.

관련 항목

● 중세의 전염병 → No.010
● 가축 → No.034
● 대중목욕탕 → No.065
● 교회와 수도원의 주민 → No.076

중세의 재난과 기근

재난은 사람의 힘으로는 막기 어려운 자연 현상이 일으키는 위협이었다. 중세 사람들은 이를 자연의 법칙이 아닌 신의 의지로 생각하였다.

● 신의 분노에 의해서 일어나는 파괴

현대 사회에서도 자연 재해와 화재, 그리고 그에 따라 일어나는 기근과 혼란은 극복할 수 없는 비극이다. 하물며 간단한 기계 장치와 인력, 동물의 힘에 의존하며 정보전달 수단도 발달하지 않았던 중세 세계에 있어서 재난은 거의 치명적인 결과를 초래했다.

중세의 사람들은 대처하기 힘들고 원인조차 알 수 없는 강대한 부조리함에서 신의 모습을 발견한다. 그리고 자신들에게 내려진 신의 경고 또는 벌이라고 생각했던 것이다. 교회와 수도회는 이러한 재난을 교묘하게 자신들의 강론에 도입하였다. 도미니코 수도회, 프란치스코 수도회의 수도사들이 기록한 강론 범례집에는 근처에서 일어난 산사태, 홍수, 낙뢰 등의 재난을 신의 분노라 하면서 민중의 회개를 촉구하는 문장이 다수 남겨져 있다. 이러한 기록은 결코 판타지가 아니라 현실의 재난을 기록한 것이었기에 효과는 발군이었다. 현실적인 문제를 봐도 당시 사람들이 재난에 대해 취할 방도가 신에 대한 속죄밖에 없었던 것 또한 사실이다. 기도와 의식은 사람들의 혼란한 마음을 진정시키고 교회와 수도회가 행하는 빈민 구제는 재난으로 인해 집과 재산을 잃은 사람들을 구원해주었다.

하지만 신의 분노라 일컬어진 것은 자연재해뿐만이 아니다. 홍수와 악천후는 농지를 물에 잠기게 하고 전염병을 초래했다. 한냉 기후는 작물의 수확량을 떨어뜨린다. 또한 재난과 전쟁으로 인해 수많은 사망자가 발생하여 노동력을 저하시켰다. 이러한 요인들이 합쳐져서 일어난 것이 기근. 이것이야말로 「신의 검」, 「파성추」라 불리는, 중세 세계에서 가장 두려워했던 신의 분노였다. 특히 14세기에 일어났던 대기근은 페스트와 함께 수많은 사람들의 목숨을 앗아갔다. 사람들은 기근을 신의 시련이라 생각하여 그러한 일이 일어나지 않도록 단식과 청빈한 생활을 장려했다. 이는 실제로 기근이 일어났을 때를 대비한 특훈이기도 했다.

신을 통하여 재난에 맞서는 민중

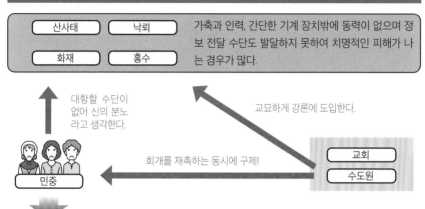

| 산사태 | 낙뢰 |
| 화재 | 홍수 |

가축과 인력, 간단한 기계 장치밖에 동력이 없으며 정보 전달 수단도 발달하지 못하여 치명적인 피해가 나는 경우가 많다.

대항할 수단이 없어 신의 분노라고 생각한다.

교묘하게 강론에 도입한다.

회개를 재촉하는 동시에 구제!

교회
수도원

민중

· 종교적인 정의를 내려서 정신적으로 안정.
· 교회, 수도원에 의한 구제조치로 생활면에서도 안정.

사람들을 습격하는 재난과 기근

자연재해 · 인구를 줄이고 농작물의 수확을 감소시킨다.
· 환경 악화를 초래한다.
전쟁·전염병 · 노동력 저하를 초래한다.

기근　　　　　「신의 검」「파성추」라 하며 두려워한다!

평상시에 단식. 청빈한 생활을 하여 신의 가호를 받으려 한다.

민중

이러한 생활이 일종의 특훈이 되어 재난 시 민중의 생활에 크게 도움이 되었다.

관련 항목
● 신앙과 삶 → No.005
● 중세의 전염병 → No.010
● 중세의 정보전달과 우편 → No.020
● 전쟁 → No.105

중세의 전염병

의술이 발달하지 않은 중세 세계에 있어서 전염병은 전쟁 이상으로 죽음을 몰고 오는 두려운 존재였다. 그것을 신의 분노라고 여겼을 정도로.

● 유럽 전역에 죽음을 뿌린 페스트

위생, 의료가 현재 정도로 발달하지 못한 중세 세계에서는 치명적인 전염병이 자주 일어나서 사람들을 공포의 나락으로 떨어트렸다.

중세의 전염병 중에서 가장 악명 높은 것이 바로 「거대한 죽음」, 「흑사병」이라며 두려워하던 페스트였다. 중세 유럽에 주로 유행했던 것은 폐렴성 페스트와 가래톳 페스트로 각각 공기 감염과 쥐나 쥐에 달라붙어 있는 벼룩과 진드기를 매개체로 하여 감염된다. 그러나 중세 사람들은 그것을 이해할 수도 치료할 기술도 없었기에 최전성기였던 14세기에 페스트에 의한 사망자는 2,500만 명에 달했다. 그 막대한 수에 교회는 정규적인 매장도 할 수 없는 상황이었다. 이렇게 다가오는 공포에 사람들은 신의 모습을 보았으며 신벌에 의한 재앙이라고조차 생각하기에 이르렀다. 그리고 남녀노소, 귀천을 불문하고 찾아오는 죽음은 사람들의 마음에 깊은 상처를 남겨 다양한 조류를 자아냈다. 예술 분야에서는 「죽음의 무도」라 불리는 사신을 모티브로 하는 그림이, 종교 분야에서는 자신의 죄를 참회하고 신에게 구원 받기 위해 나체가 되어 스스로 자신에게 채찍질을 하는 행위가 유행하였다.

페스트 외에 두려워했던 것으로는 한센병이었다. 실제로는 감염력이 낮은 병이었지만 흉한 용모가 주는 공포가 컸기에 감염자는 자신의 위치를 알려주는 방울을 들어야 했고 공공장소 출입을 금지시켰다. 십자군에 의하여 12세기에 전파된 천연두도 맹위를 떨쳤다. 자그마한 발진으로 시작하는 이 병은 살아남은 사람들에게도 곰보 자욱이라는 상처를 남겼다.

인플루엔자 등의 유행성 감기도 식량 사정과 영양 상태가 나쁜 중세에서는 치명적이었다. 또한 기근으로 인하여 맥각에 오염된 곡물을 먹음으로써 일어나는 맥각 알칼로이드 중독은 「신체를 불태우는 병」, 「성스러운 불」이라 부르면서 두려워했다. 그 때문에 이를 치료한다고 여겨지는 성 안토니우스(251년 무렵~356년)에 대한 신앙이 높아져서 병도 「성 안토니우스의 불」이라 불리게 되었다.

공포의 흑사병

거대한 죽음이라 불리는 페스트

중세 유럽에서 가장 두려워했던 전염병이 바로 페스트다. 그 사망자수는 최전성기였던 14세기에 2,500만 명에 달했다.

● 페스트의 원인

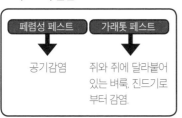

폐렴성 페스트	가래톳 페스트
↓	↓
공기감염	쥐와 쥐에 달라붙어 있는 벼룩, 진드기로부터 감염.

그 결과…

예술면
「죽음의 무도」라 불리는 사신을 모티브로 하는 그림이 유행.

종교면
자신을 채찍질하며 신에게 용서를 청하는 행위가 유행.

공포에 의해 다양한 문화적 조류가 탄생하였다!!

그러나 당시 사람은 원인을 알 수 없기에 종교적인 공포를 느끼게 된다!

그 외의 전염병

● 흉한 용모를 가져오는 병

한센병

감염력은 낮은 병이지만 흉한 외모를 가지게 되어 환자가 부당한 차별을 받는다.

천연두

십자군 원정 이후로 유행. 생존해도 얼굴과 몸에 곰보 자욱을 남겼다.

● 기근과 영양 상태에 의한 병

인플루엔자

현대에는 흔한 병이지만 영양상태가 나쁜 중세에서는 수많은 인명을 앗아간 병이었다.

맥각 알칼로이드 중독

맥각에 오염된 곡물을 먹음으로써 발병한다. 손발이 썩어 들어가는 모습에 「성스러운 불」이라며 두려워했다.

관련 항목
● 중세의 의술 → No.007
● 중세의 예술 → No.016
● 성인신앙과 성유물 → No.085

중세의 법제도

중세의 법제도는 현대와는 다르게 지방이나 재판을 받는 인간이 소속한 커뮤니티에 따라 크게 다르다. 그 해석도 지역의 독자적인 색이 강하다.

● 지방색이 강한 잡다한 법

중세에서 법제도는 발전이 미숙하였고 계층적이며 또한 지방색이 강했다.

중세 초기 시대에 서유럽을 실질적으로 지배했던 게르만인들은 각 부족의 「부족 법전」을 재판의 근거로 삼았다. 이는 로마화한 게르만인들이 로마법의 영향을 받아 자신들이 지닌 관습법을 하나로 합친 것이다. 여기서는 기본적으로 범죄행위를 속죄금으로 갚는다는 사상을 따르고 있다. 재판할 때에 「부족 법전」은 재판 받는 쪽이 소속하는 법이 적용되며 자유인 중에서 뽑은 판결발견인에 의해 판결이 내려졌다. 유럽의 패권을 쥔 프랑크 왕국은 한층 더 게르만색이 진한 로마 가톨릭 교회의 사상을 반영한 『살리카 법전』을 사용했다. 또한 『국왕 벌령』을 정하고 평화, 행정, 로마법 대전 등 세 종류에 반하는 것을 처벌했다.

프랑크 왕국 붕괴 후 법제도는 더욱 혼미해지기 시작했다. 법령은 국가마다 다르고 법서는 판결발견인이 과거의 판례를 찾아서 그 판결을 정리한 것이 되었다. 어떠한 법이 적용될지는 생활공간과 신분에 의해서 결정되었다. 신성 로마 제국을 사례로 들면 국가적 사안에는 제국법(타국에서는 국법)이, 지방 영주의 세력하에서는 제국의 일반법이라고도 불리는 란트법, 농촌에서는 장원법과 농촌마다 따로 있는 관습법, 도시에서는 상인법과 도시법이 적용된다. 또한 종교적 벌에는 교회법인 카논법이 적용되었다.

살인이나 절도 같은 범죄에 대한 재판은 중범죄를 다루는 상급 재판, 경범죄를 다루는 하급 재판이 있으며 귀족이라면 황제와 왕, 영주민이라면 영주가 재판관이 되어 판결한다. 또한 하급 재판이라면 영주 휘하의 관리가 재판관이 되었다. 판결은 단순하여 사건의 입증은 진실만을 말하겠다고 선언한 증인에 의해서 이루어진다. 한편 피의자는 무죄방면을 탄원하는 보증인을 세워서 변호했다. 판결이 쉽사리 나지 않으면 불에 달군 쇠를 쥐고 결투를 하는 신명 재판으로 판단을 했다.

법제도의 변천사

● 중세 이전~중세 초기

 판결발견인

피고가 속하는 지역의 부족 법전을 토대로 판결을 내린다.

 피고

『부족 법전』
· 로마법을 토대로 합친 관습법.
· 배상으로 죄를 감면한다.

● 프랑크 왕국 시대(5세기~9세기)

 판결발견인

살리카 법전을 토대로 판결을 내린다.

 피고

『살리카 법전』
· 대표적인 게르만계 부족법.
· 로마 · 가톨릭의 영향이 크다.

 국왕

궁왕 벌령을 위반한 자에게 벌을 내린다.

 위반자

『국왕 벌령』
· 중앙 집권을 위한 통치 수단.
· 평화, 행정, 로마법 대전을 어긴 자에게 적용.

● 프랑크 왕국 붕괴 후(10세기~15세기)

 획일적인 법이 소멸!

➡ 판결발견인이 과거의 판례를 토대로 법령집을 만드는 상황에!

판결과 판단기준

● 누가 재판하나?

귀족	황제와 왕.
영주민	영주와 관리.

● 판결의 주된 기준은?
『제국법』(신성 로마 제국)
『국법』(그 외 여러 국가법)
『란트법』(소속 영지)
『장원법, 농촌법』(농촌)
『도시법, 상인법』(도시)
『카논법』(종교 관련)

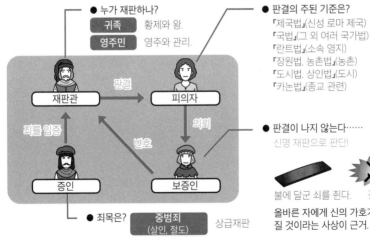

재판관 ─판결→ 피의자

죄를 입증 ↑   변호 ↗   의뢰 ↓

증인   보증인

● 판결이 나지 않는다……
신명 재판으로 판단!

불에 달군 쇠를 쥔다.   결투.

올바른 자에게 신의 가호가 내려질 것이라는 사상이 근거.

● 죄목은?

중범죄 (살인, 절도)	상급재판
경범죄	하급재판

관련 항목
● 보호 구역 → No.012
● 중세의 처벌 → No.013
● 영주 → No.091

보호 구역

경찰권이 미성숙했던 중세 세계에서 죄인은 원고 측이 추적하여 심판을 했다. 보호 구역은 그러한 죄인이 정당한 재판을 받기 위한 피난소였다.

● 완충지대로서의 보호 구역

중세의 법적 개념 중에서도 특수한 것이 바로 보호 구역(아질)이라 불리는 제도였다. 중세 초기에 일어나는 범죄에 대한 대처는 국왕이 최종적인 결정권을 가지고 있기는 하지만 대부분의 경우 각 지자체가 주최하는 재판소에 판결과 형의 집행을 맡겼다. 또한 무력으로 자신의 영역을 소지하는 자가 자신의 영역을 외적으로부터 지키는 것이 당연한 권리이자 의무이기도 했다. 설령 빈곤한 집안의 가장이라 해도 자유민으로서의 신분이 보증되어 있다면, 자신에게 위해를 가하는 자에게 복수를 할 수 있는 권리를 가지고 있었던 것이다. 여기에는 당시의 경찰권이 발달하지 못했고 재판에 죄인을 출두시키려면 원고 측과 그 친족이 추적해야만 했던 상황도 영향을 미치고 있다. 하지만 복수를 무조건 허락해버리면 피해자 간에 피튀기는 혈투가 끊임없이 이어지게 된다. 그래서 착안해낸 것이 보호 구역이라고 하는 일종의 안전 지역이었다.

보호 구역 제도는 고대 중동에서도 발견되었던 것으로 신전과 사원 같은 성역에서 피를 흘리는 것을 막기 위해서였다. 중세 세계에서의 보호 구역은 교회와 신성한 숲, 묘지 같은 성스러운 영역뿐만이 아니라 가도, 나루터, 방앗간 등 공공시설에 추가로 개인의 집까지 포함되어 있다. 개인의 집이 보호 구역으로 지정된 것은 집을 가장이 지배하는 국가로 간주하였기 때문이다. 자유민이 복수할 권리를 가지듯이 비호를 원하는 죄인을 지키는 권리도 있었다. 재미있는 것은 밭에 있는 말편자로, 죄인이 거기까지 도착하면 빵을 먹을 수 있는 휴식 시간을 받을 수 있었다. 또한 보호 구역에 도착하지 못하겠다 싶은 경우 모자와 신발을 던져 넣어도 추적자는 손을 댈 수 없었다

하지만 보호 구역의 가호는 절대적인 것이 아니다. 보호 구역으로 지정된 집에 머무는 경우 허락되는 기간은 6주하고 사흘이었다. 법제도의 정비가 진행됨에 따라서 보호 구역의 규모는 점차 축소되었고 최종적으로는 교회 같은 일부 특례만이 남게 되었다.

보호 구역의 탄생

보호 구역이란?

범죄자 등 도망쳐 온 자가 보호 받는, 세속적인 권력으로부터 격리된 영역. 원래는 유혈 사태 등으로 성역을 더럽히지 않게 하기 위해서 만들어진 제도.

● 중세 초기의 재판권, 경찰권

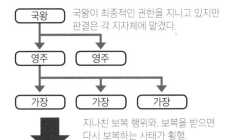

국왕 — 국왕이 최종적인 권한을 지니고 있지만 판결은 각 지자체에 맡겼다.

영주   영주

가장   가장   가장

지나친 보복 행위와, 보복을 받으면 다시 보복하는 사태가 횡행.

문제점
· 각자 자력으로 자신이 지배하는 영역을 지키지 않으면 안된다.
· 범죄자에 대한 보복 행위가 끝없이 이어질 가능성이 있다.

범죄자 같이 공적 권력에 보호받지 못하는 사람이라 해도 도망쳐 오면 보호를 받는 보호 구역 제도가 확립된다.

주요 보호 구역과 그 제도

● 성역
· 교회
· 숲 등 종교적 성역
· 묘지

● 그 외
· 개인 주택
· 밭의 말편자

보호해주세요!

범죄자

● 공적 시설
· 가도
· 나루터
· 방앗간

각 보호 구역으로 도망치면 보호 받는다. 힘든 경우에는 모자와 신발 등을 던져 넣는다.

그러나…

보호 구역의 가호는 절대적인 것이 아니다!!

개인 주택에서의 보호   6주간하고 사흘

밭의 말편자의 보호   빵을 먹을 때까지

애초에 보호 구역에 있는 지배자의 힘이 약하면 어찌할 방도가 없다.

법제도의 정비가 진행됨에 따라서 일부 성역 등을 제외하고 보호 구역이 축소되어간다.

관련 항목
● 중세의 법제도 → No.011

No.013

중세의 형벌

중세 세계의 형벌은 범죄자를 갱생하여 범죄를 줄이는 것이 아니라 본보기로 삼음으로써 범죄를 억제하는 형태였다.

● 범죄자는 동물이라 해도 형벌을 받았다

중세 이전의 게르만 사회에서 범죄에 대한 형벌은 부족 법전에 의해 판결 받고 재화로 보상할 수 있었다. 그러나 신성 로마 제국의 역대 황제가 발령한 『란트 평화령』으로 범죄에 대한 새로운 형벌관이 확립된다. 여기에 제시된 형벌의 형태는 범죄자에게 사형과 태형을 내림으로써 본보기로 삼아 공공의 평화를 위협하는 강도 살인 등의 중범죄를 억제하는 것이었으며 원칙적으로는 신분을 가리지 않았다.

범죄자가 어떤 처벌을 받을지 정하는 것은 왕과 영주에 의한 순회재판소, 도시를 관리하는 평의회, 그 외에 영주와 유력자로부터 임관된 자들이 판결을 했지만 조사능력이 부족했던 중세 세계에서는 공정한 판결이 내려졌다고 말하기는 힘들다. 고문에 의한 자백과 결투 재판, 불과 물을 이용하여 범죄자가 상처를 입는지의 여부를 보는 신명 재판 등이 통용되고 있었다.

데몬스트레이션 효과를 추구했던 형벌은 죄목에 따라 다양화되었으며 마을과 촌락의 정해진 광장에 다수의 군중을 모아놓고 형을 집행했다. 중범죄인 살인, 유괴, 간통 등은 참수형, 중절도, 강도는 교수형을 내렸다. 방화범, 마녀 등의 이단자는 화형에 처했다. 반역자 등 국가 규모의 범죄자와 영향력이 큰 중범죄자는 사지를 찢는 형, 수레바퀴형 같이 본보기 효과가 큰 형벌을 내렸다. 사형보다 가벼운 범죄자에게 내린 형벌은 절단형이 많았다. 상해죄는 손과 발을 절단, 경절도, 위증, 거짓 맹세는 손가락 절단, 또한 위증과 거짓 맹세는 신성 모독, 비방의 죄를 물어 혀를 절단하기도 했다. 이보다 약한 형벌로는 채찍형, 단순한 벌금형 등이 있다. 이 시대는 징역 같은 자유형은 없었으며 감옥은 재판이 판결을 내리기 전까지 범죄자를 구속하는 장소에 지나지 않았다. 그러나 위생이 불량하고 식량 사정이 나빴던 감옥 생활은 수감된 범죄자를 크게 괴롭혔다. 또한 이들 형벌은 동물이라 해도 적용되었다.

중세의 재판

『란트 평화령』이전의 재판과 형벌

범죄자 — 대가를 지불 → 피해자 OK!

『란트 평화령』이후의 재판과 형벌

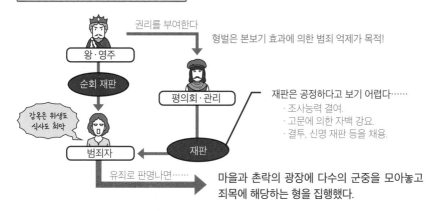

왕·영주 — 권리를 부여한다 →

형벌은 본보기 효과에 의한 범죄 억제가 목적!

순회 재판

평의회·관리

재판

재판은 공정하다고 보기 어렵다……
· 조사능력 결여.
· 고문에 의한 자백 강요.
· 결투, 신명 재판 등을 채용.

강옥은 위생도 식사도 최악

범죄자

유죄로 판명나면…… → 마을과 촌락의 광장에 다수의 군중을 모아놓고 죄목에 해당하는 형을 집행했다.

범죄와 형벌

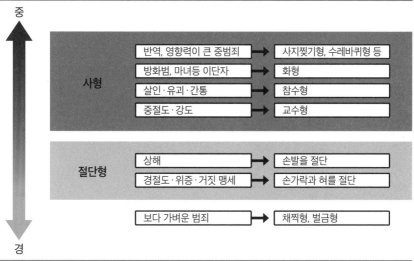

중

사형	반역, 영향력이 큰 중범죄	→	사지찢기형, 수레바퀴형 등
	방화범, 마녀등 이단자	→	화형
	살인·유괴·간통	→	참수형
	중절도·강도	→	교수형

절단형	상해	→	손발을 절단
	경절도·위증·거짓 맹세	→	손가락과 혀를 절단

보다 가벼운 범죄	→	채찍형, 벌금형

경

관련 항목
● 중세의 법제도 → No.011
● 시장과 평의회 → No.049

중세의 세금제도

세금은 국가와 영토를 운영할 때 필수불가결한 재원이다. 따라서 지배 계층은 다양한 수단으로 영민에게서 세금을 징수했다.

● 지배자의 재원 확보 방식

지배 계층 입장에서 민중에게 징수하는 세금은 그들의 권력 그리고 생활을 유지하기 위해 필수불가결한 것이었다. 군비를 확장하거나 윤택한 생활을 영위하기 위해서도 세금은 많으면 많을수록 좋은 것이었다. 따라서 지배 계층은 다양한 명목으로 민중에게 세금을 징수했다.

중세 사람은 대부분이 농민이다. 영주가 자신이 지배하는 직영지와 장원의 농민들에게서 얻은 세금은 여러 가지가 있지만 기본적으로는 다음과 같은 것들이 있다. 인두세는 농민 한 사람 한 사람에게서 징수하는 것으로 고액은 아니지만 농민이 지배당하고 있음을 상징하는 것이었다. 차지대는 기본이 되는 세금으로 농민이 경작하는 농지마다 곡물이나 화폐로 징수했다. 사망세 또는 상속세는 농민의 자식이 부모가 경작하던 토지를 계승했을 때 발생했다. 이때 부모의 뒤를 잇는 자는 세금을 낼 뿐만이 아니라 영주에게 소지하고 있는 가축 중에서 가장 좋은 것을 헌상해야만 했다. 보유지 이전료는 농민이 영주의 허가를 받고 다른 사람에게 농지를 양도할 때 발생한다. 십일조는 농민이 소속하는 소교구의 교회가 징수하는 것이며 이름 그대로 수확의 10분의 1을 가져갔다. 또한 영주 소유의 물레방앗간의 절구, 빵 굽는 가마, 포도 압착기 등의 강제 사용 및 사용료 징수 등도 행해졌다. 금전과 물품으로 받는 조세뿐만이 아니라 부역도 중요한 세금이었다. 농민들은 일반적으로 주3일 정도 영주 직영지의 경작과 임시노동을 강요당했다. 그리고 이러한 부역은 화폐 경제가 발전하면서 금전으로 면제 받는 게 가능해진다. 중세 말기에 이르러서는 생활의 필수품인 소금에도 고액의 세금이 매겨졌다.

도시에서는 가도의 관소마다 징수하는 통행세, 정기적으로 열리는 시장에 참여할 때 지불하는 시장세 같은 상업 관련 외에 시 당국에 내는 납부금, 인두세, 유통 상품에 매겨지는 간접세가 있었다. 하지만 시 당국은 자신들의 조세 부담을 줄이기 위해서 가벼운 세금을 책정했고 하층민도 지불할 일이 없어서 징세 수입은 적은 편이었다.

영주 체제하에 행해진 세금제도

영주

자신들의 생활을 영위하기 위해서 징수!

영토

인두세
주민 한 사람 한 사람에게 부과된 세금.

부역
주3일 정도의 노동. 나중에 금전으로 면제된다.

보유지 이전료
농민이 영주의 허가를 받아 농지를 양도할 때 발생하는 세금.

차지대
경작하는 농지에 부과되는 세금. 나중에는 작물에서 금전을 지불하는 방식으로 변경.

상속세
상속받은 농지에 부과되는 세금. 세금뿐 아니라 가장 좋은 가축도 징수했다.

시설, 그 외

시설 사용료
사용을 강요당한 물레방앗간 절구와 포도 압착기 등에 매겨진 세금.

그 외 세금
소금 같은 다양한 생활필수품에도 부과됐다.

그 외의 세금제도

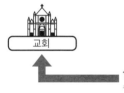

교회

소교구

십일조
수입의 10분의 1을 납부하는 세금.

시 당국

자기들의 납세액을 줄이기 위해서 세율 자체는 낮게 설정!

도시

납부금
시 당국에 지불하는 일종의 주민세.

인두세

간접세
유통 상품에 부과되는 세금.

관련 항목
- 농민 → No.025
- 물레방앗간 → No.032
- 화덕과 빵 → No.033
- 시장 → No.066

중세의 혼인

중세의 인권 의식은 현대와는 크게 다르다. 이는 혼인제도에 있어서도 마찬가지였기에 다양한 계층만큼이나 다양한 방식이 있었다.

● 자유가 없는 혼인 관계

연애와 혼인에 대한 중세 세계의 가치관과 제도는 현대와는 큰 차이가 있다. 물론 자유로운 연애는 존재했다. 하지만 그것이 반드시 혼인으로 이어지지는 않았으며 또한 연애의 형태도 시대상을 반영한 것이었다.

중세 초기에는 일부일처제가 보급되기는 했지만 혼전 동거와 일부다처제도 보기 드문 일이 아니었다. 여성 경시가 강했던 교회는 혼인 그 자체에 부정적이었지만 이윽고 풍기문란을 막는 수단으로서 혼인제도를 만들어낸다. 결혼은 사제의 입회하에 성인 남녀(남자는 14세 정도, 여자는 12세 정도면 성인으로 취급 받았다)가 양자 합의로 성립하며 이혼할 수 없고 아이를 낳기 위해서 제정한 것이었다. 교회 주도의 결혼제도는 13세기에 일반적이 되었지만 속세의 관점에서 보기에는 그냥 폐만 끼치는 귀찮은 제도이기도 했다.

영주와 기사 같은 귀족 계급의 혼인은 혼인 상대와 혈연관계를 맺기 위한 전략적인 행위였다. 거기에 개인의 의지는 일절 없었고 양측의 재산과 영토 또는 혈통적 가치, 그리고 외교 관계가 더 중요했다. 즉 귀족계급의 혼인이란 양가의 동맹관계를 확고히 하기 위한 의식 또는 경제적인 활동이었던 것이다. 그 때문에 권력자가 후견인으로서 돌봐주고 있는 소녀와 미망인을 부하나 동맹관계의 사람에게 강제적으로 결혼시키는 경우도 있었다. 양가의 관계를 공고하게 한다는 의미였기에 아이를 낳지 못하는 여성은 이혼 당할 가능성이 있었다. 또한 근친혼은 경멸의 대상이 되어 파혼하는 이유가 되었다. 농민의 혼인은 영주의 허가가 필요했다. 이는 혼인으로 인해 노동력이 외부로 유출되는 것을 막기 위해서였다. 그리고 노동력 증강을 위해서 미혼여성과 과부에게 혼인을 강요하는 경우도 있었다. 영주는 신부와 첫날밤을 보낼 권리인 초야권을 가지고 있었으며 이를 면제 받기 위해서 내는 돈이 실질적인 결혼세였다. 이에 반해 도시의 결혼은 어느 정도 자유로웠지만 유력자들의 경우는 귀족과 다를 게 없었다.

교회가 정한 결혼제도

교회

종교적으로 혼인 자체를 부정.

그러나 성생활이 문란해지는 것을
경계한 교회는……

자신들이 주도하는 혼인제도를 제정!

결혼제도

결혼은 사제의 입회하에 행한다.
결혼하는 것은 성인 남녀.
결혼은 양자의 동의하에 행해진다.
이혼할 수 없다.

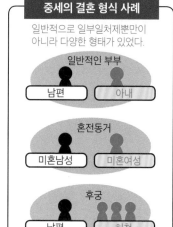

중세의 결혼 형식 사례

일반적으로 일부일처제뿐만이
아니라 다양한 형태가 있었다.

일반적인 부부
남편 / 아내

혼전동거
미혼남성 / 미혼여성

후궁
남편 / 처첩

현대와는 다른 결혼관

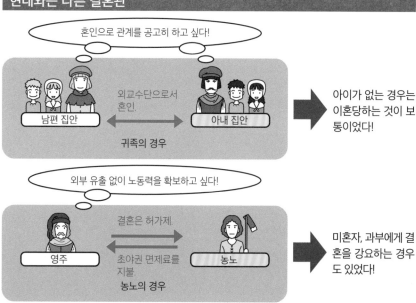

혼인으로 관계를 공고히 하고 싶다!

남편 집안 ← 외교수단으로서 혼인. → 아내 집안

귀족의 경우

아이가 없는 경우는
이혼당하는 것이 보
통이었다!

외부 유출 없이 노동력을 확보하고 싶다!

영주 ← 결혼은 허가제. / 초야권 면제료를 지불. → 농노

농노의 경우

미혼자, 과부에게 결
혼을 강요하는 경우
도 있었다!

관련 항목

● 신앙과 삶 → No.005
● 영주 → No.091
● 기사 → No.092

37

중세의 예술

중세의 예술은 종교 건축과 함께 발전했다. 로마시대의 영향을 받은 건축은 이윽고 중세의 독자적인 예술로 다시 태어났다.

● 새로운 가치관에 의한 창조

중세 예술은 종교적인 건축 양식과 이에 관련된 주변 미술이 근간이 된다. 대표적인 것이 중세 초기부터 중기까지 볼 수 있는 로마네스크 양식, 그리고 중세 중기부터 후기를 장식한 고딕 양식이다. 로마네스크 양식은 바실리카 양식의 흐름을 이어 받은 로마에서 유래한 양식으로 중후함 속에 이교적인 공상을 과분하게 집어넣은 것이었다. 건축 양식은 기둥과 낮은 아치를 다수 사용했으며 중심이 되는 회당은 그때까지는 독립된 형태로 건설된 탑 등의 시설을 일체화시켜서 중후하고 장엄하게 만들었다. 그러나 로마 시절에 보였던 정밀함은 사라지고 조각 등의 장식은 평면적인 것이 되었다. 로마네스크 양식은 그 기점이 된 로마 주변의 유럽 남부에서 발전했다. 한편 고딕 양식은 프랑스 북부, 독일 서부의 라인 지방에서 태어난 양식이다. 이 건축 양식은 세로를 크게 잡은 공간과 수많은 창문, 출입구에 집중된 장식 등이 특색이다. 건물을 수놓은 조각은 로마네스크적 환상이 사라지고 인간과 자연을 테마로 하는 입체적이고 사실적인 것으로 바뀌었다.

회화 세계에 있어서도 종교의 영향이 컸다. 중세의 회화에 그려진 인물들은 평면적으로 그려져 신분마다 특징이 있는 소지품을 부여하여 상징화시켰다. 예를 들어 왕이라면 침소에 있다 하여도 왕관을 썼다. 그러나 고딕 양식이 융성하면서 상징화된 회화에도 아름다운 자연을 그려넣어 감상이라고 하는 요소를 담아내게 되었다.

중세는 서적과 문학도 독자적인 발전을 이루었다. 알파벳 소문자와 고딕체가 탄생한 것도 이 시기였다. 문학 면에서는 고전 문학 대신에 프랑스어로 적은 성인록, 전기, 『여우 이야기』 같은 우화, 음유시인이 부르는 궁정기사도 이야기 같은 것이 인기를 얻었다. 특히 사랑의 향락과 씁쓸한 우화로 가득한 장편문학 『장미 이야기』는 베스트셀러가 되었다.

미술과 건축 양식

● 중세 유럽의 미술은 종교 건축과 떼려야 뗄 수 없는 사이였다!

	로마 주변~프랑스 남부	프랑스 북부~독일 서부
고대	**바실리카 양식** ※고대 로마의 건축 양식. 직사각형의 외벽, 기둥이 줄지어 늘어선 복도가 있다. 영향을 받는다!	
중세 초기	**로마네스크 양식** ●미술 양식으로서의 특징 ·환상적인 요소가 강하다. · 조각은 평면적이며 정밀함이 부족하다.	**고딕 양식** ●미술 양식으로서의 특징 · 인간과 동물이 모티브. · 조각은 입체적, 사실적.
중세 중기~후기	●건축 양식으로서의 특징 ·기둥, 낮은 아치를 다수 사용. · 중심이 되는 회당에 탑 등의 시설을 일체화시킨 중후하 고 장엄한 형태.	●건축 양식으로서의 특징 · 세로로 크게 잡은 공간과 다수의 창. · 장식은 건물 입구에 집중.

회화와 문학

● 중세 유럽 회화의 주된 특징

로마네스크 양식

· 그림은 평면적으로 그린다.
· 구분을 하기 위해서 소지품을 상
징화! 어떤 상황에서도 그 소지품
을 그린다.

고딕 양식

· 그림은 사실적.
· 자연주의적 경향이 강해져서 자연
물을 그려넣어 감상하게 된다.

● 중세 유럽 문학의 주된 특징

그리스어, 라틴어 고전 문학

프랑스어 문학이 등장!

· 성인록　　· 우화(「여우 이야기」 등)
· 전기　　　· 궁정기사도 이야기

장편 『장미 이야기』가 베스트 셀러가
되었다!!

사회 비판, 풍자가 들어간 기사도 이야기.
백과사전적 서적.

관련 항목

● 중세의 건축기술 → No.018　　　　　　　● 기사 → No.092

중세의 음악

중세의 음악은 교회 음악과 함께 발전을 보였다. 또한 음유시인들에 의한 대중음악도 새로운 음악을 자아내는 초석이 되었다.

● 신을 칭송하는 노래, 마음을 들뜨게 하는 악곡

중세 유럽의 음악 발전은 그리스도교와 강하게 이어져 있다. 그리스도교는 찬가를 종교적으로 유익하다고 인정하여 이를 장려했다. 또한 음악은 신앙의 수단이었을 뿐 아니라 대학에서 배우는 자유 7과에 포함되는 학문이기도 하다. 다만 이 학문은 피타고라스파의 수학적 조화에 기초하는 관념적인 것으로 기술적이라고는 말하기 어렵다.

기술적인 발전은 교황 그레고리오 1세(재위 590년~604년)가 하늘의 음악을 적어서 편찬했다고 하는 그레고리오 성가에서 시작했다. 로마식 전례에서 사용하는 이 성가는 최초에는 무반주 단선율 찬가에 지나지 않았다. 그러나 9세기 이후 곡에 새로이 선율과 가사로 장식하는 기법 트로푸스, 일반 성가 후에 부르는 노래, 시와 함께 자유로이 부르는 세쿠엔치아가 등장한다. 어레인지와 창작을 통해서 새로운 악곡을 자아내는 트로푸스와 세쿠엔치아는 연극으로 이어져 전례극으로 발전해나간다. 또한 그레고리오 성가에 새로이 별개의 음계 선율을 겹치는 오르가눔이라고 하는 다성음악 기법도 탄생했다.

민간 음악은 여행을 하는 음유시인과 악사에 의해서 만들어졌다. 그들은 요구에 따라서 연애 이야기나 무도곡 같은 음악을 연주했다. 하지만 그들의 음악에 관해서는 알려진 것이 적다. 그들은 자신들의 밥줄이라 할 수 있는 음악을 몰래 은닉하였으며 음악 연주도 즉흥적인 것이 많아 기록이 남아 있지 않다. 게다가 악보를 적는 성직자도 그들을 경시했기에 기보를 하려고 하지 않았다. 11세기에 들어오면서 프랑스와 독일을 중심으로 귀족 출신의 시인들에 의해서 가곡이 유행하기 시작한다. 그들의 음악은 기사도와 사랑, 도덕을 테마로 했다. 시인이 만든 노래는 악사에 의해서 불리고 연주되었다. 주로 사용된 악기는 현악기였다. 이들 가곡에는 현대에서 말하는 장조, 단조가 싹트기 시작했으며 교회 음악과 더불어 후에 서양음악의 기초가 되었다고 여겨진다.

음악의 발전과 그리스도교

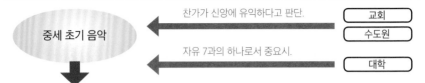

중세 초기 음악
← 찬가가 신앙에 유익하다고 판단.　교회 / 수도원
← 자유 7과의 하나로서 중요시.　대학

그레고리오 성가 　그레고리오 1세가 천상의 음악을 편찬했다고 여겨지는 단선율(무반주) 성가.

9세기

트로푸스
선율과 가사로 장식하는 기법.

오르가눔
별개의 음계 선율을 겹치는 수법.

다양한 기법, 악종이 등장! →

전례극
성가가 연극의 형태로 된 것.

↑

세쿠엔치아
다른 가사와 선율이 이어지는 곡종.

교회 음악의 발전에 따라 서양 음악의 기법도 진화!!

귀족, 서민들의 음악

중세 초기

음유시인, 악사

요구에 따라 연가, 무도곡 등을 연주. ←

민중

그러나……

그들이 연주한 음악의 실태는 알려지지 않았다!
· 밥줄이랄 수 있는 악곡, 가사를 몰래 은닉하였기에.
· 악보를 남기는 성직자들이 그들을 경시했기 때문에.

11세기

귀족 출신의 시인

· 기사도, 사랑, 도덕이 테마.
· 주로 현악기로 연주.
· 연주에 단조, 장조의 싹이 엿보인다.

교회 음악과 함께 서양 음악의 기초가 된다!!

관련 항목
● 대학과 학문 → No.060
● 교황 → No.077
● 성직자 → No.079
● 음유시인과 광대 → No.096

중세의 건축기술

중세는 고대의 지식을 이어 받으면서도 다른 형태의 새로운 창조가 이루어졌던 시대이다. 이는 건축기술 또한 예외가 아니었다.

● 기술자들이 경험을 통해 자아낸 신기술

　중세의 건축기술은 고대 로마에 비해 몇 단계 떨어진다는 인식이 뿌리 깊다. 그러나 이 시대는 새로운 건축 플랜이 다수 생겨난 시대이기도 하다.

　석조 건축은 장인과 석공의 우두머리에 의한 플랜 설계로부터 시작한다. 그들에게는 돌을 다루는 기술뿐만이 아니라 건물의 구조적인 지식, 건축물을 장식하는 조각과 그 외 장식, 회화에 관한 소양도 있어야 했기에 높은 급료와 의류, 세금 면제 등 다양한 특전을 받았다. 또한 전체 총괄자로서 발주자인 성직자와 영주를 상회하는 권한을 부여 받았다. 장인들은 컴퍼스와 자를 이용해서 양피지에 지면을 작성하고 이를 기초로 건축을 진행했다. 이 시대는 지붕을 버티기 위한 대들보, 첨탑 아치, 리브 볼트 등 획기적인 기술이 탄생했으며 로마와는 다른 다양한 건축 플랜을 시도하였다.

　장인들 밑에는 석공, 채석공, 목수, 미장이, 타일공, 벽돌공, 지붕이음 기술자 등 건축 관계자 외에 대장장이, 유리 기술자, 화가 등이 일하고 있었다. 또한 자재 운반 등 단순노동은 일일 노동자가 맡았으며, 건축물이 교회와 대성당일 경우는 죄를 사해줄 것을 원하는 신도들이 담당했다.

　석공들은 경험을 토대로 돌의 밸런스를 보고 맞춰서 쌓아 올린다. 하지만 역학적 지식이 부족하였기에 건축 중에 건물이 붕괴하는 경우도 적지 않았다. 돌을 쌓아 올리는 방식은 매달은 쐐기와 매달은 클램프라 불리는, 현재에도 사용되는 돌을 사이에 끼워서 들어 올리는 도구와 도르래, 크레인 등을 사용했다. 14세기에 등장한 크레인은 다람쥐와 햄스터가 움직이는 도르래 같은 쳇바퀴가 달려 있었으며 소와 인간이 수레바퀴를 돌려서 돌과 자재를 들어올린다. 그들이 돌을 쌓는 동안에 채석공은 석재를 도면대로 자르고 목수는 발판과 형틀, 창틀, 문 등을 만들었으며, 미장이는 접합용 모르타르를 반죽한다. 이러한 작업에 필요한 자재, 공구 등의 준비와 구입도 장인이 할 일이었다.

중세의 다양한 건축 플랜

중세 유럽은 다수의 건축기법이 태어난 시대였다!

● 건축기법 사례(고딕 시기의 건축물)

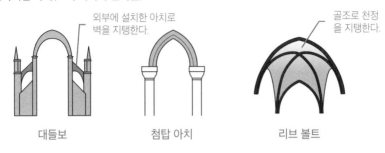

외부에 설치한 아치로
벽을 지탱한다.

골조로 천정
을 지탱한다.

대들보   첨탑 아치   리브 볼트

이렇게 로마와는 다른 건축 기법을 시도하였다.

건축 순서

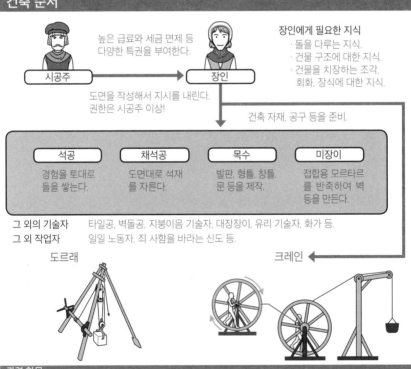

시공주

높은 급료와 세금 면제 등
다양한 특권을 부여한다.

장인

장인에게 필요한 지식
· 돌을 다루는 지식.
· 건물 구조에 대한 지식.
· 건물을 치장하는 조각,
  회화, 장식에 대한 지식.

도면을 작성해서 지시를 내린다.
권한은 시공주 이상!

건축 자재, 공구 등을 준비.

석공

채석공

목수

미장이

경험을 토대로
돌을 쌓는다.

도면대로 석재
를 자른다.

발판, 형틀, 창틀,
문 등을 제작.

접합용 모르타르
를 반죽하여 벽
등을 만든다.

그 외의 기술자   타일공, 벽돌공, 지붕이음 기술자, 대장장이, 유리 기술자, 화가 등.
그 외 작업자   일일 노동자, 죄 사함을 바라는 신도 등.

도르래   크레인

관련 항목
● 성직자 → No.079   ● 영주 → No.091
● 죄와 면죄 → No.088

중세의 교통

중세에도 교통망의 주류가 되는 도로는 그물처럼 대륙에 뻗쳐 있었다. 그러나 상태는 양호하다고 볼 수 없었다.

● 울퉁불퉁한 자갈 여로

모든 것이 다 발전되지 않았다고 여기기 십상인 중세시대에도 교통망은 훌륭하게 발전하였으며 오늘날의 국도(國道)와 사도(私道) 같은 구별도 있었다. 왕의 길, 가도라 불리는 길은 군사와 상업 활동을 위해 만든 대규모의 길로 먼 곳을 이동할 때 이용했다. 로마 제국이 만든 길을 토대로 한 것이 많지만 당시에 깔은 도로 포장은 사라지고 자갈과 석회를 뿌린 것에 지나지 않은 울퉁불퉁한 도로였기에 걷기 힘들기만 할 뿐이었다. 이러한 길은 국가와 도시에 의해 유지되며 지나갈 때 통행세를 거두는 경우도 있었다. 그러나 권력자의 지배력과 주변 도시의 경제력이 강하면 안전성과 숙박상의 편리성이 늘어났다. 촌락의 길은 그냥 길과 오솔길 등으로 불리며 경작지를 왕래하거나 교회 같은 시설로 이동하기 위한 용도로 만들어졌다. 영도에 의해서 신설된 이 길은 구불구불하게 굽이쳤으며 도로폭도 소 두 마리가 지나갈 정도에 지나지 않았다. 설치와 유지는 촌락이 맡았으며 멋대로 길을 만들거나 경작하는 것은 엄중히 금지되었다.

길을 이동하는 수단은 도보가 주류였기에 오랜 시간과 위험을 동반했다. 숲에 둘러싸여 있거나 황야를 지나는 길은 강도와 늑대의 습격을 받는 일도 드물지 않았다. 그 때문에 여행자는 보통 집단으로 움직이든지 호위를 대동하는 거상과 동행하는 방식으로 자신의 안전을 꾀했다. 도로 상태가 좋지 않았기에 마차로 이동하는 것은 불쾌했으며 물량이 많은 경우나 귀부인 정도밖에 이용하지 않았다. 가벼운 짐을 옮기는 경우에는 짐말이나 당나귀 등에 싣고 걸었다. 귀족과 부자들은 말 같은 기승동물을 타고 이동한다.

수상이동은 육로보다 신속하고 쾌적한 이동이 가능했다. 강에서의 이동은 갑판이 없는 작은 배를 이용하였으며 대규모가 아니었다. 해로는 시대와 지역에 따라서 사용했던 배가 다르다. 지중해에서는 갤리선과 대형 범선을, 북방에서는 노르만인이 강에서도 운용 가능한 바이킹선을, 도시가 발전한 후에는 한자 동맹이 파도에 강하고 조작성이 좋은 코그, 또는 강에서도 사용할 수 있는 슬루프를 이용했다.

가도와 사도

중세 유럽의 교통망은 충분히 발달해 있었다.

관리자와 사용목적에 따라 크게 2종류로 나뉜다.

왕의 길, 가도

· 군사, 상업 활동을 위해 먼 곳으로 뻗은 길.
· 국가와 도시가 유지.
· 통행세를 지불할 필요가 있다.

로마시대의 가도 등을 유용. 포장은 사라져서 자갈과 석회를 뿌렸을 뿐.

가도의 여관 등 편리성은 국가와 도시의 경제력이 좌우.

길, 오솔길

· 경작지, 교회 등의 시설에 가기 위한 길.
· 촌락이 설치 및 유지.
· 멋대로 사도를 만들거나 길을 경작하는 것은 금지.

필요에 따라 만들었으므로 구불구불하다.

소 두 마리가 겨우 지나가는 오솔길.

주요 교통 수단

육로
주요 이동 수단. 강도와 늑대에 대한 대책으로 호위를 고용하는 등 무장화, 집단화.

도보
강도, 맹수를 피하기 위해서 거상 등과 동행하는 것이 기본.

마차
도로가 포장되지 않아서 불쾌. 주로 많은 짐을 운반하거나 귀부인용.

기승동물
귀족은 말. 일반인은 짐말과 당나귀, 노새를 타는 경우도 있지만 기본은 도보.

수로
육로보다 신속하고 쾌적한 이동이 가능!

해로
지역에 따라서 사용하던 배가 다르다.

강
주로 갑판이 없는 작은 배로 이동

북유럽
바이킹선. 강에서도 이동할 수 있다.

바이킹선

슬루프

갤리선

지중해
갤리선(상)과 대형 범선(우)

대형 범선

코그

한자 동맹
파도에 강한 코그(좌), 강에서도 이동할 수 있는 슬루프.

관련 항목
● 가도의 여관 → No.073

● 유통과 교역 → No.071

중세의 정보 전달과 우편

전파와 광통신으로 다양한 정보가 범람하는 현대사회에 비해 중세 세계의 정보 전달은 사람 자신이 그 수단이었다.

● 사람의 손과 입으로 전해지는 정보

최신 정보는 어느 시대든 중요한 법이다. 이는 중세 세계라도 다를 바 없다. 하지만 중세의 정보 전달은 인력에 의지할 수밖에 없었다. 군사적으로 화급한 사태라면 전서구와 종루의 종 등을 통신수단으로서 사용하는 경우도 있지만, 이러한 수단은 정보량이 결코 많다할 수 없었기에 자세한 정보와 문장은 사람이 직접 전하지 않으면 안되었다.

왕과 영주 또는 사제 같은 권력자는 전문 전령을 고용했으며 성직자가 라틴어로 고가의 양피지에 적은 편지를 전하는 사자로 삼았다. 그들은 전문 의복과 신발을 지급받아 문장이 달린 지팡이와 편지를 넣은 항아리를 들고 수신인을 향해 여행을 떠난다. 전령은 축성을 받은 특별한 사자로 여겨서 함부로 위해를 가하는 것이 금지되었지만 이를 지키지 않는 경우도 많았다.

일반인의 정보 전달은 유랑 예인과 악사, 해외 연수 기술자와 순례를 다니는 나그네가 담당했다. 그중에서 재미있는 것은 정육점이다. 그들은 신선한 가축을 구입하기 위해 여기저기 다녀야 했으므로 농민들의 우체부로서 오랜 기간 활약하게 된다. 나그네들은 주로 자신의 기억과 입으로 의뢰자의 말을 전했지만 14세기에 이르러 제지 산업이 발전하게 되면서 일반인도 편지로 정보를 주고받는 것이 가능해졌다. 사건과 사고의 정보는 소문과 전문으로 전해졌지만 중세 사람들은 조심성이 많았기에 확실한 증거가 없는 경우는 신용하지 않았다. 전도사가 가두 강론을 하면서 들려주는 각지의 사건 사고도 귀중한 정보 전달 수단이 되었다.

도시 상인들은 영주들처럼 전문 파발을 이용했다. 그들은 스스로를 보호하기 위해 창과 석궁으로 무장하는 것이 허락되었으며 전문 의복을 입고 편지가 들어 있는 항아리를 휴대한다. 또한 뿔피리를 지니고 있으며 목적한 마을에 도착하면 피리를 불어서 자신에게 볼일이 있는 사람을 불렀다. 이 뿔피리는 원래 정육점이 농촌을 방문했을 때 자신이 도착했음을 알리는 수단으로 사용했던 것을 도입한 것이다.

중세의 정보 전달 수단

> 중세의 정보 전달은 인력이 기본. 긴급 시에는 전서구와 종을 사용하는 경우도.

편지는 항아리에 넣어서 옮겼다. 성직자의 편지는 양피지에 라틴어가 적혀 있었다.

스스로를 지키기 위해 창과 석궁으로 무장. 권력자의 전령은 축성을 받아 안전이 보장되었지만 지키지 않는 경우도 많다.

의복은 지급품. 권력자의 전력은 가문의 문장이 달린 지팡이를 들고 있다.

도시의 파발은 의뢰처인 도시에 도착하면 뿔피리를 불어서 수령 상대와 손님을 불렀다.

> 권력자는 자신의 명령과 정보를 전달하기 위한 인재를 거느리고 있다!

민간의 정보 전달과 편지

● 특별한 사자를 고용할 수 없는 민중은 다양한 수단으로 정보를 전달했다!

편지

유랑 예인, 순례자

각지를 돌아다니므로 메시지를 맡긴다. 양피지는 비싸므로 메시지는 구술로.

정육점

정기적으로 가축을 구입하기 위해서 농촌을 방문하므로 메시지를 맡긴다.

▼ 그러나……

14세기에 이르러 제지 산업이 발전하게 되자 그때까지 전달 수단이던 구술 대신에 민중도 손쉽게 편지를 보낼 수 있게 되었다.

전문

소문. 수상한 정보는 쉽게 믿지 않는다.

전도사

강론 중에 다른 곳의 사건과 사고를 말한다.

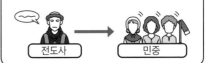

전도사 → 민중

관련 항목
- 해외 연수 제도 → No.070
- 성직자 → No.079
- 순례 → No.086
- 영주 → No.091
- 음유시인과 광대 → No.096

식재료에 대한 가치관

중세 유럽의 가치관에는 현재 사람들이 보기에 꽤나 기이하게 보이는 것도 많다. 식재료에 대한 가치관도 그중 하나일 것이다.

중세에서 모든 것은 정해진 서열이 있다고 여겨졌다. 기본적으로는 하늘에 가까운 것일수록 존귀하고 대지에 가까울수록 열등하게 생각했다. 당시 세계를 구성하는 요소로 알려진 4대원소의 경우 불이 최상급이며 바람, 물에 이어 흙을 가장 저급하다고 간주했다. 이는 식재료도 마찬가지로 불에 속하는 전승상의 생물 고기와 식재료가 최상위이며 바람에 속하는 것 중에서도 하늘높이 나는 매와 독수리는 상위에, 그 다음으로 공작, 꿩 같은 들새, 집짐승, 물의 요소를 지닌 물새 순으로 이어진다. 조류 밑에는 사슴과 토끼 같은 야생 동물, 소, 양 같은 가축이 있으며 농촌에서도 먹었던 돼지는 하층으로 분류되었다. 물에 속하는 것 중에서는 고래와 돌고래가 존귀했으며 어류, 갑각류 순으로 이어졌고 패류, 해면동물이 하위에 위치한다. 흙에 속하는 식물 중에서는 하늘에 가까운 과일 나무가 고위에 위치하고, 과일이 열리는 관목, 양배추와 양상치 같이 줄기를 먹을 수 있는 채소, 뿌리에 직접 먹는 부분이 이어져 있는 시금치 같은 채소, 근채류, 양파와 마늘 같은 인경채가 최하위에 위치했다.

이를 먹는 인간에게도 등급이 있으며 등급에 걸맞은 음식을 먹어야 한다고 여겼다. 영주와 기사 같은 상위 계층이라면 사냥으로 손에 넣은 신선한 고기, 복숭아나 사과 같은 과일, 곡류라면 밀을 먹는 것이 장려되었으며, 농민은 순무 같은 근채류와 마늘, 양파 그리고 주식으로는 잡곡빵을 먹어야 좋다는 것이 공공연한 사고였다. 그리고 당시 의학에서는 이런 질서를 어기면 건강을 해친다고까지 생각하고 있었다. 예를 들어 어느 문헌에서는 「완두콩을 계속 먹으면 머리가 둔해진다. 따라서 주교는 이러한 콩을 먹어서는 안 된다」라고 적혀 있다. 이는 당시 완두콩이 서민의 귀중한 단백질 공급원으로 유통되었기에 도출된 논리였다. 이렇게 특정 계급과 식재료의 차별이 아무렇지 않게 판을 치는 것도 중세라고 하는 시대의 모습 중 하나였다.

또한 식재료는 계층적인 질서뿐만이 아니라 로마 제국 시대의 의사 갈레노스(129년 무렵~200년 무렵)의 4체액설을 토대로 습, 건, 냉, 온의 4개 속성으로 구분되었다. 예를 들어 오이과의 식물은 냉의 성질을 지니고 있으므로 열이 많은 사람에게 먹여야 한다고 생각했다. 반대로 마늘은 건조하고 뜨거운 성질을 지니고 있기에 두통을 일으키기 쉬우므로 열기가 있는 젊은이보다 열이 사라지고 있는 장년층과 노년층 또는 추운 지방에 사는 사람들이 몸을 따스하게 하기 위해서 먹어야 한다고 생각했다. 이러한 갈레노스 이론의 식사요법에 관해서 현대까지 남아 있는 귀중한 자료가 11세기의 의사 이븐 부틀란이 저술한 『건강전서』이다. 동방계 그리스도 교도였던 그는 바그다드에서 이슬람 의학을 배워 그 성과를 이해하기 쉬운 『건강표』라는 형태로 정리했다. 14세기 말에 들어서 이 『건강표』는 호화로운 삽화가 들어가고 『건강전서』라고 라틴어로 번역되어 북이탈리아를 중심으로 크게 인기를 끌었다.

제2장
농촌과 삼림

농촌과 삼림

중세 유럽의 농촌은 삼림 속에 떠 있는 섬처럼 존재했다. 농촌 사람들은 심오한 숲을 경외하며 그 은혜를 소중히 여겼다.

● 농촌을 에워싼 녹색의 바다

문명사회는 자연을 개척하고 제어하여 인류의 영역을 확장한 결과에 따라 얻은 것이다. 그 과정에서 많은 자연이 도시로 바뀌었다. 하지만 중세 유럽은 광대한 삼림 속에 도시와 촌락이 점점이 존재하는 환경이었다. 농촌은 그 깊은 녹색의 바다에 격리된 섬에 지나지 않았던 것이다.

유럽의 어슴푸레 어두운 숲은 한번 길을 잃으면 두 번 다시 나갈 수 없다고 생각했을 정도로 복잡했다. 그곳을 통과해서 주변을 파악하는 것은 설령 군대라 해도 곤란했으며 1356년 푸아티에 전투에서는 추격하던 프랑스군이 어느 사이엔가 영국군에게 쫓기게 되었다고 하는 희한한 사건도 일어났다. 또한 거기에 살고 있는 맹수들, 그중에서도 늑대는 인간에게 매우 위협적이었기에 두려워했다. 숲은 이교적인 미신이 살아 있는 세계이기도 하다. 사람들은 숲속을 악령과 요정의 세계라 생각하여 밤에는 문간까지 숲이 다가온다고 믿었다. 사실 중세의 숲은 개간과 토지 관리를 게을리 하면 순식간에 다시 풍성해졌다.

그러는 한편으로 숲은 은혜를 내리는 자애로운 존재이기도 했다. 숲을 구성하는 오크나무와 너도밤나무는 풍부한 부엽토와 도토리 그리고 유익한 목재를 인간에게 제공했다. 사람들은 숲을 개척하고 불을 질러 풍부한 농지를 얻었으며 돼지를 방목하면서 도토리를 먹이고 살찌우며 겨울에 대비했다. 그리고 목재는 건축자재뿐만이 아니라 대장장이 일과 벽돌을 굽는 재료로도 이용했다.

11세기 후반에 들어 철기 보급으로 인해서 개간사업이 폭발적인 발전을 이룬다. 그러나 가치 있는 삼림 자원은 농촌의 생명선이었다. 따라서 그 관리는 엄중히 이루어졌다. 허가 없이 나무껍질을 벗기면 그 대신 내장을 둘렀고, 벌목을 하면 목을 쳐서 베어진 나무 대신 자리에 놓는 등 가혹한 형벌을 내렸다. 하지만 이러한 노력에도 불구하고 자원 낭비로 인해 삼림은 소실되고 녹색의 바다는 경작지와 황무지로 변해버렸다.

삼림의 경이와 은혜 속에서 생활

중세 초기의 도시와 농촌은……

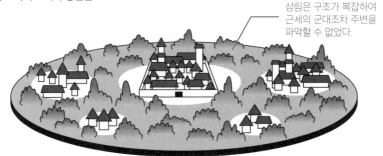

삼림은 구조가 복잡하여 근세의 군대조차 주변을 파악할 수 없었다.

삼림이라는 바다에 떠 있는 섬 같은 상태!

삼림의 경이
· 늑대로 대표되는 맹수.
· 악령, 요정 등의 미신적 존재.
· 심야에 집의 문간까지 다가온다고 하는 미신.
· 바로 재생해서 농촌을 삼키는 재생력.

삼림의 은혜
· 목재를 건축자재로 사용.
· 목재를 연료로 사용.
· 가축 사육.
· 부엽토, 화전 등에 의한 경작지용 비료.

소실되는 삼림

11세기 후반에 철기가 보급.

개간사업의 효율이 폭발적으로 상승.

삼림 자원은 생명선을 위해 보호.

농촌민

죄목과 형벌 사례
· 허가 없이 나무껍질을 벗겼다.
　대신 내장을 나무에 두른다.

· 허가 없이 벌목했다.
　절단한 목을 대신 놓아둔다.

그러나……

삼림자원 소비와 개간에 의해 삼림은 감소.

과도하게 보호한 보람도 없이 삼림은 경작이나 황무지가 되어버렸다.

관련 항목
● 가축 → No.034
● 숯 굽는 자와 숲의 기술자들 → No.042
● 개간 → No.044

장원제도

장원제도는 중세 초기에서 중기에 걸쳐 시행된 영주 지배체제중 하나이다. 장원으로 편입된 촌락은 그들에게 한층 더 강한 통제를 받았다.

● 영주가 지배하는 세계

장원제도는 중세 초기에서 중기에 걸쳐 볼 수 있는 영토 지배 형태 중 하나이다. 장원은 영주와 성직자가 소지하는 영토 중에 영주 직영지와 지배하에 있는 농민보유지, 공용지를 포함하는 토지를 뜻한다. 장원의 범위는 몇 개의 마을을 포함하는 경우도 있고 한 개의 마을에 복수 영주의 장원이 혼재하는 경우도 있어서 반드시 촌락으로 구분되는 것은 아니다.

영주는 장원 내의 주요 촌락에 저택을 세우고 그곳을 중심으로 영토 운영을 한다. 직영지에서 일하는 노동력은 영주관 근처에 거주시키고 있는 농노 또는 직영지 주변의 농민보유지(맨스, 후페)를 대여받은 농노였다. 그들은 영주의 집사가 내리는 지시하에 농지 경작, 방목과 천짜기 그리고 운반 등을 한다. 보유지를 지닌 농노들의 경우에는 주에 2~3일 직영지에서 노동에 종사했다. 게다가 그들은 보유지에서 키우는 작물과 이를 팔아서 얻은 수입을 보유지를 받은 대가로 지불해야만 했다.

장원제도하에서는 재판권도 영주의 강한 권한 아래 있다. 또한 농노들은 장원법에 의해서 구속되었으며 자신의 존재조차도 토지에 얽매여 장원이 매각될 때는 부속품으로서 매매당했다.

그러나 가혹한 지배 형태였던 장원제도도 시대에 따라서 변화를 맞이한다. 13세기 이후 신흥도시가 대두되어 화폐 경제가 발전하자 영주들은 직영지를 해체하고 이제까지 억제했던 권리를 농노에게 팔아서 현금 수입을 얻으려 하는 형국에 이르렀다. 또한 농노 측에서도 도시로 도망을 가거나 영주가 주도하는 개간 운동에 참가하여 자신의 토지를 얻어 자유농민으로서 독립하게 된다. 페스트가 만연하여 노동력이 저하된 것도 농노들이 힘을 얻는 데 일조했다. 이렇게 환경의 변화로 인해 힘을 얻은 농민은 한정적이기는 했지만 자치적인 농촌 경영을 하게 된다.

장원제도와 농노의 지배

장원제도란?

영주와 성직자에 의한 영지 지배의 기본 단위.
영주 직영지, 그 지배하에 있는 농민보유지, 공용지 등이 이에 포함된다.

장원지배의 중심은 영주관!

영주관

직영지　　　농민보유지　　　공용지

※장원이 각지에 분산되어 있다든가 한 개의 마을에 다른 영주의 장원이 다수 존재하는 경우도 있다.

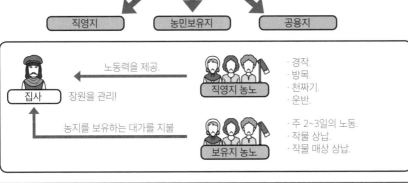

집사

노동력을 제공.

장원을 관리!

농지를 보유하는 대가를 지불

직영지 농노

· 경작.
· 방목.
· 천짜기.
· 운반.

보유지 농노

· 주 2~3일의 노동.
· 작물 상납.
· 작물 매상 상납.

장원제도의 붕괴

영주

장원법으로 지배.

농노는 장원의 부속물로 취급되었다.

장원　　　농노

그런데 13세기에 이르자……

화폐 경제 발전	자유농민 대두	전염병 만연
· 영주가 경제적으로 곤궁. · 현금수입을 위해서 권리를 농노에게 매각.	· 일부 농노가 도시로 도망. · 개간정책에 의해서 토지를 소유한 농민이 증가.	· 장원의 인구가 감소.

장원제도는 이전과는 다르게 유명무실해진다!!

관련 항목

농촌의 주민

농촌에 사는 사람들은 당연히 대부분이 농민이다. 그러나 그들만으로는 어찌할 수 없는 기술 문제를 해결해주는 기술자와 특별한 일을 하는 사람들도 살고 있었다.

● 다수의 농민과 소수의 기술자가 사는 마을

농촌이라도 거기에 살고 있는 민중은 농민만 있는 게 아니다. 목축과 제조업도 행해지는 농촌에서는 관련 기술자들도 필수불가결이었다.

그렇다고는 해도 농촌 주민의 대부분은 농민이다. 농민에도 몇 가지 계층이 있는데 자신이 토지를 소유하여 매주 해야 하는 영주의 부역을 할 의무가 없는 자유농민, 부역을 해야 하는 소작인, 토지소유자의 지배하에서 농사일을 하는 농노, 옛 시대에는 노예도 존재했다. 또한 농지 소유도 임대도 받지 못하고 금전에 고용되서 일하는 노동자도 있다. 이러한 노동자 중에는 토지를 상속 받지 못하는 농민의 차남 이하의 자식들도 포함되어 있다. 그들은 가난했지만 영주가 내린 부역이 가볍고 농노들보다 자유도가 높았다. 농촌 노동자 중에는 외부에서 고용된 목장지기도 있다. 그들은 기간 한정으로 고용되어 장기간 방목이 필요한 가축을 이끌며 방랑 생활을 보냈다. 촌장은 영주가 선택하지만 세습과 선거로 선출되는 경우도 많았다. 또한 영주관에서 거주하는 관리와 그 밑에서 일하는 관원들도 농촌의 주민이라 할 수 있다.

농민들의 오락의 장이었던 주점 주인도 중요한 주민이었다. 그들은 자유인으로 영주에게 허가를 받아 양조와 주류 판매를 했다. 농민의 감시역이기도 했으며 잡화점과 여관의 역할도 겸했다. 교회에는 사제가 있으며 농민들의 상담역이나 종교적인 버팀목이 되었지만 지방의 사제는 교육을 제대로 받지 못해서 농민과 그다지 다를 바 없는 생활을 보냈다. 물레방앗간은 농촌에 있기는 했지만 그 입장은 미묘했다. 그들은 영주에게 수차 관리를 위임받아 농민으로부터 요금을 받고 그들이 수확한 작물을 빻았다. 빵집도 마찬가지로 요금을 받고 빵 가마를 이용한다. 영주는 징세를 위해서 그들의 시설을 이용할 것을 강요했기에 농민들은 그들을 싫어하고 신용하지 않았다. 특수한 기술자인 대장장이와 목공은 농촌뿐만이 아니라 영주에게도 중요한 존재였다. 그 덕분에 영주 소지의 농기구를 사용할 수 있는 특권을 부여받았다.

농촌에 사는 다양한 농민들

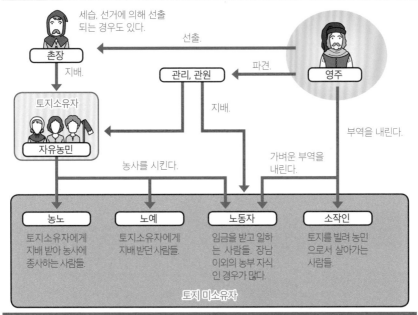

세습, 선거에 의해 선출
되는 경우도 있다.

촌장

선출.

지배.

관리, 관원

파견.

영주

토지소유자

자유농민

지배.

부역을 내린다.

농사를 시킨다.

가벼운 부역을
내린다.

농노
토지소유자에게
지배 받아 농사에
종사하는 사람들.

노예
토지소유자에게
지배받던 사람들.

노동자
임금을 받고 일하
는 사람들. 장남
이외의 농부 자식
인 경우가 많다.

소작인
토지를 빌려 농민
으로서 살아가는
사람들.

토지 미소유자

그 외 농촌의 주민들

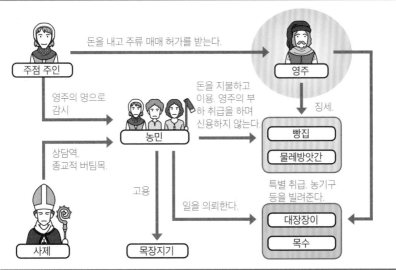

주점 주인

돈을 내고 주류 매매 허가를 받는다.

영주

영주의 명으로
감시

돈을 지불하고
이용. 영주의 부
하 취급을 하며
신용하지 않는다.

징세.

빵집
물레방앗간

농민

상담역,
종교적 버팀목.

특별 취급. 농기구
등을 빌려준다.

고용

일을 의뢰한다.

대장장이
목수

사제

목장지기

관련 항목
● 농민 → No.025
● 농노 → No.026
● 목장지기 → No.027
● 물레방앗간 → No.032
● 선술집 → No.035
● 대장장이 → No.043

장원의 관리들

영주는 장원의 지배자이지만 그 관리는 부하에게 맡겼다. 개중에는 농민 중에서 선택받은 자도 있다.

● 영주를 위해서 장원을 관리하는 사람들

장원으로서 영토에 편입된 농촌은 정치적으로는 영주들의 지배하에 있었다. 그러나 운영과 관리는 영주 자신이 아니라 그 밑에 있는 관리들의 업무였다. 영주의 관심은 어디까지나 영토에서 세금이 밀리지 않고 들어오는지, 효율적인 운영을 하는지 여부였으며, 직접적으로 농촌의 모든 것을 관리 및 지배하지는 않았다. 또한 각지의 장원을 이동하면서 생활하는 그들에게는 부재중인 장원을 운영해줄 관리가 필수였다.

장원을 실질적으로 운영하는 사람은 집사였다. 그들은 영주 직속 부하였으며 가정과 영토의 감시자였다. 또한 장원에서 주재하는 재판도 총괄한다. 하지만 그들은 맡겨진 업무상 각 장원을 순회 감시하고 있기에 장원에 머무르는 기간은 짧다. 각 장원을 관리하는 사람은 그 밑에 있는 장원 관리인 또는 관리였다. 그들은 향사와 자유민 부농의 자식으로 읽고 쓰는 것이 가능하여 임명되었다. 그들은 영주관에 머물며 담당하는 장원의 농민 작업 관리, 외부 마을과의 교섭, 외적으로부터 마을 주민을 보호하는 업무를 했다. 또한 마을에서 생산하지 못하는 생활필수품 조달도 그들의 업무였다. 그러나 농노에게 노동을 재촉하고 각종 세금을 징수하는 그들은 마을 사람들에게 그다지 호감 가는 존재가 아니었다.

장원 관리인 밑에는 마을 사람들이 스스로 선출하는 농노 감독관 또는 마을 관원이라 불리는 사람들이 있다. 그들은 농노의 노동을 감시하고 게으름을 피우거나 도둑질을 하지 못하도록 주의를 기울인다. 또한 관리인 대신 지대료를 징수 받거나 회계 기록을 하는 경우도 있었다. 그들은 읽고 쓰는 교육을 받지 못했기에 기록은 막대기에 날짜를 새기는 방법으로 하였으며 이를 상사와 서기관에게 전했다. 감독관 밑에는 씨앗 관리와 울타리 관리, 에일 관리 등을 하는 조수가 따른다. 감독관들은 보수는 나오지 않았지만 부역 면제 등의 대우를 받았다. 하지만 귀찮은 것을 싫어하는 사람은 벌금을 내고 임명을 거부하려 했다.

장원을 관리하는 시스템

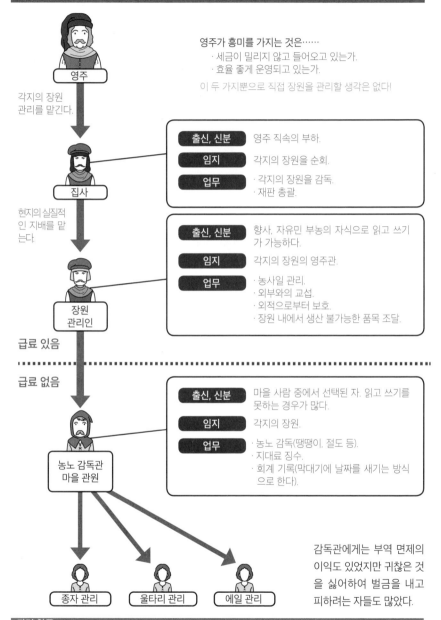

영주가 흥미를 가지는 것은……
· 세금이 밀리지 않고 들어오고 있는가.
· 효율 좋게 운영되고 있는가.
이 두 가지뿐으로 직접 장원을 관리할 생각은 없다!

영주

각지의 장원 관리를 맡긴다.

집사

출신, 신분	영주 직속의 부하.
임지	각지의 장원을 순회.
업무	· 각지의 장원을 감독. · 재판 총괄.

현지의 실질적인 지배를 맡는다.

장원 관리인

출신, 신분	향사, 자유민 부농의 자식으로 읽고 쓰기가 가능하다.
임지	각지의 장원의 영주관.
업무	· 농사일 관리. · 외부와의 교섭. · 외적으로부터 보호. · 장원 내에서 생산 불가능한 품목 조달.

급료 있음

- -

급료 없음

농노 감독관 마을 관원

출신, 신분	마을 사람 중에서 선택된 자. 읽고 쓰기를 못하는 경우가 많다.
임지	각지의 장원.
업무	· 농노 감독(땡땡이, 절도 등). · 지대료 징수. · 회계 기록(막대기에 날짜를 새기는 방식으로 한다).

종자 관리   **울타리 관리**   **에일 관리**

감독관에게는 부역 면제의 이익도 있었지만 귀찮은 것을 싫어하여 벌금을 내고 피하려는 자들도 많았다.

관련 항목
● 장원제도 → No.022
● 농민 → No.025
● 농노 → No.026

57

농민

농민은 자신의 토지를 보유하고 다른 자에게 예속되지 않는 자유인 경작자다. 그들은 단결하여 농촌의 운영계획을 정하고 때로는 영주와 교섭도 했다.

● 운영을 담당하는 사람들

중세 유럽에서 농민이란 자신의 토지를 소유하고 자유권을 지닌 사람들이다. 그러나 주인에 의해 관리되는 농노와는 다르게 그들에 관한 정보는 그다지 많지 않다.

같은 농민이라도 그 출신은 여러 가지이다. 어떤 자는 로마 제국 시대부터 토지를 소유하는 부호의 자손이며, 또 어떤 자는 개간으로 자신의 토지 소유를 허락받은 농노이며, 그 외에 기사 서임을 받았던 자라든지, 영토 계승에 필요한 세금을 지불할 돈이 없어 얼마 남지 않은 토지를 스스로 경작하는 상황에 내몰린 몰락 귀족도 있었다. 기사 계급으로 올라가는 것이 쉬웠던 시대에는 농민들의 신분도 유동적이었으며, 부유하여 무장할 수 있을 정도로 여유가 있던 자는 전공을 세워 기사가 될 수 있었고, 반대로 토지를 잃고 농노나 노동자로 전락하는 경우도 드물지 않았다. 봉건제가 확립되어 농민 신분이 탄생하자 그들은 사사로이 결투할 수 있는 권리, 평상시에도 무장할 수 있는 권리를 잃고 말았다. 또한 농민의 자식은 똑같이 농민으로 취급받으며 기사가 되는 것을 허락받지 못하게 된다. 그러나 정세나 지역에 따라서는 여전히 신분 상승할 기회가 완전히 사라진 것은 아니었다.

농민들은 빈부격차는 있었지만 서로 강하게 결속되어 있었으며 농촌 운영에 관해서는 어느 정도 자치권을 지니고 있었다. 그들은 소교구의 교회를 중심으로 자유민에 의한 평의회를 형성하여 농업과 개간 계획, 도로와 제방 보전, 관습법에 따른 재판을 행했다. 이러한 단결은 때에 따라서는 권력자에 대한 반항이라는 형태로 드러나는 경우도 있었으며 농지마다 있는 공유지인 입회지에 관하여 영주의 권리를 부정하는 관습법을 만들고 세금 면제를 호소하는 경우도 있었다. 하지만 농민 평의회는 원만한 농촌 운영을 위해서 영주 자신도 장려하고 있었으며 농민과의 관계도 증오를 일으킬 정도에 다다르지는 않았다. 이러한 농민들이 폭발한 것은 영주의 권력이 몰락하여 약탈과 무거운 과세가 횡행하고 나서부터다.

시대와 함께 변천한 농민의 신분

농민이란?

자신의 토지를 소유하고 자유권을 지닌 사람들을 뜻한다.
토지가 없고 주인에게 관리당하는 농노와는 구별된다.

농민 출신의 사례
· 로마 제국 시절부터 부호.
· 개간으로 토지를 얻은 해방 농노.
· 전직 기사 등의 몰락 귀족.

중세 초기에는 신분이 유동적.
상황에 따라서 상승할 수도 몰락할 수도 있었다.

기사

봉건제도 확립. 농민의 사적 결투권, 무장권 박탈.

농민   농노

농민 신분이 고정화.
신분의 벽을 넘어서기 어려운 상황이 되어버린다!

농민에게 부여된 자치권

● 소교구(교회에 의한 지역 구분)

결속

농민 ↔ 농민

평의회를 결성!

평의회가 맡는 주요 업무
· 농업, 개간 계획.
· 도로와 제방 보전.
· 관습법에 의한 재판.
　　등 농촌 운영을 주도

영주

원만한 농촌 운영을 위해서 다소
마이너스는 있어도 자치를 장려!

평의회

· 영주가 입회지(농촌의 공용지)를 이용
하는 것을 금지하는 관습법을 제정.
· 세금 면제를 호소.

그러나 시대가 지나면서 이익을 추구하는
영주와의 관계가 서서히 악화한다.

관련 항목
● 농노 → No.026
● 공용지 → No.040
● 영주 → No.091
● 기사 → No.092

No.026

농노

농노는 자유민으로서의 권한이 없는 농민이다. 그들은 다양한 규제와 노동을 강요당했지만 그렇다고 아예 자유가 없는 존재는 아니었다.

● 권한이 없는 노동자

농노로 불리는 사람들은 자신의 토지가 없고 다른 사람에게 받은 토지에서 경작하는 사람들이다. 그들은 영주와 성직자 또는 지주로부터 토지를 받고 그 대신 얻은 작물을 헌납하거나 노동력을 제공한다. 토지에 얽매여 있는 존재이며 함부로 해당지역을 떠나는 것도 허락받지 못했다. 그러나 노예만큼 학대를 받지는 않았고 어느 정도의 권리와 자유는 보장받았다.

농노는 기본적으로 노동력 외에는 아무것도 가지고 있지 않다. 그들은 법적 권리가 존재하지 않으며 무장할 권한도 없었다. 그들은 부자유민인 관계로 왕이 정한 정규 재판소에서 재판받지 못하고 자신들의 주인인 영주의 장원 재판소에서 임의로 재판을 받는다. 법적인 권리를 가지고 있지 않으므로 결혼, 상속의 경우도 허가를 받아야 하며 일정액의 금전과 가축 중에서 가장 질이 좋은 것을 헌납해야 했다. 귀중한 노동력이므로 성직자가 되어 교회법의 비호하에 들어가는 것도 속세와 관계를 끊는 것도 허락되지 않는다. 더욱이 자신에게 할당된 토지를 경작하는 것 외에도 영주와 주인을 위해서 그들의 직영지를 경작하거나 다양한 잡무에 종사하지 않으면 안됐다.

하지만 농노의 의무와 권리는 시대와 지역에 따라서 상당한 차이가 있었다. 예를 들어 화폐경제가 발전한 13세기 이후의 농노는 노동 대신 금전을 지불하여 부역을 모면하는 것이 가능했다. 또한 농노는 토지에 얽매인 존재이지만 그 토지를 주인이 멋대로 빼앗는 경우도 없었다. 영주와 토지 소유자의 생활은 농노의 노동으로 인해 성립하고 있으며 그들이 도망치거나 모반을 일으키면 이는 자신들의 피해가 되어버리기 때문이다. 그렇기에 농노라고는 해도 그들이 경작하는 토지는 관습적으로 세습이 되었으며 부유한 자는 커다란 저택에서 사는 것도 가능했다. 그렇기에 농민 중에는 작은 토지밖에 없는 자유민이 되기보다는 커다란 토지를 경작하는 농노를 선택하는 자도 있었다.

다수의 제약에 얽매인 농노

농노란?

자신의 토지가 없고 다른 사람의 토지를 경작하는 사람들.
경작하는 토지에 종속된 존재이며 다양한 권리를 억제당하고 있다.

농노에게 주어진 제약

농노

· 토지를 소유할 수 없다.
· 무장권이 없다.
· 정규 국왕 재판소에 출석할 수 없고 영주의 장원 재판소에서 심판을 받는다.
· 결혼, 상속에 관해서도 영주의 허가와 납세가 필요.
· 할당된 토지에서 벗어날 수 없다.
· 토지를 벗어날 수 없으므로 집을 떠나 성직자가 되는 것도 불가능하다.

농노의 의무와 권리

영주

토지 세습, 저택 소지를 인정하다.
　(반란과 도망으로 인한 노동력 감소를 우려했기에)

영주 아래, 광대한
가옥과 택지에서 노동.
농노

소지하는 자그마한
땅과 가택에서 노동.
자유민

이런 상황 때문에 일부러 농노 신분을
선택하는 사람들도 있었다.

농노

농노에게 주어진 제약
　· 자신이 소지하는 농지 경작.
　· 영주의 직영지 경작.
　· 영주의 토지에서 부역.
　· 그 외 임시 노동과 징세.

13세기 이후에는 지방에 따라서 부역을 금전으로 면제해주는 등
노동조건의 개선도 보였다.

관련 항목
● 농민 → No.025
● 성직자 → No.079
● 영주 → No.091

목장지기

토지에 얽매여 있는 농민들은 마을을 자유로이 벗어날 수 없었다. 그래서 그들은 전문 목장지기를 고용해서 가축 방목을 맡겼다.

● 고독한 생활을 보내는 목장지기

옛날부터 농촌에서는 가축 사육도 농민에게 중요한 일이었다. 그러나 대규모 방목, 특히 지중해 연안과 알프스에서 행했던 장기간에 걸친 이동방목은 경작을 해야만 하는 농민들에게 상당히 버거운 일이었다. 그러다 14세기 말, 영주와 상인의 주도하에 대규모 이동방목업자가 탄생했다. 농민들은 전문 목장지기를 고용해서 가축 사육을 맡겼다.

목장지기라고 뭉뚱그려 얘기하지만 그들이 취급하는 동물은 다양하여 양치기, 돼지치기, 소치기, 산양치기 등이 있다. 그들은 원래 농촌 출신이었지만 민간 치료와 저주에 통달한 이교도적 존재로 여겨져 공동체의 일원으로 정착할 수는 없었다. 그 때문에 4년 이상 한 촌락에 고용되는 사례는 적다. 촌락에서 고용한 경우에는 여러 집의 가축을 한 번에 돌보는 경우가 많았다. 고용된 목장지기는 환대의 연회 후에 뿔피리와 지팡이를 받고 가축 사육과 그 안전에 전력을 다할 것을 맹세케 하였다. 업무의 시작은 부활절을 맞이하는 초봄이었다. 업무 시작은 예로부터 목장지기들의 축제였으며 일제히 방목하여 가장 처음에 목초지에 도착하는 동물과 맨 뒤에 있는 동물에게 축복을 내리는 등 성대한 축제가 열렸다. 그 후 목장지기들은 오랫동안 고독한 방랑생활을 떠난다. 이 방랑생활에서 가장 두려운 존재가 늑대였다. 다수의 가축을 관리하는 목장지기 혼자서 늑대를 쫓는 것은 어려울 뿐더러 자신 또한 희생될 수 있는 위험이 도사렸다. 따라서 늑대로 인해 발생한 손해는 손해로 치지 않았다. 그러나 가축이 타인의 밭이나 숲을 망친다든가, 다치거나 병에 걸리면 그 책임을 졌다. 이런 문제에 대처하기 위해서 목장지기는 민간전승 같은 의료에 능했다. 겨울이 되면 목장지기는 마을로 돌아와 손님으로서 환대를 받고 보수를 챙겼다. 그것만으로 부족하면 농가를 돌면서 가축이 내년에도 건강할 것을 기원하는 개암나무 가지를 나누어줌으로써 수입을 올렸다.

목장지기가 처한 환경

목장지기란?

장기간 대규모 방목에 종사하는 사람들. 원래는 농촌 주민.
민간요법, 저주에 통달한 이교도적 존재라 생각했다.

필요한 존재이기는 하지만
정착은 바라지 않는다.
고용은 대부분 4년 미만. ←

민중

대규모적인 이동 방목업자를 조직! ←

목장지기

영주, 상인

● 주요 목장지기 종류
· 양치기   · 돼지치기
· 소치기   · 산양치기

목장지기의 업무 내용

초봄(부활절)

← 환대, 뿔피리와 지팡이를 받는다.

가축 사육과 안전에 전력을 다할 것
을 맹세한다! →

목장지기

마을 사람

축제!

일제히 방목. 목초지에 가장 먼저 도착한 가축과 마지막에 도착한 가축이
축복을 받는다!

업무상 주의 사항

타인의 밭에 피해를
주거나, 가축이 병에
걸리거나 다치면 목
장지기가 저지른 손
해로 취급.

늑대로 인한 손해는
손해로 치지 않는다.

그 때문에……

목장지기는 민간전승적 의료기술에 능했다!

겨울

← 환대, 보수를 지불한다.

가축의 안전을 기원하는 개암나무 가지
를 나누어 줌으로써 추가 수입을 챙기는
경우도 있다. →

목장지기

농민

관련 항목

● 농촌의 삶 → No.028   ● 가축 → No.034

농촌의 삶

예나 지금이나 농촌은 쉴 새 없는 노동과 계절을 마주해야 하는 직업이다. 중세 또한 이러한 점은 다를 바 없지만 농민은 절실한 기도와 함께했다.

● 변해가는 계절과 함께 걸어온 노동의 나날

농촌의 삶은 당시 농업 스케줄과 농민 교육, 기록을 위해서 남겨놓은 계절력 또는 농사 달력을 통해서 알 수 있다. 이는 농민들의 1년간의 삶을 1개월마다 그림으로 표시한 것으로 당시 농업 기법과 도구에 관해서 알 수 있는 귀중한 자료다. 여기에 기록되어 있는 농민의 생활은 당연한 얘기지만 지역의 기후, 산물, 기록자의 주장에 따라 차이가 있다. 그러나 대체적으로 농민의 삶은 다음과 같은 수순으로 진행되었다.

한해의 농사는 2월말부터 3월에 걸쳐 작업하는 밭갈기부터 시작한다. 농민들은 쟁기에 십자가를 걸고 길일을 골라서 일제히 작업을 시작했다. 신앙심이 깊은 그들은 이 중요한 작업에 다양한 관습을 행하여 풍작을 기원했다. 씨뿌리기도 신성한 의식으로 기도문을 외우거나 최초의 씨앗을 십자가 형태로 심는 경우도 있었다. 봄에 뿌린 곡물을 수확하는 계절은 7월부터 8월에 걸쳐 이루어졌으며 극히 초기에는 소형 낫으로, 페스트로 인해 인구가 감소한 중세 후기에는 목초용 대형 낫으로 한꺼번에 베었다. 베어낸 곡물은 도리깨로 쳐서 탈곡한다. 수확은 농민들에게 최대의 기쁨이었다. 그렇기에 수확을 할 때도 다양한 의식이 행해졌으며 그것이 끝나면 성대한 수확제가 열렸다. 9월에는 과수원의 과일을 수확하고 10월부터 11월에 걸쳐 가을 곡물을 다시 심었다. 포도주 등을 담거나 실잣기를 하는 지역도 있다. 겨울 추위가 심해지는 12월에는 살찌운 가축을 잡아서 소시지로 만들거나 염장 가공하여 봄까지 견뎠다. 12월부터 1월 동안은 축제의 계절이기도 했다. 크리스마스와 예수 공현 대축일 등 신명나는 축제가 이어진다. 축제가 일단락되는 2월은 인내의 계절이었다. 쪼들리는 식료를 변통해 나가면서 사순절의 단식을 견디고 부활절과 그 뒤에 찾아오는 봄을 기다렸다.

농민들의 1년

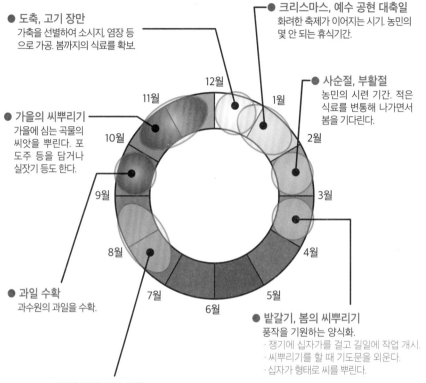

● 도축, 고기 장만
가축을 선별하여 소시지, 염장 등
으로 가공. 봄까지의 식료를 확보.

● 크리스마스, 예수 공현 대축일
화려한 축제가 이어지는 시기. 농민의
몇 안 되는 휴식기간.

● 사순절, 부활절
농민의 시련 기간. 적은
식료를 변통해 나가면서
봄을 기다린다.

● 가을의 씨뿌리기
가을에 심는 곡물의
씨앗을 뿌린다. 포
도주 등을 담거나
실잣기 등도 한다.

12월
11월
1월
10월
2월
9월
3월
8월
4월
7월
5월
6월

● 과일 수확
과수원의 과일을 수확.

● 밭갈기, 봄의 씨뿌리기
풍작을 기원하는 양식화.
· 쟁기에 십자가를 걸고 길일에 작업 개시.
· 씨뿌리기를 할 때 기도문을 외운다.
· 십자가 형태로 씨를 뿌린다.

●봄에 뿌린 곡물 수확
벼베기, 탈곡, 수확 후 의식이 끝나면 성대한
수확제가 열린다. 농민들의 최대 기쁨.
· 초기의 수확은 소형 낫.
· 중세 후기의 수확은 대형 낫.

중세 유럽 농민의 생활은 계절력, 농사달
력으로 불리는 1개월 단위로 구분하는
그림으로 남겨져 있다. 글자를 읽지 못
하는 사람들에게 그림은 알기 쉬운 기준
이 되었다.

관련 항목
● 농민 → No.025
● 중세 농법과 농산물 → No.029
● 가축 → No.034

중세 농법과 농산물

고대 제국이 멸망하고 노예에 의한 대규모 농법이 사라진 후 농촌 사람들은 다양한 기술 혁신으로 노동력을 보충하며 농작물을 증산했다.

● 철기에 의해 개척된 농지

중세는 농업에 있어서 다양한 혁신을 이룬 시대였다. 우선 비교적 손쉽게 철기를 사용할 수 있게 된 점을 들 수 있다. 철제 도끼와 톱은 그때까지 매우 힘들었던 농지 개간을 용이하게 해주었으며 철제 농기구는 단단하게 메마른 대지를 허무는 것이 가능했다.

이렇게 철로 만든 농기구 중에서도 소와 말이 이끄는 쟁기의 개량은 중세 농업 최대의 발명이라 일컬어진다. 철제 쟁기는 목제 쟁기보다 지면에 깊이 파고들었고 축축한 땅을 일구었다. 또한 가축이 숨 막히는 일이 없도록 어깨에 밧줄을 이어서 걸치는 어깨 뱃대, 힘이 분산되지 않게 해주는 종열 수레 방식 등 운용면의 개선도 이루어졌다. 그러나 이러한 운용은 주로 유럽 북부에서 행해졌으며 남부는 가벼운 목재 쟁기를 이용하는 경우가 많았다.

농법 혁신은 삼포식에서 비롯됐다. 당시 유럽은 지력 회복을 할 수단이 부족하여 밭에 마르라 불리는 비옥한 이회토와 가축의 분비물을 뿌리든지 토지를 쉬게 하는 것이 고작이었다. 그 때문에 경작지를 둘로 나눠서 한쪽만 작물을 심는 이포식 농법을 할 수밖에 없었다. 하지만 경작지를 삼등분해서 첫 번째 구역에 겨울 곡물류를, 두 번째 구역에 여름 곡물류를 뿌리고, 나머지 세 번째 구역에 가축을 방목해서 땅을 쉬게 하는 수순을 반복하여 토지를 이용하는 삼포식은 기존에 비해 훨씬 효율 좋게 수확을 얻을 수 있었다. 또한 농민끼리 협력하여 같은 작물을 심어야만 하는 이 방식은 농민들 간의 결속을 다지고 한층 더 조직적인 농사를 가능케 했다.

당시의 주요 농산물은 밀, 스펠트밀, 호밀, 여름 곡물인 보리, 오트밀, 완두콩 같은 콩 종류였다. 또한 의류를 짜기 위해서 마와 아마, 채소류도 개인 정원에서 재배했다. 지방에 따라서는 와인 제작을 위해서 대규모 포도 시렁을 설치하기도 했다. 하지만 이것은 어디까지나 영주를 위한 것이었다.

농기구 발전

농지를 얻기 위해서는 단단한 대지를 개간해야만 한다!

Point1 철제 농기구가 보급된다.

개간이 편해졌어!

추가로…

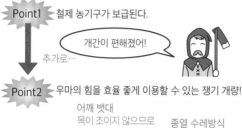

Point2 우마의 힘을 효율 좋게 이용할 수 있는 쟁기 개량!

어깨 뱃대
목이 조이지 않으므로
부담이 경감.

종열 수레방식
힘이 분산되지 않아
효율이 좋다.

철제 중량 쟁기
주로 유럽 북부에서 사용.

목제 경량 쟁기
주로 유럽 남부에서 사용.

농법 혁신

유럽 토지는 땅이 척박하고 회복 수단이 부족했다!

그래서……

● 이포식

1년마다 교대.

휴작지 ⇄ 경작지

이회토(마르)와 가축의 분비물을 섞는다.

농법이 혁신!

● 삼포식

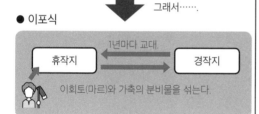

첫 번째
구역

겨울 곡물을 재배.

세 번째
구역

가축을 방목.
토지를 쉬게 한다.

두 번째
구역

여름 곡물을 재배.

토지를 효율 좋게 사용!

주요 작물	
곡물, 콩류	
· 가을에 뿌리는 밀	· 오트밀
· 호밀	· 스펠트밀
· 봄에 뿌리는 보리	· 완두콩
섬유, 염료	
· 마	· 꼭두서니
· 아마	
그 외	
· 채소류	· 포도
· 올리브	

농민

삼포식 작업은 같은 작물을
협력해서 재배한다. 이로 인
해 조직적 농업이 가능해진다!

관련 항목

● 농민 → No.025
● 공용지 → No.040
● 개간 → No.044
● 영주 → No.091

농촌의 주거

중세 세계에서 농촌에 거주하는 주민들의 집은 그들의 재력과 입장에 걸맞은, 그다지 큰 노력을 들이지 않아도 지을 수 있는 간소한 것이었다.

● 누추하지만 실용성을 지닌 작은 집

중세의 농촌 가옥은 극히 간소한 것이었다. 형태는 직사각형 단층집이며 일반적으로 폭 6m, 안쪽으로 3m 정도, 큰 경우는 폭이 십수 미터 정도가 많다.

이런 가옥들은 제대로 된 기초도 없는 게 대부분이며 지면에 직접 기둥을 박아 넣었다. 벽은 버드나무의 잔가지를 짠 것에 회칠이나 진흙, 지푸라기, 소똥을 섞은 것을 발라서 만들었다. 석재가 풍부한 지역에서는 그 대신에 작은 돌을 쌓아 올려서 벽으로 만들었다. 지붕은 지푸라기나 이엉을 올려서 잇든지 혹은 판자를 붙였다. 바닥은 평탄 작업을 하거나 점토로 덮어버리는 정도이며 위에 골풀을 깔아 놓았다. 문은 금속제 여닫이 같은 것은 없으며, 가죽 끈으로 판과 가지를 엮은 것을 묶어 놓든지 가죽과 천을 매다는 것으로 대신했다.

가옥의 구조는 다양하지만 난로를 설치한 거실과 자그마한 침실 2개인 경우가 많았다. 또한 목축업이 성행했던 지역에서는 가축 축사를 가옥 안에 두는 경우도 있었다. 부유한 농민의 가옥은 보다 크고 방 수도 늘어난다. 13세기 이후에 이르러서 직사각형 모옥을 중심으로 정원을 에워싸듯이 하여 바닥을 높게 올린 창고와 가축 축사를 배치하여 일종의 농장을 구축하는 부농도 나타났다. 그 정도로 부유하지 않은 농민들이라 해도 정원에 텃밭을 가꾸어 가축과 닭, 오리 등을 키웠다. 그러나 생활이 매우 어려운 농민은 방이 하나뿐인 단순한 가옥에서 살았다.

가옥의 중심인 조명과 난방을 겸하는 난로는 개방식으로, 배연은 지붕에 있는 배연구를 이용했다. 오늘날 널리 알려져 있는 굴뚝이 있는 난로는 12세기 이후에 부유층을 중심으로 퍼졌다.

이러한 집이었기에 농민들이 가지고 있는 재산은 적었다. 귀중품을 넣는 가늘고 긴 서랍장(침대와 의자로도 이용했다), 냄비, 잔과 수프를 담는 사발, 스푼, 의자와 접이식 테이블, 모포, 지푸라기 매트리스, 그리고 귀중한 철제 농기구 정도였다.

일반적인 농촌의 가옥

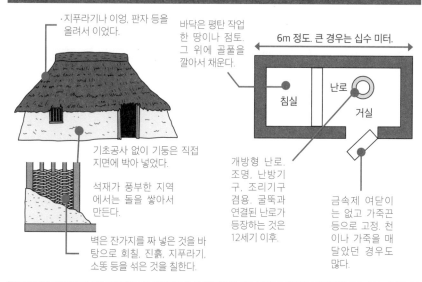

·지푸라기나 이엉, 판자 등을 올려서 이었다.

바닥은 평탄 작업한 땅이나 점토. 그 위에 골풀을 깔아서 채운다.

6m 정도. 큰 경우는 십수 미터.

침실

난로

거실

기초공사 없이 기둥은 직접 지면에 박아 넣었다.

석재가 풍부한 지역에서는 돌을 쌓아서 만든다.

벽은 잔가지를 짜 넣은 것을 바탕으로 회칠. 진흙, 지푸라기, 소똥 등을 섞은 것을 칠한다.

개방형 난로. 조명, 난방기구, 조리기구 겸용. 굴뚝과 연결된 난로가 등장하는 것은 12세기 이후.

금속제 여닫이는 없고 가죽끈 등으로 고정. 천이나 가죽을 매달았던 경우도 많다.

다양한 집과 농민의 소유물

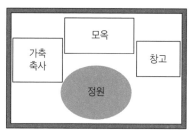

모옥

가축 축사

창고

정원

13세기 무렵 부농의 집 구성

방목이 성행했던 지역의 집 집안에 가축 축사가 있다.

농촌 주민의 주된 사유 재산

· 가늘고 긴 서랍장(귀중품 수납, 침대와 의자로서도 사용).
· 냄비(주로 조리용).
· 잔, 사발, 스푼 등의 식기.
· 접이식 테이블.
· 의자(초기에는 불안정한 자리에서도 사용할 수 있는 3각, 후에 4각으로)
· 모포, 지푸라기 매트리스 등의 침구.
· 철제 농기구(귀중품).

빈곤한 농민의 집
방이 하나뿐이라 검소.

관련 항목

● 가축 → No.034

농촌의 시설

농민들이 사는 농촌은 숲에 둘러싸인 한적한 장소를 이미지하기 십상이다. 그러나 위험이 많은 시대에는 방어를 위한 수단도 강구했다.

● 방어시설도 갖춘 촌락

중세 농촌은 시대와 지역에 따라 다양한 형태를 하고 있기에 특정 형태로 정의를 내리는 것은 어렵다. 그러나 현재 몇 가지 형태가 분류 기준으로 알려져 있다. 10세기에 많이 보였던 인카스텔라멘토라고 불리던 집락은 전란을 피하기 위해서 구릉지의 성채를 중심으로 밀집한 가옥을 성벽이 에워싸고 있었다. 12세기에 이르러 집단적 농법이 확립되자 인구도 증가하고 집촌이라 불리는 대규모 촌락이 생겨난다. 괴촌이라 불리는 집락은 집촌 구역 내에 불규칙하게 가옥이 들어섰으며 그중에는 교회 같은 중요한 시설도 혼재했다. 한편 광장촌은 타원형 광장과 교회를 중심으로 가옥이 모이는 규칙적인 모습을 보인다. 가도촌은 이름 그대로 커다란 가도를 중심으로 삼는다. 이러한 집락은 주변을 공동 농지와 과수원, 포도밭이 에워싸고 있다. 또한 복수의 중심지가 존재하는 복합적인 요소를 지닌 촌락도 발견됐다.

이러한 농촌은 촌락이 소속하는 소교구의 교회, 공동묘지, 영주관 매너하우스 등과 함께 주거 지역이 늘어서 있었다. 교회는 기도의 장이며 교육의 장, 집회소로서도 기능했다. 또한 교회의 종은 시간을 알릴 뿐만이 아니라 외적의 습격을 알리는 경종이기도 했으며 교회 자체도 피난처가 된다. 옛부터 있는 공동묘지도 동등한 기능을 한다. 매너하우스는 장원이었던 농촌의 중심에 있으며 영주가 방문할 시에 숙박처가 되는 것 외에 창고, 재판소, 감옥, 피난처로서도 활용되었다. 광장촌의 경우는 중앙에 광장이 있으며 촌장의 집과 선술집이 병설되어 있다. 마을 사람들은 여기서 집회를 하거나 때때로 가축 축사에 들어가지 못한 가축을 수용했다. 우물과 촌락 가까이 있는 물 긷는 곳은 주부들의 사교의 장이다. 강 근처에는 물레방앗간도 있으며 방앗간지기가 살고 있었다. 공유 화덕도 빵 굽기용, 대장장이 업무용이 소정의 장소에 몇 개 설치되어 있다. 그 외에도 공동 가축용 울타리, 죄인용 형틀 등이 있었다.

다양한 농촌

중세 농촌은 시대와 지역마다 다양한 종류가 있으며
그 형태는 일정치 않다.

 성　교회　집　밭

인카스텔라멘토

· 언덕 위의 성을 중심으로 주택이 밀집된다.
· 주변은 성벽으로 둘러싸여 있다.

광장촌

· 광장을 중심으로 가옥이 몰려 있다.
· 주변에는 공동경작지가 펼쳐져 있다.

괴촌

· 마을의 중심에 가옥이 밀집되어 있다.
· 교회 등도 그 안에 혼재하고 있다.

가도촌

· 가도를 중심으로 가옥이 늘어선다.
· 공동 경작지는 그 주변에 있다.

농촌의 시설

농촌은 주로 교구 교회와 매너하우스를 중심으로 촌락을 형성하고 있다.

● 농촌의 시설(개념도)

공용 화덕
영주가 제공한 공유 화덕이 설치되어 있다.

교회·묘지
신앙, 문화의 중심. 여차할 때는 몸을 지키는 성채도 된다.

우물·물가·물레방앗간
물가는 여성들이 모이는 수다의 장. 강가의 물레방앗간에는 방앗간지기가 살고 있다.

매너하우스
영주관. 재판소와 창고, 피난처로서도 사용된다.

광장·촌장의 집·선술집
농민들의 집회의 장. 광장에는 가축 축사에 들어가지 못하는 가축을 모아놓는 경우도 있다.

관련 항목
● 장원제도 → No.022
● 물레방앗간 → No.032
● 선술집 → No.035
● 공용지 → No.040
● 교회와 수도원의 시설 → No.081
● 성채와 왕궁 → No.098

물레방앗간

흐르는 개울가에 세운 물레방앗간은 목가적인 운치가 있다. 그러나 그곳은 농민들에게 분노와 두려움의 상징이기도 했다.

● 의무적으로 사용했던 편리한 도구

수차와 풍차는 동력과 사람 수가 한정되어 있는 중세 세계에서 매우 중요한 장치였다. 그 용도는 주로 절구와 연결되어 수확한 곡물을 탈곡하는 것이었지만 그 외에도 염료와 광석을 갈아서 으깨거나 양털을 두들겨서 펠트로 가공하는 등 다양한 용도로 쓰였다.

수차는 고대 로마 시대부터 이미 존재하고 있었지만 널리 보급된 시기는 11세기부터 12세기에 걸쳐서였다. 또한 풍차도 11세기에 톨레도에서 발명된 것을 시작으로 각지에서 사용하게 된다. 흐르는 물의 힘을 동력으로 바꾸어 이용하는 것이 가능한 수차는 작업에 들이는 인원을 대폭적으로 줄였으며 효율 자체도 현저하게 향상되었다. 그러나 설치와 정비에 막대한 비용이 들어가는 수차는 대체로 영주와 토지 유력자의 소유물이었으며 이용하기 위해서는 그들에게 보수를 지불해야만 했다. 또한 영주들은 징세를 위해서 수차를 강제로 사용케 했으며 농민들은 예로부터 전해진 맷돌을 사용할 권리조차 빼앗겼다.

수차가 설치된 물레방앗간을 관리하는 사람은 곡물을 제분하는 방앗간지기였다 그들은 영주에게 고용된 기술자이며 한정적이기는 하지만 재판권도 부여받았다. 또한 어업권과 선술집을 경영하는 권리 등도 가지고 있었다. 물레방앗간 자체도 일종의 특별 구역으로 취급되었으며 약탈을 방지하기 위해서 견고한 건물에 농지와 과수원, 거기에 교수대까지 함께 있었다.

곡식을 빻을 때마다 요금을 징수당하고 양을 속이는 경우도 많았던 농민들은 외지인인 방앗간지기를 증오했다. 또한 천민인 형리와도 교류가 있는 방앗간지기에게 공포심을 가졌다고 한다. 그 때문에 농민들은 물레방앗간을 어떤 의미로 이세계 취급하여 민간설화 속에서 방앗간지기의 아내는 아름답고 요사스러운 마녀 취급을 받는 경우도 종종 있었다.

수차, 풍차와 민중

수차, 풍차란?

11~12세기 무렵부터 사용이 활발해진 수력, 풍력을 동력으로 하는 장치. 수차 자체는 고대 로마 시절부터 존재했다.

수차, 풍차의 동력을 사용하여……

· 곡물 탈곡.
· 염료, 광석 분쇄, 갈아 으깨기.
· 양털을 펠트 가공.

이러한 작업 인원을 감소!
작업 효율도 대폭 개선된다!!

그러나……

설치비용이 막대.
기본적으로 영주 등의 소유물.

영주, 유력자

징세를 위해서 유료로 사용할 것을 강요!

농민

물레방앗간의 권력자

● 물레방앗간과 이세계
중세 사람들은 특별한 권리를 부여받은 외지인이 사는 물레방앗간을 일종의 이세계로 간주했다.

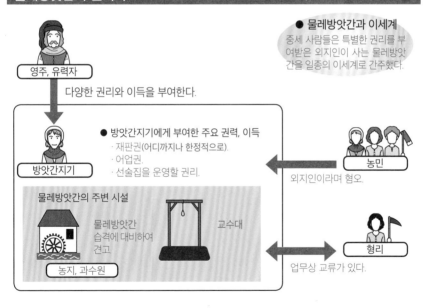

영주, 유력자

다양한 권리와 이득을 부여한다.

● 방앗간지기에게 부여한 주요 권력, 이득
· 재판권(어디까지나 한정적으로).
· 어업권.
· 선술집을 운영할 권리.

방앗간지기

물레방앗간의 주변 시설

물레방앗간
습격에 대비하여
견고.

교수대

농지, 과수원

농민

외지인이라며 혐오.

형리

업무상 교류가 있다.

관련 항목
● 선술집 → No.035
● 형리 → No.053
● 영주 → No.091

화덕과 빵

중세 유럽에서 빵은 하루하루를 살아가게 해주는 양식이었다. 그러나 각 가정에서 자유로이 굽는 것이 아니라 다양한 제약을 받았다.

● 가정의 맛이 아니었던 빵

중세 세계의 영주들은 한정된 영토에서 최대한 많은 수익을 내기 위해서 다양한 수단을 강구했다. 그래서 그들은 영민의 일상에서 발생하는 여러 가지 행위를 제약하고 과세 대상으로 삼았다. 농민들의 하루 식량인 빵을 굽는 화덕을 지정해서 세금을 징수한 것도 그러한 꿍꿍이 중 하나였다. 예로부터 빵은 가정의 주부가 구웠으며 가정용의 화덕은 극히 작고 점토로 만든 것이 주류였다. 그러나 슬라브권의 사우나와 침상으로도 사용할 수 있는 대형 화덕이 보급됨에 따라 개인은 화덕의 설치와 소지가 어려워진다. 영주들은 이러한 대형 화덕을 주목했다.

영주의 화덕은 촌락 내에 몇 개가 설치되어 있지만 보수를 지불하면 자유로이 쓸 수 있는 게 아니었다. 각각 전문 빵 기술자가 함께 있으며 그들에게 의뢰해서 빵을 구워야만 했다. 그들은 영주에게 고용된 기술자로 마찬가지로 영주에게 고용된 방앗간지기와 같은 입장이었다.

빵을 굽는 공정도 복잡하다. 빵집에 가루를 넘기는 경우도 있고 농민이 빵 기술자에게서 효모와 반죽 통을 빌려서 스스로 가루를 반죽한 후에 건네주는 경우도 있었다. 게다가 연료도 자신이 제공해야만 했다. 빵 기술자에게 주는 보수는 구운 빵 중에서 소정의 개수를 지불하는 방식. 그 때문에 농민은 빵 기술자가 가루를 횡령해서 빵을 작게 만든다든가 보수로 받을 빵을 부자연스러울 정도로 크게 만드는 것은 아닌지 감시해야만 했다. 또 이런 번거로움과 요금이 싫어서 몰래 스스로 빵을 굽는 농민들도 있었다.

한편 도시의 빵 기술자들은 길드에 소속된 상업적인 기술자이다. 그들은 시 당국의 관리를 받으며 금전을 받고 일정 품질의 빵을 시민에게 공급한다. 프라이드가 높은 기술직이었으며 농촌에서 빵집을 하는 기술자를 경시했다. 그러나 촌스럽지만 양이 많은 농촌의 빵은 가난한 농민들에게 사랑을 받았다.

영주를 위해서 만든 화덕 정책

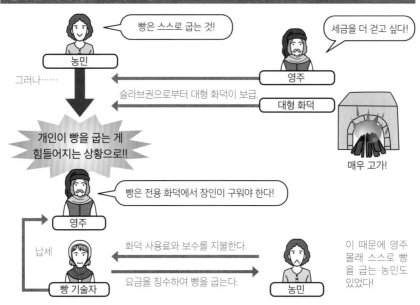

제빵 의뢰와 도시의 기술자

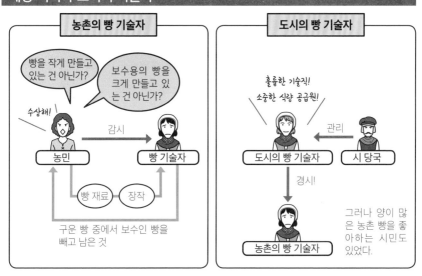

가축

가축은 중세 세계인들에게 귀중한 재산이다. 가축들은 노동력이자 식량이며 돈을 벌어다 주는 특산물이 되기도 했다.

● 생활에 필수불가결한 동물들

가축은 중세 세계에서 매우 중요한 존재다. 가축은 기계적 동력원이 없는 사람들에게 인력 이외의 귀중한 노동력이었다. 또한 식량 보존 수단이 부족했던 중세에서 가축은 살아 있는 저장고이기도 했다. 가축을 키우고 있다가 필요할 때 잡으면 신선한 고기를 먹을 수 있었다.

농촌에서 주로 키우던 가축은 쟁기를 끄는 숫소와 말, 운반용인 당나귀와 노새 같은 노동용 가축, 그리고 젖을 짜기 위한 암소, 털과 고기를 얻을 수 있는 양, 고기와 젖을 얻을 수 있는 산양, 식용인 돼지, 계란과 고기를 제공하는 닭, 집오리, 거위, 비둘기 등이 있다.

가축 축사는 유복한 농민이라면 따로 지어서 사용했지만 대부분의 농민은 집안에 가축을 위한 방을 마련했다. 아침이 되면 농민들은 가축을 방목지와 목초지 또는 휴경지에 데리고 갔으며 밤이 되면 축사로 데리고 돌아온다. 이때 배설하는 가축의 똥은 귀중한 비료가 되었다. 지중해 연안과 산악지대에서는 여름이 되면 전문 목장지기에 의해 소, 양, 산양 등을 장기간에 걸쳐 이동 방목하였다. 가을이 되면 농민들은 돼지를 숲에 풀어 놓는다. 돼지들은 여기서 도토리를 잔뜩 주워 먹어서 살을 찌운다. 이런 식의 돼지 방목은 자유롭게 할 수 있는 것이 아니라 삼림 소유자에게 임대료를 지불한다.

12월에 들어서면 농민들은 길러야 하는 가축을 선별하고 나머지는 전부 도축하여 염장을 해서 겨울의 식량으로 삼았다. 이는 겨울 동안에 인간이 먹을 만한 음식이 부족해서 그랬던 것이지만 가축을 먹이기 위한 사료가 부족했기 때문이기도 하다.

노동용 동물과 젖소는 귀중한 존재이므로 잡아먹지 않는다. 젖소에게서 짜낸 우유는 보존을 위해서 치즈나 버터로 가공했고 유청은 마시는 용도로 삼았다. 그러나 시대가 지남에 따라서 소도 잡아먹게 되어 그때까지 주로 잡아먹었던 돼지만큼이나 소비하게 된다.

농가에서 가축의 의미

중세 유럽인에게 가축은……

귀중한 노동력!
기계적 동력이
부족했으므로.

● 쟁기 등을 끌어주는 가축

| 소 | 말 |

● 운반용 가축

| 당나귀 | 노새 |

살아 있는 식량 저장고!
오늘날 같은 보존
기술이 없었기에.

● 젖을 얻을 수 있는 가축

| 암소 |

● 털과 고기를 얻을 수 있는 가축

| 양 |

● 고기와 젖을 얻을 수 있는 가축

| 산양 | 식용 돼지 |

● 고기와 계란을 얻을 수 있는 가축

| 닭 | 집오리 |
| 거위 | 비둘기 |

유복한 농가에서는

가옥과 가축용 축사는 별개!

평범한 농가에서는

집안에 가축용 축사가 같이 있다!!

가축을 살찌워 겨울에 비축

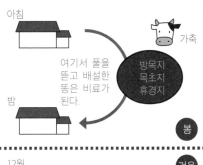

아침

여기서 풀을 뜯고 배설한 똥은 비료가 된다.

밤

가축

방목지
목초지
휴경지

봄

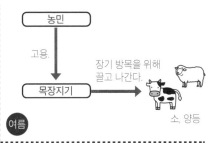

여름

농민

고용.

목장지기

장기 방목을 위해 끌고 나간다.

소, 양 등

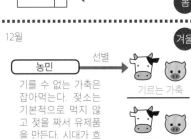

12월

겨울

농민

선별

기르는 가축

기를 수 없는 가축은 잡아먹는다. 젖소는 기본적으로 먹지 않고 젖을 짜서 유제품을 만든다. 시대가 흐름에 따라 소고기도 먹게 되었다.

기를 수 없는 가축

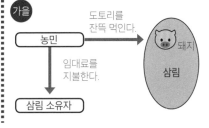

가을

농민

임대료를 지불한다.

삼림 소유자

도토리를 잔뜩 먹인다.

돼지

삼림

관련 항목

● 목장지기 → No.027

● 농촌의 주거 → No.030

선술집

선술집은 농촌과 도시에서 오락의 중심이자 다양한 사상을 지닌 사람들이 모이는 집회의 장이었다. 사람들은 여기서 다양한 이야기를 나누었다.

● 반란의 기운을 높이는 오락과 집회의 장

농촌의 선술집은, 도시의 선술집이 오락의 전당이었던 것에 비해 커뮤니티의 중심이었으며 외부와의 창구로도 활용되는 중요한 시설이다.

선술집은 통상 촌락의 중앙에 있으며 여관도 겸하는 커다란 건물이었다. 모옥 외에도 여행자들의 말을 보관하는 마구간, 교역 상인을 위한 창고를 갖추고 있으며 정원에는 텃밭과 자그마한 목장도 있다. 선술집은 그날의 피로를 풀기 위해서 농민들이 방문하는 것 외에 집회장과 연회의 장, 결혼식 피로연의 회장으로도 사용했다. 도박의 장이기도 했으며 주인은 사용료를 받고 주사위와 불빛을 빌려주었다. 나오는 술은 주로 맥주와 에일이었다. 술의 입수처는 나라마다 다르며 양조권이 엄격하게 제한되던 신성 로마 제국에서는 영주의 양조장에서 사는 경우가 많았다. 거기에 맥주 외에도 와인과 벌꿀술, 육류와 유제품, 곡류 등의 식품부터 농기구 같은 철제품도 취급하고 있었기에 시장이 열리지 않는 시기에는 잡화점의 기능도 했다. 또한 간이 재판소로서도 활용했다.

선술집은 부농이 많고 자산가였다. 그들은 영주에게서 허가를 받아 일정의 수수료를 지불하고 영업을 한다. 한편 위법적인 선술집을 경영하는 자도 있었다.

주정뱅이들이 모이는 선술집은 자연스레 그날의 불만과 소문을 얘기하는 장이 되었다. 게다가 숙박객으로부터 다양한 외부 정보가 들어왔다. 그 때문에 선술집은 반란분자의 집회장이 되기도 했다. 이를 경계한 영주는 선술집 주인에게 농민과 여행자의 상황을 자세히 보고하게 하였다. 만약 일몰 후에도 술집에 눌러앉은 농민이 있거나 치안 상태에 악영향을 끼치는 여행자를 머물게 하면, 선술집의 주인은 고액의 벌금을 지불해야만 했다. 대신 엄격하게 대하는 한편으로 맥주 양조권을 부여하거나 선술집 개설 권리를 독점하게 하는 등 우대조치도 취하며 회유하려 했다. 그러나 영주의 앞잡이 노릇을 하는 선술집만 있는 게 아니라 손님과 함께 반란의 선두에 서는 자들도 적지 않았다.

다양한 역할을 담당하는 농촌의 선술집

농촌에서 선술집의 역할

여행자들에게는
· 숙박소.
· 상품을 일시적으로 맡아주는 창고.
· 마구간.

농민들에게는
· 농민들의 음주의 장.
· 집회장.
· 주연회장.
· 결혼 피로연회장.
· 도박장.
· 잡화점.
· 간이 재판소.

일반적인 농촌의 선술집
이러한 역할을 겸하는 선술집은 큰 건물이며 농촌의 중심이었다. 점주는 부농인 경우가 많다.

주요 주류

| 맥주 | 에일 |

그 외에도 와인과 벌꿀술이. 주류는 양조권이 없는 경우 영주에게서 산다.

불온분자의 집회장이기도 했던 선술집

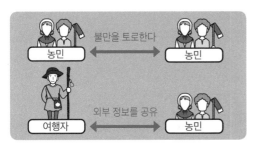

농민 ←불만을 토로한다→ 농민

여행자 ←외부 정보를 공유→ 농민

외부 정보를 얻기 쉬우며 불특정다수의 사람이 모이는 선술집은 불만이 쌓인 농민의 집회장이 되기도 했다.

그래서…….

영주
우대조치를 취한다.

술집의 상황을 보고.

선술집 주인

관련 항목
● 상인 → No.051
● 시장 → No.066
● 가도의 여관 → No.073
● 영주 → No.091

79

No.036

농촌의 식사

중세의 성과 도시에 식량을 제공하는 농촌. 그러나 거기에 사는 사람들이 취하는 식사는 간소하고 빈약한 것에 지나지 않았다.

● 딱딱한 빵을 수프에 적셔서 먹는 생활

중세 세계의 중요한 식량공급원이었음에도 불구하고 농촌 주민들의 식사는 풍족하다 할 수 없었다. 귀중한 밀은 징세와 현금 수입을 위해 소비되고 내년에 심을 볍씨도 보존할 필요가 있었기 때문이다.

농촌 주민들의 주요 식사는 빵이다. 그들은 이를 매일 대량으로 먹었다. 빵은 영주가 지정한 화덕에서 사용료를 지불하고 만들어야 했기에 크고 간소하며 둥그렇게 만든 빵을 필요한 양만큼 한꺼번에 구웠다. 사용하는 곡물도 호밀, 오트밀 같은 상품 가치가 낮은 것이었다. 이 딱딱하고 검은 빵을 오랜 기간에 걸쳐서 먹어야 하므로 빵은 서서히 마르게 된다. 그래서 사람들은 이것을 얼마 안 되는 베이컨과 비계를 넣은 완두콩 수프에 적셔서 부드럽게 만들어 먹었다. 빵조차 먹을 수 없는 사람들은 죽이 주식이 된다. 죽은 빵을 필요가 없으므로 그만큼 물레방앗간에 지불하는 수수료와 분량을 사기 당할 걱정이 없었다.

2차적인 작물로서 또는 개인 소유의 텃밭에서 재배되는 채소도 중요한 식량이었다. 주요 작물은 완두콩과 누에콩 같은 콩류, 양배추, 양상치, 양파, 당근, 순무, 마늘 등이 있다. 특히 콩류는 평상시에 고기를 먹을 수 없는 서민의 귀중한 단백질 공급원이었으며 죽과 수프에 넣는 재료로서 중히 여겼다. 파슬리, 생강, 겨자 같은 향신료, 허브 등도 따분한 식사에 악센트를 부여하는 조미료로서 키워졌다.

육류는 양, 돼지, 닭, 오리 등을 주로 먹었다. 특히 돼지는 겨울을 나는 귀중한 식량으로 가을에 숲에서 살찌운 것을 12월에 도축하여 베이컨과 햄, 리예트(염장 비계) 등으로 가공한다. 닭과 오리의 알도 귀중한 단백질 공급원이었다. 소는 귀중한 노동력이므로 젖을 짜서 나온 우유로 치즈를 만들거나 유청을 마셨다. 주류는 마시기에 적합한 물이 적은 유럽에서는 물 대신 마셨지만 당시의 보존 기술은 수준이 낮아서 시고 곰팡내 나는 와인과 에일이 많았다.

농민의 주식이었던 빵

빵은 당시 농민의 주식.
그들은 이 빵을 대량으로 먹었다.

● 재료
　호밀, 오트밀 등 가격이 싼 곡물.

● 형태
　크고, 검고, 둥글고, 딱딱하다.

빵은 한꺼번에 구워서 일정기간 동안 먹으므로 마르게 된다.
마른 빵은 누에콩과 베이컨 등이 들어간 수프에 적셔서 먹는다.

농민이 처한 식량 사정

농촌은 중세의 최대 식량 공급지였지만 거기에 살고 있는 사람들의 식사는 결코 풍족하지 못했다.

● 콩류
　일상의 귀중한 단백질 공급원. 완두콩, 누에콩 등.

● 채소
　텃밭에서 재배한 채소 양배추, 양상치, 당근, 순무, 마늘 등.

● 음료
　수질이 나쁜 지역에서는 주류와 유청을 마셨다. 술은 에일과 와인이지만 질이 나쁘다.

농민

● 죽
　빈곤한 농민은 죽을 먹는다. 가루를 빻는 요금을 지불할 필요가 없고 분량을 사기당하지도 않는다.

● 유제품
　우유는 보존용으로 가공했다. 치즈와 버터 등

● 육류
　양과 닭, 오리 등이 많다. 그 중에서도 돼지는 겨울을 나는 귀중한 식량이 된다. 베이컨, 햄, 리예트 등으로 가공해서 보존했다.

● 향신료 · 허브
　따분한 식사를 맛있게 먹기 위한 조미료. 파슬리, 생강, 겨자 등.

관련 항목
● 화덕과 빵 → No.033　　　　● 가축 → No.034

농민의 의복

중세 세계의 농민들은 착취당하는 존재였다. 그들이 지닌 재산은 너무나도 적었고 이는 의복 또한 예외가 아니다.

● 가난했을 뿐만 아니라 법적으로도 규제를 당했던 의복

중세 농민들은 기본적으로 최저한의 의복밖에 지니고 있지 않았다. 또한 귀족과 시민들의 의복이 유행에 따라서 숨 가쁘게 변화했던 것에 반해 농민들의 의복은 중세시대를 거쳐도 큰 변화가 없었다.

농민들의 옷은 기본적으로 작업복이며 일상에서 입는 평상복이기도 하다. 그래서 귀족들처럼 길고 치렁치렁하여 움직이는 데 걸리적거리는 천이 없었다. 또한 가지고 있을 여유도 없었다. 남성복은 긴소매에 기장이 짧은 튜닉이 기본으로 허리 부분을 끈으로 묶었다. 거기에 바지를 입든가 타이츠 형태의 양말을 신었다. 머리는 두건이나 모자로 덮는다. 신발은 농민화라 불리며 바닥이 두껍고 긴 가죽 끈으로 발목 부분을 묶는 가죽 부츠를 신는다. 각반을 감거나 맨발인 경우도 있었다. 여성은 소매가 긴 내복 위에 가운과 소매 없는 튜닉을 입고 허리 부분을 끈으로 묶는다. 머리에는 두건과 스카프를 썼다. 신발은 천 소재나 가죽 소재로 필요하면 나무로 만든 신발 바닥을 붙인다. 또 남녀 모두 겨울에는 소매가 긴 외투와 망토를 몸에 둘렀다. 작업용의 긴 에이프런 등을 입는 경우도 있다. 이런 의류 소재는 모직물이나 아마로 만든 천 소재가 많았으며 집에서 직접 제작한 것도 많았다.

농민은 빈곤한 생활을 하는 중, 검소한 의복을 오랜 기간 소중히 사용했다. 그러나 유복한 농민 중에는 모피를 가장자리에 붙인 호화로운 의복을 지닌 자도 있었다. 또한 어지간히 가난한 게 아니라면 부모가 자식에게 물려주는 호화로운 나들이옷을 가지고 있기에 축제날이나 식전이 있을 때 입었다. 그러나 그들의 의복은 재정적인 제한뿐만 아니라 지배자로부터 제한을 받는 경우도 있었다. 예를 들어 1244년에 바이에른에서 제정한 평화령에는 농민은 가격이 싼 회색 옷을 입도록 지정하고 있다. 또한 평상시에 외출할 때는 쟁기와 단검 소지만을 허락했으며, 장검 휴대는 가장이 교회에 갈 때만 허락하였다. 그러나 모든 농민이 이러한 지시를 따른 것은 아니다. 그들도 긍지가 있었던 것이다.

농민 남녀의 일반적인 의복

중세 농민의 의복은 간소하고
시대에 따른 변화에 둔했다.

추울 때는 망토나 외투를 걸
쳤다. 작업용 에이프런을 입
는 경우도 있다.

머리는 두건이나
스카프로 덮는다.

머리는 모자와
두건으로 덮는다.

상의는 긴소매에
기장이 짧은 튜닉.

긴소매의 내복에
소매가 없는 튜닉
과 가운을 걸친다.

허리에는 띠 대신
끈을 감는다.

하반신은 바지와
짧은 타이츠 등을 입는다.

허리에는 띠 대신에
끈을 감는다.

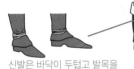

신발은 바닥이 두텁고 발목을
끈으로 묶는 농민화를 신는다.

농민 남성

농민 여성

신발은 천이나 가죽으로 된
짧은 신발이며 필요에 따라
서 나무 바닥을 붙인다.

농민이 처한 의복 사정

영주

따르지
않는다!

규제!

농민

화려한 차림을 하는 농민

· 농민의 의복은 모직물과 아
  마로 짠 천이 주류.
· 가난한 농민들은 자신이 만
  든 의복을 소중히 입고 다
  녔다.
· 부모에게 물려받은 화려한
  나들이옷을 지니는 경우도
  있다.
· 유복한 농민 중에서는 모피
  를 가장자리에 붙인 의복을
  입는 경우도 있었다.

그러나 경제 상황뿐만이 아니라 지배자의 명령으로 인해 의복이 규정되는 경우도 있었다!

관련 항목
● 도시의 의복 → No.063   ● 성의 의복 → No.102

농촌의 축제와 오락

중세 농민들의 일상은 노동과 함께했다. 하지만 그런 농민들의 생활에 정기적으로 찾아오는
축제일은 그들에게 휴식과 오락의 시간을 안겨주었다.

● 축제로 인해서 작업의 매듭과 휴식이 주어진다

매일 영주를 위한 노동과 농사일에 매진하는 농민들이었지만 느긋하게 지내는 시간도
있었다. 바로 농사일을 일단락 지으면 계절마다 찾아오는 축제일이다.

계절마다 벌어지는 축제일은 원래 켈트와 게르만 또는 로마 등에 원류를 두지만 중세에
들어와서는 그리스도교에 편입되어 예수와 성인이 관련된 축제가 되었다. 그러나 그 본질
은 변하지 않았다.

중세에서 1년의 시작은 나라와 지역에 따라 일정치 않았다. 하지만 크게 기준이 되는 것
은 역시 12월부터 1월에 걸쳐 하는 축제일이다. 특히 크리스마스 이브부터 1월 6일의 예
수 공현 대축일까지의 기간은 농민들에게 가장 긴 휴가였다. 이 기간 동안에 그들은 부역
에서 해방되고 경우에 따라서는 영주의 연회에도 초대되었다. 2월 2일의 성촉절은 성모
마리아의 출산을 기념하는 것으로 촛불 행렬을 하면서 축하한다. 이동축일인 고해 화요일
에는 가면 행렬 등의 놀이를 즐길 수 있었다. 이러한 축제에는 켈트와 임볼릭 축제의 흔적
이 엿보인다. 부활절 축제도 농민들은 1주일 동안 영주 직영지의 부역에서 해방되었다. 오
늘날의 부활절에는 계란이 필수이지만, 중세에서도 농민들은 영주에게 계란을 헌상하고
영주 쪽에서도 농민들을 연회에 초대하는 등의 교류를 하였다. 5월 축제는 켈트의 벨타네
축제의 영향이 강하며 5월에 태어난 젊은이들이 숲에 들어가 어린 나무를 베어 와서 5월
기둥으로 세운다는 관습이 있었다. 8월 초순의 수확제는 겨울에 뿌린 곡물을 수확하는 시
기이다. 수확이 끝나면 영주가 음식을 베풀고 모두 함께 춤추고 노래하는 즐거움을 나누었
다. 11월 1일은 모든 성인 대축일로 켈트의 삼하인 축제를 기원으로 하고 있다. 모든 성인
과 순교자의 축제이며 화톳불을 피워서 축하한다. 11월 11일은 성마르틴의 날이다. 이 날
은 겨울의 시작과 농사일의 끝을 고하는 날로 특별한 빵과 거위 통구이로 대연회를 벌여
축하했다.

농촌 생활에 활력을 주는 축제

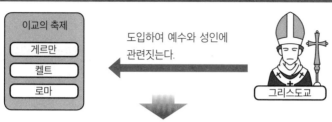

이교의 축제

게르만

켈트

로마

도입하여 예수와 성인에
관련짓는다.

그리스도교

중세 유럽 문화를 수놓는 축제가 된다!

12월	크리스마스 이브 (24일)		
1월	예수 공현 대축일 (6일)	농민들의 오랜 휴일. 영주관에 초대되는 경우도 있다.	
2월	성촉절 (2일)	성모 마리아 축제. 촛불을 들고 행렬.	켈트 임볼릭 축제
3월	고해 화요일 (부활절 7주 전)	부활절에 관련된 축제. 가장행렬 등.	
4월	부활절 (춘분 후의 만월이 지난 다음의 일요일)	농민은 1주간 휴일. 계란을 영주에게 헌상. 영주관에 초대되는 경우도 있다.	
5월	5월 축제 (1일)	젊은이들이 숲에서 가져온 어린 나무로 5월의 기둥을 만든다.	켈트 벨타나 축제
6월			
7월			
8월	수확제 (월초~10일)	겨울에 뿌린 곡물을 수확하는 시기. 특히 영주는 선심을 쓴다.	
9월			
10월			
11월	모든 성인 대축일 (1일)	모든 성인과 순교자의 축일 화톳불을 피워서 축하한다.	켈트 삼하인 축제

※이 외에도 다양한 축제가 중세 유럽에서 열렸다.

관련 항목
● 농민 → No.025
● 농촌의 삶 → No.028
● 영주 → No.091

삼림과 왕실삼림

풍부한 자원과 동물을 품고 있는 삼림은 대부분의 경우 권력자의 소유물이었다. 그중에서도
왕실삼림은 왕을 위해서 엄격하게 관리하는 성역이었다.

● 왕이 사냥하던 동물이 살아갈 수 있도록 해주는 삼림

중세 세계의 농촌은 마치 바다처럼 펼쳐져 있는 삼림에 둘러싸여 있었다. 그곳은 위험한
동물과 범죄자가 숨어 지내는 장소이기도 하며 은혜를 베풀어주는 장소이기도 했다. 그러
나 농촌에 사는 사람들이 모든 은혜를 자유로이 누렸던 것은 아니다. 삼림의 대부분은 왕
의 관리하에 있었다. 이를 왕실삼림이라 하며 경거망동을 하는 것이 금지되었다.

왕실삼림은 삼림법에 의거하여 왕의 영지라 규정된 삼림 또는 그 주변 지역을 뜻하는 것
으로 촌락과 개인 소유의 삼림도 포함한다. 원래는 프랑스에서 발상한 제도지만 1066년
에는 윌리엄 1세(재위 1066년~1087년)에 의해 영국에도 도입이 된다. 왕실삼림은 왕실삼림 장
관에 의해 관리되며 독자적인 법제도를 지니고 있었다. 이곳에서의 활동은 전부 왕의 허가
를 받아야 할 필요가 있으며 이를 어기면 벌을 받는다. 대륙의 삼림법은 비교적 관리가 느
슨하여 민중에게도 어느 정도 자유가 보장되었지만 영국의 삼림법은 내용이 엄격하여 영
주와 성직자가 소유하는 삼림이라 해도 몰수되는 경우가 있었다.

왕실삼림에서 중요했던 것은 사냥의 대상이며 자원이기도 한 동물의 보호 및 동물들이
살아가는 환경 보전, 삼림 자원의 보호였다. 영국에서는 특히 사슴 밀렵을 중죄로 여겨 이
를 어기면 안구를 도려냈다. 반대로 여우, 들토끼, 오소리, 다람쥐, 수달 등은 사슴과 멧돼
지에게 유해하다 판단되어 특별한 허가서가 있으면 사냥을 허락하였다. 농민들에 의한 개
간과 돼지, 소의 방목도 엄격하게 제한되며 자신이 사는 마을이 왕실삼림에 포함되는지의
여부는 농민들에게 있어 사활이 걸린 문제였다.

이렇게 엄격한 삼림법이었지만 몇 군데 구멍도 있었다. 예를 들어 여행 중에 왕실삼림을
통과할 수밖에 없는 영주와 귀족에게는 삼림법이 적용되지 않았고 왕실삼림 장관 밑에 있
는 숲지기들의 입회하에 사냥하는 것을 허락하였다.

왕실삼림 제도의 탄생

왕실삼림이란?

삼림법에 의거하여 왕의 영지라 규정된 삼림 또는 그 주변 지역.
프랑스에서 발상한 제도.

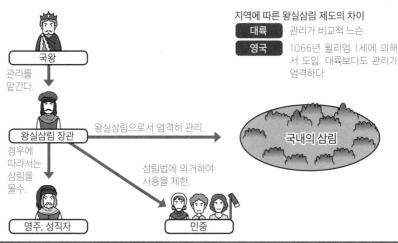

국왕

관리를 맡긴다.

왕실삼림 장관

경우에 따라서는 삼림을 몰수.

영주, 성직자

왕실삼림으로서 엄격히 관리.

삼림법에 의거하여 사용을 제한.

민중

국내의 삼림

지역에 따른 왕실삼림 제도의 차이

대륙 관리가 비교적 느슨.

영국 1066년 윌리엄 1세에 의해서 도입. 대륙보다도 관리가 엄격하다.

왕실삼림이 지켰던 것

국왕

쾌적한 사냥이 가능하도록 삼림 환경을 보호하고 싶다.

보호 받는 것
· 사슴　　　· 멧돼지
사냥 대상으로 대형 짐승을 선호했다.

보호 받지 않는 것
· 여우　　　· 다람쥐
· 들토끼　　· 수달
· 오소리
보호 대상에게 유해하다 여겨서 허가증이 있으면 사냥할 수 있다.

금지행위
· 왕실삼림 개간.　· 돼지, 소 방목.
주변 농민에게는 사활이 걸린 문제!

그러나……

영주, 귀족은
삼림법 적용 대상에서 제외.
숲지기의 입회하에 사냥할 수 있는 등
법망에 구멍이 있었다!!

관련 항목
● 농촌과 삼림 → No.021
● 왕실삼림 장관 → No.041
● 삼림과 사냥 → No.045

공용지

공용지는 촌락 공동체가 공용으로 관리하는 토지다. 농민들은 여기서 농지에서는 확보할 수 없는 자원을 얻어 가축을 살찌웠다.

● 농민들이 공유하는 귀중한 자원

공용지는 개인적인 경작을 할 수 없는, 농촌 전체가 이용하는 지역을 뜻한다. 공용지로는 목초지, 방목지, 삼림, 하천 등이 있으며 그곳에서 얻는 자원은 공용지를 관리하는 농촌과 공동체 전체가 누릴 수 있는 것이었다.

공용지인 삼림에서 중요한 것은 집과 교회, 농지의 울타리를 만들 때 이용하는 목재, 장작으로 사용하는 관목 확보였다. 낙엽조차도 유용한 자원이었으며 겨울에 가축 축사에 까는 멍석으로 사용했다. 가을에 방목하는 돼지 살찌우기도 마찬가지로 중요한 권리다. 도토리와 너도밤나무 열매를 잔뜩 먹은 돼지는 12월에 도축되어 겨울 동안 중요한 영양 공급원이 되었다. 또한 지역에 따라서는 삼림에서의 벌꿀 채취, 양봉도 공용지의 권리였다. 국왕, 영주 같은 권력자들에 의해서 정해진 밀렵 금지령과 사냥권을 어기지 않는 한, 그곳에서 사냥과 낚시도 가능했다. 공용지 사용권은 집에 부수되는 것이었다. 자유농민이든 농노든 간에 가옥과 택지 그리고 공용지 사용권이 세워져 있는 토지의 소유권을 지닌 자만이 그 혜택을 받을 수 있었다.

촌락의 영향하에 있지 않는 황야와 고원, 계곡을 공용지로서 취급했던 경우도 있다. 이러한 공용지는 촌락에 속하는 공용지와는 다르게, 토지 고유의 공동체가 소유하며 해당 구성원만이 사용권을 획득했다.

공용지는 일반적으로 땅이 기름진 지역에서는 그 수가 적은 경향이 있다. 또한 다른 지역에서는 공용지로서 취급받는 곳이 개인 소유지인 경우도 있었다.

영주들은 촌락의 공용지를 지배하기 위해서 다양한 행위를 시도했다. 지배하에 있는 촌락의 공용지에서 농민들이 벌채를 하면, 거기서 얻는 수익의 3분의 1을 징수하는 등 간접적 지배를 강행한다든가, 때로는 강제로 사유지로 삼으려고 했다. 이에 대해서 농민들도 공용지에 관한 지역의 관습법을 근거로, 함부로 벌채나 수확을 하는 영주들을 찍소리도 못하게 만드는 경우도 많았다.

공동체에게 다양한 은혜를 내려주는 공용지

공용지란?

농촌 같은 촌락 공동체가 공용으로 사용하는 지역을 뜻한다.
땅이 기름진 지역에서는 그다지 만들어지지 않았다.

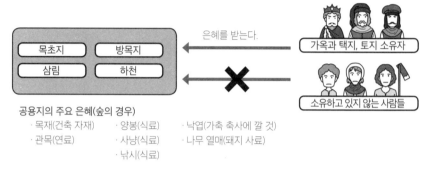

공용지의 주요 은혜(숲의 경우)
· 목재(건축 자재) · 양봉(식료) · 낙엽(가축 축사에 깔 것)
· 관목(연료)   · 사냥(식료) · 나무 열매(돼지 사료)
                 · 낚시(식료)

공용지를 둘러싼 분쟁

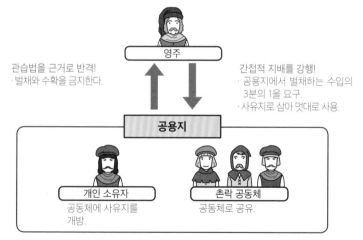

관습법을 근거로 반격!
· 벌채와 수확을 금지한다.

간접적 지배를 강행!
· 공용지에서 벌채하는 수입의 3분의 1을 요구.
· 사유지로 삼아 멋대로 사용.

개인 소유자
공동체에 사유지를 개방.

촌락 공동체
공동체로 공유.

관련 항목
● 농민 → No.025
● 농노 → No.026
● 삼림과 사냥 → No.045
● 영주 → No.091

89

왕실삼림 장관

왕실삼림 장관은 왕의 재산인 왕실삼림을 지키는 관리다. 그들은 부하와 함께 밀렵과 부당한 벌채로부터 숲을 지켰다.

● 왕의 자원을 지키는 장관들

왕실삼림 장관은 왕이 지정한 왕실삼림을 지키는 관리다. 그들은 부하와 함께 삼림을 순찰하면서 위법적인 벌채, 밀렵을 단속하며 자원을 보호한다. 왕실삼림 장관은 국내의 왕실삼림 전체를 총괄하며 큰 권한을 가지기에 대영주나 왕의 친족이 임명되었다. 왕실삼림 장관 밑에는 왕실삼림관이 있으며 각지의 왕실삼림을 관리하고 있다. 그 아래에는 기사와 지주 계급에서 선발한 하급 관리가 각자의 관할지에서 직무를 수행했다. 수목 관리관은 수목 관리와 서무를, 숲지기는 사냥터를 관리하며 가축 사육사는 농민에게서 방목료를 징수한다. 또한 영주가 사적으로 소유하는 숲에도 그들과 비슷한 관리인들이 있으며 밀렵꾼이 없는지 감시의 눈을 번득였다.

왕실삼림의 취급은 각 국가마다 다르며 영국은 타국보다 엄격했다. 『마그나 카르타』에 적혀 있는 왕실삼림 헌장에 따르면 영국에서 왕실삼림에 관한 사법기관으로는 초목과 작은 동물을 대상으로 하는 경범죄에 대응하여 6주마다 개최되는 지역구 심문, 보다 중대한 삼림파괴와 사슴 밀렵을 담당하는 특별 심문이 있다. 위반자는 증거품과 함께 왕실삼림 장관에 의해 구속되어 재판을 받기 전까지 감옥에 수감되든지 출정(出廷)을 보증하도록 했다. 죄인에 대한 최종적인 사법권은 국왕의 삼림 순회 재판이 지닌다. 이는 국왕에게 임명된 4명의 제후와 기사가 각지를 순회하며 7년마다 개최된다. 재판은 극히 간단하여 증거와 증언에 대한 심문이 이뤄지는 경우는 적으며 죄인은 벌금과 보증금을 지불함으로써 방면되었다. 지불하지 못하면 1년하고 하루의 금고를 선고받지만 가난한 자와 이미 장기간 구류당한 자는 바로 석방되었다.

절대적인 권력을 지닌 왕실삼림 장관은 때때로 힘을 이용해 악행을 저지르기도 했다. 죄 없는 사람을 부당하게 체포하고 투옥시켜서 사적으로 벌금을 징수하거나, 농민이 왕실삼림에서 방목과 벌초를 하게 해주는 허가권을 무시하고 자원을 빼돌려서 자신의 잇속을 챙겼다.

왕실삼림 장관과 그 부하들의 업무

왕실삼림 장관이란?

왕이 지정한 왕실삼림을 지키는 관리들의 장.
커다란 권한을 지니고 있기에 대영주와 왕의 친족이 임명된다.

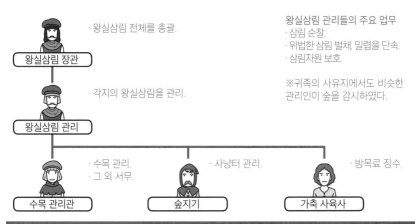

· 왕실삼림 전체를 총괄.

왕실삼림 장관

· 각지의 왕실삼림을 관리.

왕실삼림 관리

· 수목 관리.
· 그 외 서무.

수목 관리관

· 사냥터 관리.

숲지기

· 방목료 징수.

가축 사육사

왕실삼림 관리들의 주요 업무
· 삼림 순찰.
· 위법한 삼림 벌채, 밀렵을 단속.
· 삼림자원 보호.

※귀족의 사유지에서도 비슷한
관리인이 숲을 감시하였다.

왕실삼림과 사법체계

왕이 지명한 4인의 제후, 기사 집단.

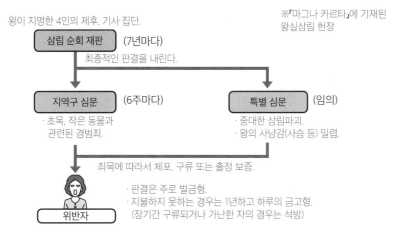

삼림 순회 재판 (7년마다)

최종적인 판결을 내린다.

지역구 심문 (6주마다)

· 초목, 작은 동물과
관련된 경범죄.

특별 심문 (임의)

· 중대한 삼림파괴.
· 왕의 사냥감(사슴 등) 밀렵.

죄목에 따라서 체포, 구류 또는 출정 보증.

위반자

· 판결은 주로 벌금형.
· 지불하지 못하는 경우는 1년하고 하루의 금고형.
(장기간 구류되거나 가난한 자의 경우는 석방)

※「마그나 카르타」에 기재된
왕실삼림 헌장

이 시스템을 이용해서 죄 없는 자에게 벌금을 징수하거나 자원을 빼돌려서 자신의 잇속을
채우는 왕실삼림 장관도 있었다!

관련 항목
● 농촌과 삼림 → No.021
● 농민 → No.025
● 삼림과 왕실삼림 → No.039
● 삼림과 사냥 → No.045
● 기사 → No.092

숯 굽는 자와 숲의 기술자들

중세 세계에서 삼림은 다양한 자원의 보고다. 그 때문에 이를 활용하는 기술자가 삼림에서 생활하였다.

● 숲에서 얻을 수 있는 연료

중세시대에 숲은 위험한 영역이자 개간해야만 하는 토지일 뿐 아니라 귀중한 목재, 그리고 연료 공급원이기도 했다.

숯 굽는 자는 숲에서 얻은 목재를 효율 좋은 목탄으로 가공하는 사람들이다. 숯은 제철, 제염, 도자기 제조, 유리 제조 등 폭넓은 분야에서 이용하였기에 수요가 높았다. 숯 굽는 자들은 목재를 얻기 위해서 숲 주변부를 이동하면서 산다. 숯 굽는 자의 업무는 일반적으로 8월부터 10월에 걸쳐서 이루어졌다. 그 외의 기간, 특히 농번기에는 근처 마을에 가서 노동자로서도 일을 했다. 중세 유럽에서 숯 굽는 자는 일본 같이 특정한 가마를 사용하지 않고 그때그때마다 개방된 장소를 찾아서 축이 되는 통나무 한 개를 중심으로 목재를 원뿔형으로 쌓고 바깥 부분을 흙과 재로 덮어서 쪄 굽는다.

이렇게 만들어진 숯은 도시와 삼림 주변부에 작업장이 있는 기술자들만 사용한 것이 아니라, 숯 굽는 자와 마찬가지로 숲에 사는 제철 기술자도 사용하였다. 제철 기술자는 삼림과 산야의 노천 광맥에서 입수한 광석을 숯과 함께 태워서 금속을 얻는다. 예를 들어 철을 얻는 경우 소형 제련로에서 으깬 철광석과 숯을 400도에서 800도의 저온으로 태움으로써 스펀지 상태의 선철을 얻는다. 하지만 이러한 제련법은 어디까지나 소규모이며 효율이 낮은 철에 지나지 않았다.

숲에서 사는 숯 굽는 자와 닮은 직업으로는 잔가지와 쓰러진 나무를 불태우는 재 제조인도 있다. 그들이 만드는 재는 세제, 유리와 화약 제조의 촉매제로서도 사용했다. 목재를 자르는 나무꾼도 이런 삼림 주변 기술자라 할 수 있다. 그들 또한 평상시에는 농사일을 돕고 수액이 마르는 겨울이 되면 나무를 베었다.

양봉도 숲 주변에서 행해지던 귀중한 산업이었다. 고리버들과 밀짚을 짠 벌종 형태의 벌통을 설치하여 가을이 되면 벌꿀과 밀랍을 회수한다. 양봉은 수요가 높아서 신성 로마 제국에는 전문 집락조차 존재했다.

숯 기술자와 제철 기술자

● 삼림 주변에는 다양한 자원을 공급하는 기술자들이 있다!

8월~10월 삼림 주변부를
이동하면서 목재를 수집.

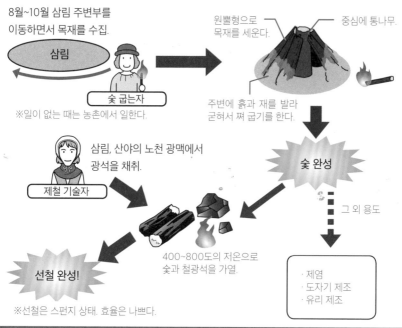

원뿔형으로
목재를 세운다.

중심에 통나무.

삼림

숯 굽는자

※일이 없는 때는 농촌에서 일한다.

주변에 흙과 재를 발라
굳혀서 쪄 굽기를 한다.

숯 완성

삼림, 산야의 노천 광맥에서
광석을 채취.

제철 기술자

그 외 용도

선철 완성!

400~800도의 저온으로
숯과 철광석을 가열.

※선철은 스펀지 상태. 효율은 나쁘다.

·제염
·도자기 제조
·유리 제조

그 외 삼림 주변의 기술자들

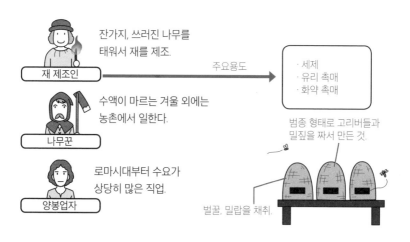

잔가지, 쓰러진 나무를
태워서 재를 제조.

재 제조인

주요용도

·세제
·유리 촉매
·화약 촉매

수액이 마르는 겨울 외에는
농촌에서 일한다.

나무꾼

범종 형태로 고리버들과
밀짚을 짜서 만든 것.

로마시대부터 수요가
상당히 많은 직업.

양봉업자

벌꿀, 밀랍을 채취.

관련 항목

● 농촌의 삶 → No.028　　　　　● 대장장이 → No.043

대장장이

중세시대에서 편리하고 중요한 철제품을 만들어내는 대장장이는 고귀한 기술 보유자로 대접 받았다. 촌락에서도 도시에서도 그들의 존재는 필수불가결이었다.

● 생활에 필요한 중요 도구를 만든 사람들

중세에서 금속을 다루는 대장장이는 생활에 없어서는 안 될 존재였다.

농촌의 대장장이는 원래 영주를 섬기던 기술자이며 그들이 필요로 하는 편자와 철제품을 만든다. 말에 편자를 달아주는 것도 대장장이의 일이었으며 직장에는 그러한 작업에 필요한 도구가 갖춰져 있었다. 또한 그들은 영주에게서 마을의 농민이 사용하는 농기구를 제조하는 독점권을 부여받았다. 그 때문에 농민이 농기구를 입수하기 위해서는 대장장이에게 상응하는 수수료와 소재를 가지고 가야만 했다. 대장장이가 만드는 것은 괭이와 쟁기, 크고 작은 낫 같은 농기구뿐만이 아니라 손도끼와 도끼, 나이프 같은 생활용 날붙이에 냄비, 주전자, 컵, 톱, 가위, 못 그리고 편자 등 실로 다양하다. 또한 목수와 협력하여 바퀴 달린 쟁기와 짐수레 등을 만들고 수차 같은 설비의 보수도 했다. 그들의 업무용 도구는 모루, 망치, 집게, 화로와 풀무였다. 연료는 전부 숯이었다.

도시의 금속 가공업자는 뭐든지 하는 농촌의 대장장이와는 다르게 금속 세공 장인과 화폐 주조 업자를 정점에 두고 수많은 전문 분야로 나누어져 있다. 대장장이도 그중 하나로 편자와 철 재료를 가공하는 대장장이로부터 무구 기술자, 날붙이 기술자 등으로 세분화되었다. 생활공간이 좁은 구역에 밀집되어 있는 도시이기에 대장장이는 소음과 화재상의 문제로 어쩔 수 없이 도시 주변부에서 거주하는 수밖에 없었다. 또한 대장장이 자신도 수차를 활용하는 수력 망치와 풀무를 이용하기 위해서 그러한 시설을 쉽게 이용할 수 있는 지역에 거주할 필요가 있었다. 일반적인 대장장이는 편자 같은 생활용품을 만드는 한편, 제련된 질 좋은 철과 강철을 도검 대장장이와 갑주 기술자 같은 무구 기술자 및 날붙이와 못을 만드는 도구 대장장이에게 판매한다. 그리고 기술자들은 철과 강철을 가공하여 고도의 기술을 필요로 하는 상품으로 벼려냈다. 그들 대장장이가 만들어내는 철제품은 국력을 좌우하는 중요한 것이었다. 따라서 대장장이, 특히 무구 기술자들은 종종 고귀한 존재로 취급받았다.

농촌의 대장장이

● 농촌의 대장장이

입장
원래는 영주를 섬기는 기술자.
농촌에서도 업무를 본다.

업무와 특권

업무 도구	생산물
· 모루 · 망치 · 화로 · 풀무 · 집게 etc. 연료는 숯	· 농기구 · 날붙이 전반 · 식기 · 못 · 편자 etc. 목수와 협력하여 수차 등의 설비도 보수한다.

영주

편자 등을 공급. ／ 농기구 공급 독점권을 부여한다.

대장장이

농기구와 철제품을 공급.
수수료와 재료를 지불한다.

농민

도시의 대장장이

● 도시의 대장장이

입장
여러 금속 가공 기술직 중 하나.

업무

대장장이

도시의 업무 환경 사정

도시의 대장장이는 도시 주변부에 거주.

이유
· 소음과 화재상의 문제.
· 수차를 이용한 수력식 망치와 풀무를 이용하기 위한 편의성도 있었다.

편자 등 철제품을 판매. ／ 철과 강철을 판매.

손님

다른 대장장이 기술자

무기와 세공품으로 가공.

중세에 있어서 귀중한 철기구를 생산하는 대장장이는 고귀한 업무를 하는 것으로 취급받는 경우도 있었다!

관련 항목
● 농민 → No.025　　　　　● 영주 → No.091

개간

개간은 막대한 노동력과 시간이 들어가는 사업이다. 중세의 개간은 영주들의 장려와 수도원 이주, 그리고 농민들의 노력으로 이루어진다.

● 다양한 요인으로 가능해진 대개간

중세는 대규모 개간이 행해져서 경지 면적이 비약적으로 늘어난 시대이다. 경지 확대는 과잉작물을 생산하여 화폐 경제 발전, 더 나아가 중세 도시가 탄생하는 커다란 요인이 되었다.

중세 초기의 개간은 현대의 개발도상국에서도 곧잘 볼 수 있는 타입의 간단한 화전이었다. 수풀이 극히 적은 초원과 관목림을 베어버리고 건조시킨 초목을 불태워서 나오는 재를 흙에 섞어 비료로 삼는다. 하지만 손질되지 않은 경작지는 재를 사용해서 보충한 지력을 금방 소모하였고 방치된 토지는 또다시 숲이 되어버렸다. 그러나 11세기부터 12세기에 걸친 철기구 보급 그리고 가축을 연결하는 수레 방식의 발전은 농업뿐만이 아니라 그 근간이 되는 토지 확보를 위한 개간산업에도 커다란 영향을 미치게 된다. 날카로운 철제 도끼와 톱은 나무를 효율 좋게 베어낼 수 있었고, 가축의 힘을 효율 좋게 사용함으로써 그루터기와 바위를 파내어 경작지를 정리하는 것이 가능해졌다. 이렇게 땅고르기를 마친 토지에서 바퀴 달린 쟁기를 이용하여 효율 좋은 경작을 행하게 되었다.

개간이 활발해진 배경에는 권력자들의 개입도 있었다. 영주들은 소유하고 있는 영지의 수익을 늘리기 위해서, 또한 늘어나는 인구를 먹여 살리기 위해서 개발되지 않은 숲과 황야에 농민을 이주 시키고 그 토지를 경작할 수 있는 권리를 내렸다. 이러한 농민 중에는 도주 농노가 포함된 경우도 있었지만 새로운 경작지라고 하는 매력 앞에서는 어떠한 문제도 되지 않았다. 또한 은둔 수도사와 수도사는 성실하게 본분을 수행하기 위해 자청하여 황야로 이주하여 방대한 토지를 직영지로서 경영한다. 당연하게도 이런 식의 영주화(領主化)는 그들을 세속화로 물들인다.

또한 이러한 대규모 개간이 성공한 배경에는 기술과 사회제도의 변화뿐만이 아니라 한랭기로 들어간 당시의 기후 조건도 들 수 있다.

다양한 이유로 행해진 개간

소유한 영지의 수익을
늘리고 싶다.
증가하는 인구를 먹여
살리고 싶다.

영주

성실하게 본
분을 수행하
고 싶다.

은둔 수도사, 수도사

· 농민들을 개척지로 보낸다.
· 토지 경작권을 내린다.

· 스스로 개척지에 간다.

경작 면적이 비약적으로 증가!
한랭기라 불리는 기후조건도 성공에 한몫.

· 작물 과잉 생산.
· 화폐 경제 발전.

· 직영지로서 토지를 운영.

중세 도시군 탄생을 촉발한다.

수도원 등의 세속화를 초래.

발전하는 개간 방법

중세 초기 개간 방법

수순   · 초원과 관목 나무를 벌채.
      · 불태워서 나온 재를 토양에 섞는다.

그러나……

· 지력을 금방 소모해버린다.
· 다시 숲이 되어버린다.

· 철기구 보급.
· 가축을 연결하는 수레 발전.

11세기 이후의 개간 방법

수순   · 철제 도끼 등 공구를 이용한 목재 벌채.
      · 가축을 이용해서 대규모적인 땅고르기.
      · 바퀴 달린 쟁기 등으로 효율 좋게 경작.

대규모에 장기적인
개간이 가능해진다!

삼림과 사냥

민중이 함부로 간섭할 수 없었던 삼림. 그곳에서 행해지는 사냥은 귀족들에게만 허락된 오락이었다.

● 군사훈련이기도 했던 사냥

중세 세계에서 사냥은 오락임과 동시에 고기를 확보할 수 있는 중요한 수단이기도 했다. 그러나 사냥터인 삼림은 영주와 기사 또는 성직자들의 소유였으며 그들 외의 사람이 이러한 오락을 누리는 것은 어려웠다.

사냥 대상인 사냥감은 여름에 보는 사슴, 겨울에 보는 멧돼지, 곰 등이 있다. 그 외에 산새와 흰새 그리고 살쾡이 등도 사냥 대상이었다. 사냥은 전문 사냥꾼과 개 조련사 그리고 다수의 몰이꾼과 사냥개를 데리고 한다. 사냥꾼은 추적의 프로이며 희미한 발자국과 흔적 그리고 대변 등을 통해서 사냥감이 있는 곳을 계산한다. 그 때문에 고액의 급료로 고용되었다. 그들은 주인들이 연회석을 설치하는 동안에 사냥감을 추적하며 대변을 발견하면 자신의 뿔피리에 넣고 돌아와서 주인에게 보고한다. 보고를 받은 주인은 그 자리에서 사냥할지 여부를 판단하며, 사냥을 하기로 정했다면 사냥꾼과 몰이꾼이 사냥개로 사냥감의 퇴로를 막도록 배치하고 자신들이 사냥감을 쫓는다. 사냥개로는 사냥감에게 마무리 공격을 하는 블러드 하운드, 소형견인 플랫 코티드 리트리버, 대형견인 그레이 하운드 등을 대동했다. 주인은 뿔피리를 크게 불어 사냥개들에게 신호를 보낸다. 그리고 사냥감이 막다른 곳에 몰리면 화살과 사냥 전문용 검과 창, 함정을 이용하여 마무리를 한다. 사냥은 인원의 통솔과 체력, 마장술도 필요로 했기에 훈련으로서도 선호했다.

하늘 높이 나는 새를 잡을 수 있는 매 사냥도 인기 있는 사냥 방법이었다. 귀족들은 모두 우수한 매를 모으고 매 장인을 고용했다. 주로 사용한 것은 물새용의 보라매 종류, 삼림용의 큰매가 있다. 기품 있는 매사냥은 여성들에게도 호평을 받아 귀족 마님들은 매를 소중히 여겼다.

사냥은 삼림법으로 규제 받아 귀족만이 즐길 수 있었지만 농민들도 토끼 사냥은 묵인 받았으며 토끼 굴에 그물을 치고 페럿을 풀거나 물을 부어서 잡았다. 또한 밀렵도 종종 저질렀다.

신분이 높은 사람들의 오락

사냥이란?

영주와 성직자들의 오락 중 하나.
고기를 얻는 수단, 군사훈련 수단으로서도 이용했다.

사냥에 참가하는 사람들

주인

사냥꾼　　몰이꾼

사냥개, 조련사
블러드 하운드(마무리용)
그레이 하운드(대형종)
플랫 코티드 리트리버(소형종)

●사냥의 수순

· 사냥꾼이 사냥감을 추적. 대변 같은 사냥감의 흔적을 가지고 돌아온다.

· 주인이 그 사냥감을 사냥할지 여부를 판단.

· 사냥꾼, 몰이꾼, 사냥개가 사냥감의 도주로를 봉쇄한다.

· 주인과 그 수하들이 사냥감을 쫓아서 마무리를 한다.

사냥감을 잡는 주요 방법
· 화살　　　· 함정
· 사냥용 검과 창　· 사냥개

주요 사냥감과 그 외 사냥 방법

● 주요 사냥감들

육지의 사냥감
사슴(여름) 멧돼지(겨울) 곰 살쾡이

하늘의 사냥감
산새 흰새

매 사냥

물새용
보라매 등
삼림용
큰매 등

귀족 → 고용. → 매 장인

마님들 → 매
우아함을 선호하여 소중하게 사육.

서민의 사냥

토끼 등 유해한 짐승을 사냥하는 것은 합법!

물붓기
굴에 물을 부어서 튀어 나오면 잡는다.
페럿
길들인 페럿을 굴속에 푼다.

관련 항목
● 성직자 → No.079
● 영주 → No.091
● 기사 → No.092
● 성의 오락 → No.103

늑대인간

늑대인간은 중세 민중의 공포가 낳은 괴물이다. 그들은 사람들 사이에 숨어 지내고 있다가 야음을 틈타 사람과 가축을 습격한다.

● 공포와 굶주림이 만들어낸 사람들 속에 숨어 사는 괴물

중세 세계에서 깊은 삼림과 도망칠 곳이 없는 들판에 군림하는 늑대 무리는 사람들에게 공포의 대상이었다. 늑대에 대한 두려움과 그 힘에 대한 인식은 민중들 사이에 기묘한 신앙이라 할 수 있는 전승을 만들어낸다. 그것은 바로 인간이면서 늑대로 변하는 늑대인간이라 불리는 존재였다.

늑대인간이라 불리는 존재는 악마 또는 숲의 3여신이라 불리는 이교적인 존재에 의해서 늑대로 변신하는 힘을 얻은 인간이다. 또 늑대에게 물림으로써 늑대로 변신하는, 늑대 빙의라 불리는 증상도 있었다. 늑대인간은 피부와 근육 사이에 꼬리를 달고 있으며 평상시의 모습은 인간 그 자체다. 그러나 일단 자신이 원하면 네발로 걷고 갈고리 형태의 이빨이 달려 있는 커다란 입, 이글이글 빛나는 눈을 지닌 괴물이 되어 사람과 동물을 습격한다고 믿었다. 늑대인간의 전승 대부분은 여타 동물로 변신하는 마법사와 마녀와 다를 게 없다. 늑대 같은 괴물의 습격을 받은 자가 그 늑대의 발을 잘랐더니 다음 날 사람의 손으로 변했다고 하는 얘기도 있다. 또한 특별한 수단으로밖에 퇴치할 수 없다는 전승도 있다. 하지만 정말로 두려운 것은 전승의 영향을 받은 변질자의 존재였다. 영양 상태가 좋지 않은 중세 세계에서는 영양 부족, 금욕적 생활, 죽음이 가까이에 존재하는 스트레스로 인해 광적 망상에 빠져드는 사람들이 여기저기 나타났다. 그런 정신 상태로 인해서 자신이 늑대인간이라고 착각하는 사람이 사람과 가축을 습격했으며, 반대로 늑대인간이라고 박해를 받은 사례는 일일이 열거할 수조차 없다. 늑대인간의 전승이 탄생한 배경에는 중세 초기 게르만인이 죄인의 인권을 박탈하고 숲으로 추방하는 인간 늑대 풍습의 영향도 있었다고 여겨진다. 그들은 발견되면 늑대처럼 살해당했지만 역으로 사람을 습격하는 경우도 있었다. 교회는 늑대인간을 망상이라 규정하고 존재를 믿는 사람들에게 빵과 물만으로 10일간을 지내는 벌을 내렸다. 하지만 마녀 사냥 시대에는 늑대인간의 존재를 인정하게 된다.

사람들의 공포와 동경이 빚어낸 괴물

늑대인간이란?

악마, 또는 숲의 3여신이라 불리는 이교적인 존재로 인해
늑대로 변신하는 힘을 얻은 인간.

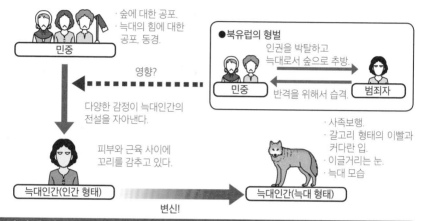

민중
· 숲에 대한 공포.
· 늑대의 힘에 대한 공포, 동경.

영향?

다양한 감정이 늑대인간의 전설을 자아낸다.

● 북유럽의 형벌
인권을 박탈하고 늑대로서 숲으로 추방.

민중

반격을 위해서 습격. 범죄자

늑대인간(인간 형태)
피부와 근육 사이에 꼬리를 감추고 있다.

변신!

늑대인간(늑대 형태)
· 사족보행.
· 갈고리 형태의 이빨과 커다란 입.
· 이글거리는 눈.
· 늑대 모습

광기에 사로잡히는 사람들

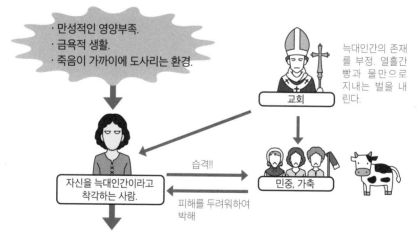

· 만성적인 영양부족.
· 금욕적 생활.
· 죽음이 가까이에 도사리는 환경.

교회
늑대인간의 존재를 부정. 열흘간 빵과 물만으로 지내는 벌을 내린다.

자신을 늑대인간이라고 착각하는 사람.

습격!!

민중, 가축

피해를 두려워하여 박해

마녀 사냥 시대가 되자 교회는 「늑대인간은 존재하지 않는다」고 하는 견해를 뒤집어
늑대인간의 존재를 인정하게 된다!!

관련 항목
● 농촌과 삼림 → No.021
● 성직자 → No.079

중세 요리의 맛과 형태

전세계의 미각과 진미를 맛볼 수 있는 현대 사회와는 다르게 중세 유럽의 조리법은 식자재, 기법이 모두 한정되어 있었다. 현대에는 일반적인 토마토와 감자, 옥수수 같은 식자재, 커피와 초콜릿 같은 기호품도 전부 대항해시대를 거쳐서 도래하였기에 역사가 그리 오래되지 않았다. 중세 유럽의 사람들은 이렇게 한정된 식자재와 조리법 안에서 다양한 궁리를 꾀하여, 화려하면서도 즐거운 기분이 드는 요리를 만들려고 노력했다.

중세 요리의 맛내기, 특히 상류계급에서 보여주는 특징은 향신료를 다수 사용했다는 것이다. 당시 향신료는 귀중한 약제이기도 했으며 이를 복수로 또한 대량으로 요리에 사용하는 것은 일종의 스테이터스이기도 했다. 하물며 귀중한 동방산 향신료라면 서민이 먹을 수 있을 만한 게 아니다. 14세기 말에 상류시민 계급인 메나지에 드 파리(파리의 가장)라 불리는 인물이 어린 아내에게 전수한 프류멘티라고 하는 계란 요리에는 박하꽃, 운향풀, 쑥, 민트, 세이지, 마저럼, 회향, 파슬리, 비트, 제비꽃, 시금치, 양상치, 생강을 다져서 넣었다. 아마도 개성적인 맛이었음에 틀림없다. 이러한 혼합 향신료에 편중된 조리법에 18세기 요리 연구가조차 「그들은 향신료 종류와 음식의 성질을 바꾸어 단순한 음식을 복잡하면서도 말로 표현할 수 없을 정도로 섞어버리는 능력에 있어서는 오늘날 그들의 자손과 비견될 정도라 여겨진다」고 감상을 말했다. 한편 귀중한 향신료를 구할 수 없는 서민은 가격이 싼 겨자와 양파, 마늘처럼 향이 강한 채소가 든든한 아군이었다. 특히 근채류는 싸고 대량으로 입수하는 것이 가능했다. 또한 향신료에 의한 매운맛뿐만이 아니라 신맛도 좋아했다. 신맛에는 식초와 포도즙, 거기에 베리 종류와 사과 같은 신맛이 나는 과일을 사용했다. 동방산의 감귤류도 귀하게 여겼다. 단맛은 벌꿀이 주를 이루며 중세 말기에는 설탕 향신료로 사용하게 되었지만 약품으로 취급했다. 또한 이런 식의 맛내기는 전부 과도했으며 맛이 매우 진했다.

요리의 색채와 담아내기도 오늘날의 우리들이 보면 기이하게 보이는 부분이 많다. 중세 요리는 색채적인 화려함과 풍성함을 요구했다. 그 때문에 요리인들은 보는 사람이 깜짝 놀랄 만한 색채와 보기 좋게 담아내는 것에 절치부심했다. 그중에는 날개 등을 사용하여 들새의 형태를 그대로 접시 위에 재현하는 듯한 요리도 만들었다. 그들은 기술자이기에 요리는 예술품이라고 생각했던 것이다. 색을 내는 데 사용한 식자재 중에서는 특히 아름다운 황금색을 자랑하는 사프란을 향신료로서의 가치도 어우러져서 매우 귀중히 여겼다. 12세기에는 요정은 사프란을 먹고 자란다고 생각했을 정도였다. 또한 그 외에도 다양한 색채의 소스가 미각만이 아닌 색채적인 요리를 장식하는 데 이용되었다.

제3장
도시와 길드

중세 도시의 형태

도시는 경제 발전에 의해서 탄생한 새로운 집락 형태다. 도시는 지방의 산물과 공업 제품을 매매하여 그 이익으로 발전했다.

● 경제력을 배경으로 태어난 새로운 세력

중세 도시는 지역과 탄생 배경에 따라서 몇 가지 타입으로 분류할 수 있다.

주교 주재 도시는 로마 제국의 도시, 키비타스의 후예라 일컬어진다. 로마 제국 말기의 혼란 와중에 로마에서 유래한 도시는 통제를 잃어 축소 또는 폐기되었다. 그러나 국교화된 각 속주 도시에 건설된 그리스도 교회의 주교들이 행정능력을 이어받음으로써 그 규모를 계속해서 유지하는 키비타스도 존재했다. 이러한 도시는 교회를 중심으로 발전을 계속하여 고대 로마의 도시에서 중세의 새로운 도시로 다시 태어난다.

한편 11세기에 들어 경제 활동이 활발해지면서 새로운 도시도 태어났다. 고대 교역의 중계 지점과 무역항을 중심으로 발전한 집락은 주변 영주로부터 보호와 원조를 받아 규모가 한층 더 커진 새로운 도시로 발전한다. 이러한 도시는 영주의 지배하에 정치적인 중추로 거듭나는 경우도 있었지만 많은 상인과 기술자들은 동업자 조합을 만들어서 발언력을 높여 영주들의 지배에서 벗어나 자신들이 도시를 운영하기를 원하게 된다. 이러한 시민운동은 코뮌 운동이라 불리며 몇 번의 분쟁을 거쳐서 시민이 통치하는 자치도시 형태로 결실을 맺는다. 자치도시는 국왕과 영주로부터 특별 허가를 받아 재판권과 징세권 등의 자치권을 받았다. 그중에서도 이탈리아 북부, 중부에 있는 코무네 도시는 주변 농촌지역도 자신들의 영토로 삼아 도시 공화국을 형성한다. 한편 독일의 제국 도시는 신성 로마 제국 황제로부터 자치권을 부여 받은 도시로, 황제 직속 도시로서 지방 영주와 동등한 지위를 인정받았다. 그러나 추후에 시민의 힘이 커지자 자유도시라 불리기에 이른다. 또한 이들 자유도시가 황제와 왕의 권력에 저항하기 위해서 도시 동맹을 맺기도 하였다. 반대로 영주 주도로 도시를 신설하고 자치권을 부여하여 이익을 얻으려 하는 경우도 있었다.

도시의 종류

중세 도시는 성립 방식에 따라 몇 가지 종류가 있다!

① 로마 제국에서 그리스도 교회의 주교들이 계승한 도시

| 키비타스 | 국교화된 그리스도 교회가 설치되어 있다. |

로마 제국 붕괴!

교회의 주교들이 행정 능력을 이어 받는다.

주교 주재 도시

② 교역 중계 지점과 무역항을 중심으로 발전한 도시

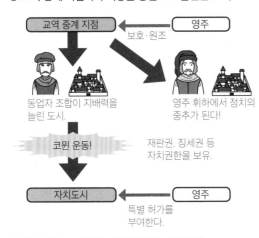

교역 중계 지점 → 영주

보호·원조

동업자 조합이 지배력을 늘린 도시.

영주 휘하에서 정치의 중추가 된다!

코뮌 운동!

재판권, 징세권 등 자치권한을 보유.

자치도시 ← 영주

특별 허가를 부여한다.

이탈리아 남부, 중부의 코무네 도시 주변 농촌을 영토화. 도시 공화국을 형성했다.

③ 황제 직속 도시에서 시민의 힘이 커진 도시

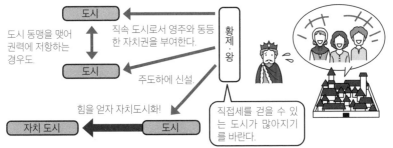

도시

도시 동맹을 맺어 권력에 저항하는 경우도.

직속 도시로서 영주와 동등한 자치권을 부여한다.

도시

주도하에 신설.

황제·왕

힘을 얻자 자치도시화!

자치 도시 ← 도시

직접세를 걷을 수 있는 도시가 많아지기를 바란다.

관련 항목

● 봉건제도 → No.003
● 동업자 조합 제도 → No.067
● 유통과 교역 → No.071
● 주교 → No.078

No.048

도시의 주민

각지의 상인들이 모여들어서 탄생한 도시는 주변 토지에서 사람들을 끌어들여, 그야말로 잡탕처럼 다양한 사람들이 살고 있다.

● 잡다한 사람들이 살고 있는 도가니

농촌과 영주의 성과는 다르게 이곳저곳에서 사람들이 모여드는 도시는 실로 잡다한 사람들이 살았다.

도시 생활자의 상층부에 위치하는 것은 도시에 거주하는 기사를 포함하는 대규모 토지 소유자, 도시를 지배하에 두고 있는 성속(聖俗) 영주의 관리, 원행 무역 상인과 금융업 등의 유력 상인, 유력한 기술자 길드의 우두머리 등이다. 그들은 도시 귀족이라 불리는 지배계층을 형성하여 재판과 행정을 관리하는 시장과 평의원 등 도시 평의회의 관직을 독점했다. 또한 주교와 사제 같은 성직자도 독자적인 지위를 가지고 있다. 왕권 지배가 강한 도시에서는 왕의 관리가 그들을 총괄했다.

도시 귀족 아래에는 시민권을 가진 시민이 있다. 새로 유입된 사람이 시민이 되기 위해서는 일정기간 동안의 납세와 도시 또는 그 주변의 토지 소유 등을 조건으로 내걸었다. 또한 납세, 군역 등의 의무도 생긴다. 흔히 부르주아라고 불리는 그들은 상공 길드의 우두머리, 유복한 지식인 계층 같이 사회적 명망을 지닌 사람들과 그 가족이었다. 그들 밑에는 거류민이라 불리는 참정권을 지니지 못한 사람들이 있다. 거류민은 도시 인구의 다수를 차지하며 참정권은 없지만 도시 거주자로서 납세, 병역, 재판의 의무가 있었다.

이러한 사회적 지위 외에도 도시 생활자는 세 가지 계층으로 나누어졌다. 도시 귀족은 상층, 시민은 중층으로 취급했다. 가난한 시민과 거류민으로 구성되어 있는 하층민은 영세 기술자와 견습 기술자, 도시의 하급 관리, 형리, 부유층의 하인, 일일 인부 같은 기간 노동자 등 잡다한 사람들로 형성되었다. 또한 하층민 중에서도 사회적으로 배척받은 창부와 용병, 외부에서 유입된 농민과 도망자, 방랑 예인 같은 방랑자, 거렁뱅이 같은 사람들은 주변민이라고 불렸다. 한편 공동체에서 배척되기는 했지만 독자적인 권리를 부여 받은 유대인과 외국 상인도 있다. 그들은 격리된 구역에서 살았지만 금전적으로는 유복했다.

도시 거주자를 구성하는 3개 계층

여기저기서 사람들이 모여들은 도시는 잡다한 사람들이 살고 있다.

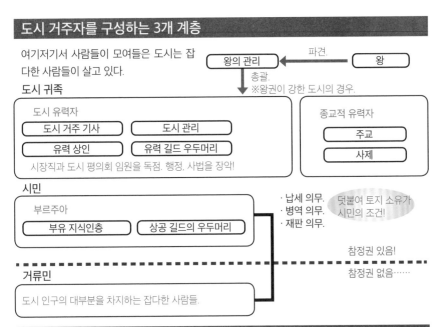

파견.

왕의 관리 ← 왕

총괄.
※왕권이 강한 도시의 경우.

도시 귀족

도시 유력자
- 도시 거주 기사
- 도시 관리
- 유력 상인
- 유력 길드 우두머리

시장직과 도시 평의회 임원을 독점. 행정, 사법을 장악!

종교적 유력자
- 주교
- 사제

시민

부르주아
- 부유 지식인층
- 상공 길드의 우두머리

· 납세 의무.
· 병역 의무.
· 재판 의무.

덧붙여 토지 소유가 시민의 조건!

참정권 있음!

거류민

도시 인구의 대부분을 차지하는 잡다한 사람들.

참정권 없음……

부유한 정도에 따라 나누어지는 도시 거주자의 계층

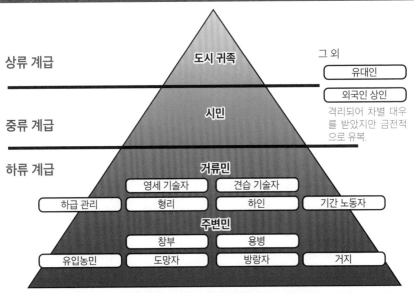

상류 계급

도시 귀족

그 외
- 유대인
- 외국인 상인

격리되어 차별 대우를 받았지만 금전적으로 유복.

중류 계급

시민

하류 계급

거류민
- 영세 기술자
- 견습 기술자
- 하급 관리
- 형리
- 하인
- 기간 노동자

주변민
- 창부
- 용병
- 유입농민
- 도망자
- 방랑자
- 거지

관련 항목
- 시장과 평의회 → No.049
- 상인 → No.051
- 기술자 → No.052
- 거지와 빈민 → No.056
- 대중목욕탕 → No.065
- 주교 → No.078

시장과 평의회

시장과 평의회는 자치권을 지닌 도시를 다스리는 정치의 중추다. 그 권한은 영주와 주교에 비해 결코 뒤지지 않는다.

● 도시를 이끄는 사람들

예로부터 도시는 그곳을 영토로 삼은 영주와 주교의 지배하에 있었다. 그러나 11세기 말에 이르러 경제 활동이 활발해지자 힘을 지닌 시민들이 스스로 정치를 하겠다며 요구하기 시작했다. 코뮌 운동이라 불리는 이 운동으로 인해 많은 도시가 영주들에게서 도시의 자치 운영권을 획득했다. 이러한 코뮌 도시라 불리는 자치 도시를 지배하고 정치적인 운영을 했던 것이 시민 의회와 길드 또는 시장 및 유력 시민 중에서 선출되어 재판을 하는 평의원으로 구성되는 평의회였다. 그들은 소속하는 국가의 이익에 반하지 않는 한 재판권, 경찰권, 징세권, 병권을 행사하는 것이 허락되었다.

도시의 운영은 지역과 도시마다 그 중심이 되는 조직과 구도가 다르다. 예를 들어 이탈리아와 프로방스에서는 집정관을 통하는 집단적인 의회가, 독일에서는 시장을 중심으로 하는 평의회에 의해서 도시의 정치를 처리했다.

이탈리아의 집정관 정치는 신성 로마 제국과의 분쟁에서 승리한 1183년 콘스탄츠 협약에서 시작되었다. 유력 시민 중에서 선출된 집정관들이 조례제정권과 저액배상 판결에 관한 재판권을 위임받아 실질적인 지배자가 된 것이다. 그러나 집정관 정치는 파벌 싸움으로 혼란을 일으켜 12세기 이후에는 외부에서 초빙한 사정관에게 임기를 정하여 정치를 처리하게 했다. 하지만 그럼에도 불구하고 혼란이 수습되지 않아 최종적으로는 독재자에 의한 독재정치로 변해버린다.

한편 게르만에서는 평의원 그룹, 유력 시민으로 구성된 리헤르체헤 그리고 그들에게 선출된 시장이 권력을 쥐고 있었다. 시장은 매년 2명이 선출되며 한 명은 평의원 경험자였다. 이 정치체제는 최종적으로 시장을 중심으로 하는 평의회 정치로 이행된다. 시장과 리헤르체헤의 권력은 강력하여 길드 승인권, 도시 인장 관리권, 식료품 생산과 판매에 관한 규칙 제정과 벌칙권, 시민권 수여 등 다수의 권한을 행사한다.

도시의 주권

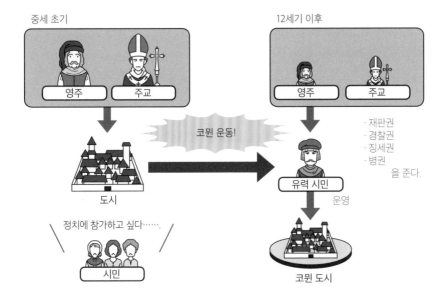

중세 초기

영주　주교

코뮌 운동!

도시

정치에 참가하고 싶다…….

시민

12세기 이후

영주　주교

· 재판권
· 경찰권
· 징세권
· 병권

　을 준다.

유력 시민

운영

코뮌 도시

다양한 도시 운영 형태

도시 운영은 지역과 도시마다 조직에 차이가 있다.

● 이탈리아, 프로방스(프랑스)

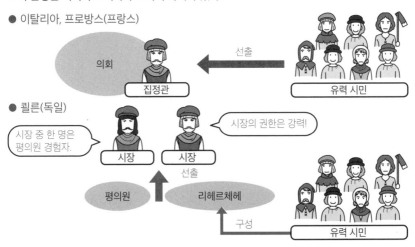

의회

집정관

선출

유력 시민

● 쾰른(독일)

시장 중 한 명은
평의원 경험자.

시장의 권한은 강력!

시장　시장

선출

평의원　리헤르체헤

구성

유력 시민

위병과 경찰

영주로부터 자립하여 각종 재판권과 징세권을 획득한 신흥도시는, 방위도 스스로의 힘으로 해야만 했다.

● 도시의 치안을 지키는 병사들

중세 세계에서 원래 전투를 행하는 것은 기사 계급의 일이었다. 그러나 시민들이 다스리는 자치도시에서는 전투, 그리고 도시 내부의 치안 유지도 시민 자신이 담당하지 않으면 안됐다.

도시를 방어하는 위병은 도시의 징세 단위인 행정구, 소교구와도 범위가 겹치는 세분화된 구획의 가구(街區)마다 편성된 시민군이 담당한다. 또한 상공 길드도 각각 병사를 제공했다. 그들은 도시의 문, 성벽 경호, 야간 경비 순찰을 담당했다. 그리고 도시를 세력하에 둔 국왕, 영주, 주교의 요청에 따라서 연간 40일 정도의 군역에 종사하는 경우도 있다. 원래 시민인 그들은 전투의 프로가 아니었던 관계로 종종 도시에 거주하는 기사와 용병이 지휘관을 역임했다. 하지만 충분한 훈련과 무장을 자랑했던 시민군도 있으며 특히 길드가 통솔하는 석궁병과 보병은 기사의 군대를 물리칠 정도의 실력을 보유하는 경우도 적지 않았다. 시민군은 지역에 대한 소속 의식이 강하며, 해당 지구의 유력자와 손쉽게 정치적으로 이어졌다. 이러한 시민군은 유력자의 당파 싸움의 첨병으로서 도시의 적이 아닌 같은 도시의 다른 당파와 세력 분쟁을 펼쳤다.

경찰은 시의회를 통해 고용된 치안을 유지하는 관리이며 도시 순찰, 사건의 중재와 범죄자 체포, 야간 감시, 형장 호위, 입법 기관으로 연행하는 것을 담당한다. 범죄자와 대치해야 하는 그들은 체격이 좋은 사람 중에서 선출되어 검과 단검, 도끼, 봉 등으로 무장하고 업무용 제복을 입는다. 하지만 그 수는 도시 규모에 비해 무척 적었으며 작은 도시의 경우 10명 전후인 경우도 있었다. 또한 급료가 하급 관리보다도 떨어지는 수준이었기에 그들은 생활을 위해서 부업을 했다. 이는 그들이 업무에 들이는 시간을 대폭 감소시키게 만들었다. 또한 그 권한을 이용해서 공갈, 갈취를 하는 경우도 많다. 그 때문에 경찰에 대한 시민들의 평가는 현저하게 낮았다.

자위를 위한 군비

● 도시 병력
- · 자치 도시에서는 방어도 스스로 한다.
- · 징병은 징세 구분인 행정구, 가구(街區)마다 행한다.
- · 길드에서도 징병한다.
- · 업무는 성문, 성벽 경비와 야간 순찰.

● 전력으로서의 평가
- · 원래 전쟁의 프로가 아니다.
- · 그 때문에 지휘는 기사와 용병이 맡는 경우가 많다.
- · 그러나 개중에는 높은 훈련도로 기사의 군대를 물리치는 병사도 있다.

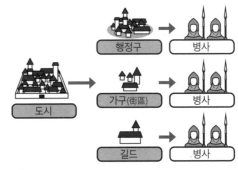

프로로서 전투를 지휘.

반대로 그들을 상회하는 훈련도를 지닌 자들도 있다.

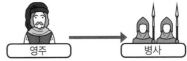

도시를 세력하에 두고 있는 영주가 40일의 군역을 명하는 경우도 있다.

범죄를 처리하는 경찰

경찰이란?

시의회에 고용된 관리. 치안 유지를 임무 삼아 범죄자를 처리했다.

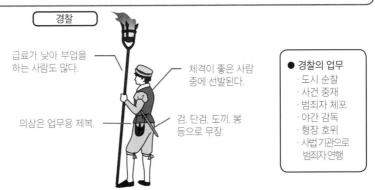

경찰

급료가 낮아 부업을 하는 사람도 많다.

체격이 좋은 사람 중에 선발된다.

의상은 업무용 제복.

검, 단검, 도끼, 봉 등으로 무장.

● 경찰의 업무
- · 도시 순찰
- · 사건 중재
- · 범죄자 체포
- · 야간 감독
- · 형장 호위
- · 사법 기관으로 범죄자 연행

그러나 그 수가 적고 급료가 낮아 열의도 없는 데다 뇌물을 요구했기에
시민들에게 미움을 받았다!

관련 항목
● 동업자 조합 제도 → No.067
● 기사 → No.092
● 주교 → No.078
● 영주 → No.091
● 용병 → No.095

상인

중세 상인은 로마 제국이 힘을 잃은 후에 새로이 등장한 계층이다. 그 탄생에는 서유럽의 안정화가 필수불가결이었다.

● 금융을 지배한 새로운 계층

게르만인의 유입과 이슬람 세력에 의한 지중해 봉쇄의 영향으로 중세 초기의 상거래는 이탈리아인과 노르만인 등 극히 한정된 지역 사람들을 중심으로 이루어졌다. 그러나 11세기 말에 이르러 농업 개혁에 의한 생산물의 과잉 공급, 지중해 항로의 재개 등 다양한 요인으로 인해 상거래가 유럽 각지에서 활성화하게 된다.

다수의 상인들 중에서도 가장 인기 있는 것이 원행 상인이었다. 초기의 원행 상인은 편력 상인이라 불리며 캐러밴을 꾸리고 목적지인 시장과 도시, 궁정에 상품을 운반하고 거기서 얻은 수익으로 새로운 상품을 구입하여 출발 지점으로 돌아오는 방식의 장사를 했다. 위험을 동반하므로 대부분은 무장하고 교역 루트상의 영주들과 안전 호송 계약을 맺는 경우도 있다. 통신망과 금융업계의 시스템이 발달하자 그들은 대도시에 본점을 두고 각지의 지점에 인원을 배치, 편지와 외환을 활용하여 신속한 거래를 행하는 고정 상인이 된다. 특히 유력했던 것이 피렌체를 시작으로 하는 각 도시의 모직물 상인으로 다수의 하청 기술자를 지배하며 교역으로 얻은 양털을 맡겨서 직물을 제조한 다음 멀리 떨어진 지역에서 팔아 치웠다. 또한 프랑스에서는 왕실 상인과 중개인을 겸하는 잡화상 길드가 권세를 떨쳤다.

환전상, 고리대금, 은행가 같은 금융업자도 유력한 상인이었다. 제노바 등 이탈리아 도시의 금융업자가 만들어낸 외환과 어음, 보험, 임대 업무는 대규모 상업에 필수불가결이었다. 그들 상당수는 왕족과 성직자 제후와도 연줄이 닿았으며 그들의 자금원이 됨으로써 권위를 부여받았다.

이렇게 풍부한 자금력을 무기로 새로운 계층으로 존재감을 과시하던 상인이지만 교회는 그들을 악으로 단정 지었다. 그 때문에 그들은 자신들의 정당성을 보여주기 위해서 자선사업과 사회공헌을 자주 행했다고 한다. 애초에 이는 극히 일부의 얘기로 가난한 행상인과 작은 점포의 점주도 적지 않았다.

상인의 꽃 원행 상인

원행 상인이란?

원행 상인은 대자본을 배경으로 멀리 떨어진 지역을 오가며 교역을 하는 상인. 그들의 활동은 중세 경제에 커다란 영향을 끼쳤다.

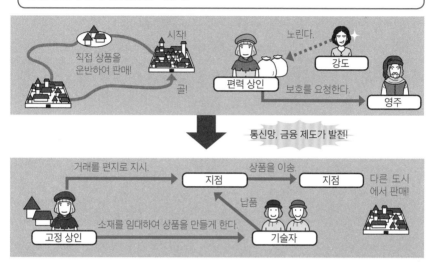

금융업자와 상인의 죄과

유력 상인과 교회 상인들은 막대한 재원으로 거대한 존재감을 드러낸다.

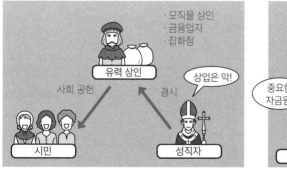
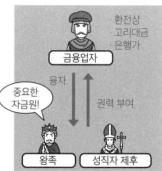

관련 항목
- 유통과 교역 → No.071
- 화폐제도와 환전 → No.072
- 성직자 → No.079
- 치료원과 봉사활동 → No.084
- 영주 → No.091

기술자

기술자는 수공업을 생업으로 하는 사람들의 총칭이다. 그들은 생활에 필요한 다양한 물품을 만들어내며, 그 기술을 통해 하나의 계층을 형성한다.

● 전문지식에 의하여 힘을 얻은 기술자들

중세의 신분은 싸우는 사람인 귀족, 기도하는 사람인 성직자 그리고 일하는 사람인 농민의 3가지 신분으로 나누어져 있었다. 기술자는 이중에 속하지 않고 장사치에 속하는 신분이라 할 수 있다. 그들은 농민처럼 식량 생산에 종사하는 것이 아니라 각각이 특기로 하는 기술로 생계를 꾸렸다.

수공업 기술자는 농촌에서의 분업제 또는 영주의 성과 종교 시설에서의 작업으로 인해 부수적으로 발생했다고 일컬어진다. 그들은 신분이 보증된 자유민인 농민에게는 어렵거나 또는 금지되어 있는 전문 기술로 마을과 시설의 유지에 필요한 활동을 했다. 농촌이라면 가옥의 건축 등을 행하는 목수, 각 가정에서는 조달할 수 없는 부분을 보충해주는 직물공, 무두질공, 신발장인, 농기구를 만드는 대장장이, 빵을 만들 때 필요한 방앗간지기, 빵집 등. 영주의 성, 종교 시설이라면 성과 대성당을 건조, 유지하는 데 필요한 석공 또는 양초 기술자 같이 필요한 일상품을 생산하기 위한 직공 집단이 있다.

12세기에서 13세기에 걸쳐 이러한 기술자들은 경제활동의 발전으로 힘을 얻은 신흥도시로 활동 거점을 옮기게 된다. 자급자족이 어려운 도시에서는 기술자들의 일감이 넘쳐났다. 처음에는 노점에서 영업을 하던 기술자들이지만 이윽고 동일한 업종의 기술자가 같은 구역에서 장사를 하게 되었고 최종적으로 동업자 조합을 형성하기에 이른다. 동업자 조합은 엄격한 신분제도로 이루어져 있으며 장인급이 되지 않으면 한 사람 몫을 하는 것으로 인정해주지 않는 등 폐해도 많다. 하지만 조합의 존재는 기술자들이 도시에서 강한 발언권을 얻기 위해서는 필수불가결하기도 했다. 한편으로 도시 상인들은 이렇게 힘을 지닌 도시 기술자들의 존재를 좋게 여기지 않아 보다 어수룩하고 말을 잘 듣는 농촌에 남아 있는 기술자들에게 재료와 재료비를 빌려줘서 도시 상인보다 싼 가격으로 노동을 시키는 경우도 있었다.

기술자의 탄생

● 중세 유럽 사회에서 직업은 크게 3가지로 분류된다!

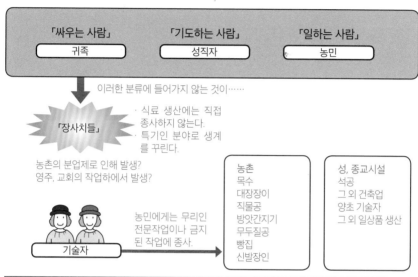

「싸우는 사람」 — 귀족

「기도하는 사람」 — 성직자

「일하는 사람」 — 농민

이러한 분류에 들어가지 않는 것이……

「장사치들」

· 식료 생산에는 직접 종사하지 않는다.
· 특기인 분야로 생계를 꾸린다.

농촌의 분업제로 인해 발생?
영주, 교회의 작업하에서 발생?

기술자

농민에게는 무리인 전문작업이나 금지된 작업에 종사.

농촌
목수
대장장이
직물공
방앗간지기
무두질공
빵집
신발장인

성, 종교시설
석공
그 외 건축업
양초 기술자
그 외 일상품 생산

도시에 모이는 기술자들

● 12~13세기의 유럽

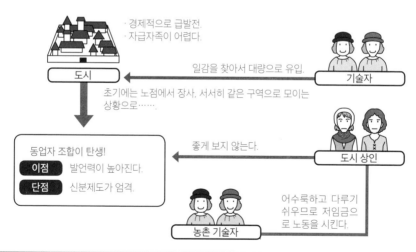

· 경제적으로 급발전.
· 자급자족이 어렵다.

도시

일감을 찾아서 대량으로 유입.

기술자

초기에는 노점에서 장사, 서서히 같은 구역으로 모이는 상황으로……

동업자 조합이 탄생!

이점 발언력이 높아진다.

단점 신분제도가 엄격.

좋게 보지 않는다.

도시 상인

어수룩하고 다루기 쉬우므로 저임금으로 노동을 시킨다.

농촌 기술자

관련 항목

● 농민 → No.025
● 상인 → No.051
● 동업자 조합 제도 → No.067

형리

형리는 도시에서 일어나는 형벌을 집행하는 자로 법질서를 지키는 데 필수불가결한 존재였다. 그러나 밑바닥 일을 처리하는 그들은 심한 차별을 받았다.

● 말로 다 할 수 없는 차별을 받아온 법 집행자

형리 또는 사형집행인, 옥리라고 불리는 사람들은 도시라고 하는 특수한 환경에서 발달한 법질서를 지키기 위한 직업이다. 예로부터 유럽에서는 범죄자를 붙잡아 형을 집행하는 것은 피해자인 원고와 그 일족이었다. 하지만 그러기 위해서는 상응하는 무장과 전력을 지니고 있어야 하는 것이 전제가 된다. 내부에서의 무장과 소란을 금지하고 있는 도시에서는 비무장 시민을 대신해서 형을 집행하는 인간이 필요했다. 그것이 바로 형리이다.

형리는 범죄자를 구류하고 판결에 부합하는 형벌을 가한다. 또한 재판에 필요한 자백을 받기 위해 고문을 하는 것 또한 형리의 업무였다. 처형과 고문 비용은 피고 측이 부담하며 그럴 수 없는 경우에는 도시 공동체가 형리에게 지불한다. 또한 형리는 당시 천민의 직업이라 치부하던 시가지의 가축 시체 정리, 그 피혁을 매각하는 박피장이, 거리의 오물을 청소하는 미화원, 창관의 관리와 천민 전문 술집을 운영하는 등의 부업도 했다. 고문과 처형의 스페셜리스트였던 형리는 인체에 대한 지식이 풍부했다. 덕분에 그들은 의사로서도 활동을 했다.

하지만 그들은 어디까지나 평의회에 고용된 관리이며 유복함에도 불구하고 천민으로 차별을 받았다. 이는 무기를 지니지 않은 시민을 죽이는 업무와 그 부업이 시민들의 혐오를 조장했기 때문이라 여겨진다. 형리는 시민과 대화하는 것조차 허락되지 않았고 같은 술집에서 마시는 경우 손님 전원의 허가가 필요했을 정도였다. 교회조차 그들을 인정하지 않고 매장은 묘지 밖에 하거나 자살용 묘소에 했다. 복장도 제한을 받아 녹색이나 붉은색 옷을 입는 등 도시마다 규정이 정해져 있었다. 결혼도 형리의 집안끼리만 할 수 있다. 그 때문에 형리 간의 단결이 강했으며 서로 상부상조했다. 또한 언제나 성실하게 업무에 임하고 기술 연마를 거듭함으로써 차별받아온 자신의 긍지를 지켰다고 한다.

형리의 탄생

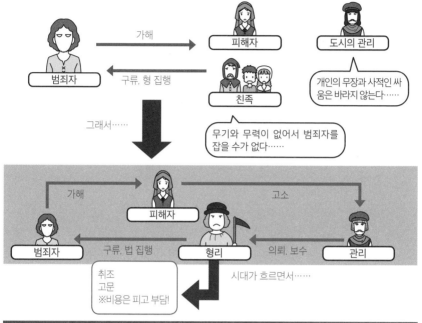

형리의 사회적 입장

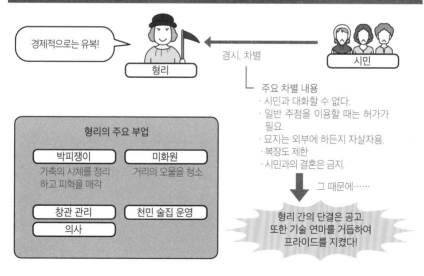

관련 항목
● 창부 → No.054

창부

중세의 창부는 필요악으로서 허락된 존재였다. 그녀들은 공적인 입장을 지니며 독자적인 조합 조직까지 있었다.

● 필요악으로서의 공인

창부는 고대로부터 근근이 이어져 내려온 가장 오래된 직업이다. 그리스도교적 가치관을 숭상하던 중세 세계에서도 창부가 사라지는 일은 없었다.

11세기 십자군 원정은 많은 영주, 기사, 그리고 꿈을 꾸던 일반인을 중동으로 인도했다. 이로 인해 문화적인 교류가 발생하여 한번은 폐지되었던 교역도 재개되어 경제활동도 활발해졌다. 그러나 한편으로는 십자군 및 그에 관련된 소란으로 인해 다수의 남자를 잃은 여성들은 배우자도 찾지 못한 채 도시 속에서 갈 곳을 잃어버린다. 기술이 있다면 예인이나 기술자가 되는 것도 가능했지만, 그렇지 못한 자가 간단히 수입을 올리기 위해서는 몸을 파는 수밖에 없었다.

이러한 창부는 공적인 존재와 사적인 존재가 있다. 공적인 창부가 성행하게 된 것은 14세기 무렵으로 그녀들은 조합을 만들어 평의회, 영주, 부유한 기술자 조합 또는 주교가 만든 전문 공영 창관에서 영업을 했다. 이 공영 창관은 여주인이라 불리는 여성이 관리했으며 평균 15명 정도의 여성이 근무했다. 그녀들은 다른 도시의 출신자나 외국인이며 미혼자로 한정되었다. 창부들의 일은 주로 성교였지만 고귀한 손님을 접대하는 말상대로서도 활약했다. 또한 권리도 확보되어 있고 명목상으로는 일을 강요받는 것이 아니었기에 결혼으로 인한 은퇴와 퇴직도 자유였다. 또한 용병단 등과 같이 행동하면서 각지를 떠도는 창부 집단도 있다. 한편 사적인 창부로는 영세한 여성 기술자와 기술자의 아내 또는 공중목욕탕의 창녀 등이 있다. 그녀들은 생활을 위해서 몸을 팔았기에 가격은 저렴했지만 조합의 창부들에게 들키면 처참한 린치를 당하는 처지였다.

창부들의 존재를 인정한 이유는 그녀들이 있음으로써 강간과 간통죄를 피할 수 있었기 때문이다. 그러나 15세기에 이르러 도시의 순화를 원하는 권력자들에 의해 창부들은 더러운 존재로 낙인찍혀 배척당하게 된다.

창부로 살아가는 이유

창부는 고대로부터 존재했던 가장 오래된 직업.
중세에 있어서도 그 존재가 사라지는 일은 없었다.

● 어떻게 창부가 되었는가

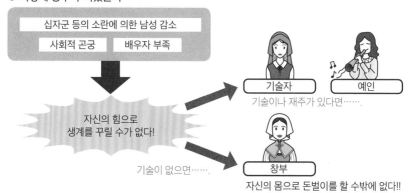

창부의 일과 입장

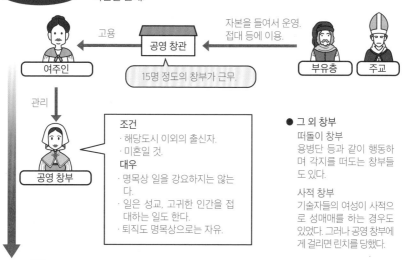

집시

집시는 한곳에 정착해서 사는 사람과는 동떨어진 삶을 살아가는 이민족이다. 그 생활양식 탓에 사람들은 그들을 기이함과 선망의 시선으로 바라보았다.

● 방랑의 하늘 아래 살아가는 사람들

예전에는 집시라 불렸으며 현재는 로마라고 알려져 있는 유랑민족. 나라가 없고 국경을 거리낌 없이 넘나들며 여행하는 그들은 중세 세계에 있어 불가사의한 존재로 여겨져 두려워하고, 동경하며, 박해받았다.

집시라는 명칭은 그들이 자신의 출생을 이집트라고 한 것에서 유래한다. 또 중세 유럽 사람들은 그들이 중동 이슬람 세력의 스파이 혹은 유대인이라고도 생각했다. 그러나 현재는 그들의 언어와 전승이 연구되어 500년 무렵부터 방랑생활을 시작한 인도 방면의 민족임이 판명되었다. 그들이 중세 유럽의 기록에 처음으로 등장한 시기는 12세기 무렵으로 14세기에는 널리 알려진 존재가 되었다.

집시는 유랑민족이므로 가치관이 중세 유럽 사람들과는 큰 차이가 있다. 토지가 없는 그들은 정착에 미련이 없고 입신양명에도 흥미가 없다. 재산도 얼마 안 되는 가축과 마차, 식기 정도이며 의복도 헌옷이다. 그들은 여행에서 얻은 체험을 재산으로 여기고 사람과의 인연을 소중히 한다. 한편으로 정착민이 자신들을 결코 받아들이지 않는다는 것도 알고 있으며 그 사상은 시니컬하다. 또한 토지마다 정해져 있는 법에 얽매이지 않으므로 「떨어져 있기에 주웠다」라면서 농민의 가축과 작물을 가지고 가는 사람도 있었다. 그러한 집시들이 있던 탓에 범죄자와 뭔가의 사정으로 고향을 떠난 방랑자들이 집시 중에 섞여서 여행을 하는 경우도 있었다. 집시는 그들을 받아들였지만 그 때문에 집시의 평판은 한층 악화되었다. 절도와 분쟁을 피하기 위해서 까마귀와 두더지를 먹는 등 그들의 독특한 생활습관은 이러한 유랑생활과 평판에서 유래하고 있다. 그들의 주요 직업은 바이올린 악사와 댄서, 동물 조련사 등 당시에는 천민의 직업이라 여겨지던 것들이 많다. 또한 땜장이와 말 중매 기술에도 우수한 재능을 발휘했다.

국경에 얽매이지 않는 사람들

집시란?

12세기 무렵에 알려진, 각지를 이동하면서 생활하는 민족. 이집트 출신임을 자칭함으로써 이러한 이름이 붙여졌다. 현재는 로마, 로마니 등으로 불린다.

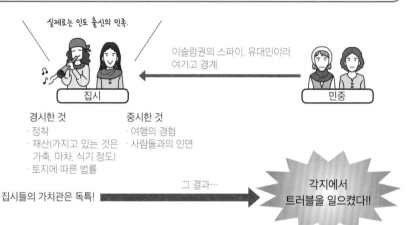

실제로는 인도 출신의 민족.

이슬람권의 스파이, 유대인이라 여기고 경계.

집시 ← 민중

경시한 것
· 정착
· 재산(가지고 있는 것은 가축, 마차, 식기 정도)
· 토지에 따른 법률

중시한 것
· 여행의 경험
· 사람들과의 인연

집시들의 가치관은 독특! → 그 결과… → **각지에서 트러블을 일으켰다!!**

집시의 생활과 정착민과의 마찰

● 집시의 주요 직업
· 바이올린 악사
· 댄서
· 동물 조련사
· 땜장이
· 말 중매

천민의 직업이라 여겨서 차별. 땜장이, 말 중매에 관해서는 평가.

 집시 ← 민중

충돌을 피하기 위해서 두더지와 까마귀 등 혐오하는 동물을 식량으로 삼는다.

집시 → 민중

받아들인다. ↓ ↑ 유입한다.

범죄자, 방랑자

범죄자들의 유입과 「땅에 떨어져 있었다」라면서 가축과 작물을 가지고 가는 시니컬함이 집시를 한층 더 차별 및 경계하는 상황으로……

관련 항목
● 가축 → No.034

거지와 빈민

중세의 거지와 빈민은 봉사활동의 장을 추구하는 사람들에게 필수불가결한 존재였다. 그러나 그 선의는 악덕한 자들을 끌어들인다.

● 필요한 존재였던 빈민과 선의를 탐하는 자

현대 사회에서 거지와 빈민이라는 단어는 일종의 금기시로 취급된다. 빈곤에 의해 생활이 궁핍한 자를 차별하는 단어로 여기기 때문이다. 하지만 중세 세계에 있어서 거지와 빈민은 그러한 언어상의 동정을 기뻐하는 존재가 아니었다. 그들은 사회 구조상 필요했던 인종이며 특수한 지식으로 역할을 연기하는 어떤 의미로는 직업이라고 할 수 있는 계층이었다.

중세 유럽의 정신 규범인 그리스도교에서는 「재산을 가진 자에게 천국의 문은 열리지 않는다」고 하는 사상이 존재한다. 그 때문에 유복한 자들은 교회에 기부하고, 거지와 빈민에게 봉사함으로써 천국으로 가는 문이 열리기를 바랐다. 즉 빈민은 불행으로 인해 태어난 사람들이면서 절대적으로 필요한 존재이기도 했던 것이다. 그래서 교회는 적극적으로 빈민들에게 빵을 나눠주고 도시가 발달한 후에는 부유층 상인들이 합심하여 빈민 구제 조직을 만들어 그들을 받아들였다. 이로 인해 다수의 공동체에서 일을 할 수 없는 사람들이 구원을 받게 된다. 그러나 이 봉사활동은 스스로 거렁뱅이짓을 하여 적선을 받는 프로 집단을 탄생시키게 된다.

프로 거지들은 무언가의 문제로 공동체에 있을 수 없게 된 자와, 범죄자, 방랑자들로 구성된 일종의 사기꾼이다. 그들은 아무 연고도 없는 도시에 숨어들어 진짜 빈민에 섞여서 적선을 받았다. 빈민을 사칭하는 수단도 다양하여 손발을 묶어서 불구를 가장하거나 간질 환자 행세를 하거나 오물을 뒤집어써서 난치병에 걸린 척하거나 미친 척하거나 임신부를 가장하는 등 여러 가지 방식을 동원했다. 게다가 적선을 거절하면 집단으로 소란을 피우고 교회와 거리에 불을 지르는 등 무리지어 위협을 할 지경에 이르렀다. 사태를 무겁게 여긴 도시의 권력자들은 현지 출신의 거지에게 증명서를 내리게 된다. 그러나 실제로는 구별해내기가 매우 힘들었다.

사회 구조상 필요해진 사람들

거지, 빈민이란?

생활이 궁핍한 자. 그러나 중세 유럽에서는 사회구조상 필요했던 사람들. 특수한 지식으로 역할을 연기하는 어떤 의미로는 직업의 일종.

「재산을 가진 자에게 천국의 문은 열리지 않는다」
정신적 규범인 그리스도교의 사상

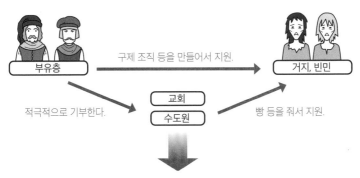

이런 상황을 이용하는 「프로」 집단이 등장한다!

빈민 비즈니스와 투쟁

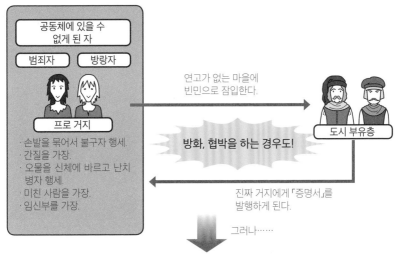

진짜 거지, 빈민과 가짜를 구별하는 것은 어려웠다……

관련 항목
● 상인 → No.051
● 치료원과 봉사활동 → No.084

No.057

도시의 삶

도시에서의 생활은 계층적이다. 도시라고 하는 하나의 생활공간 속에서 민중은 자신이 속하는 계층에서 맡은 일에 매진했다.

● 도가니 속에서의 삶

다양한 사람들이 각각의 집단 속에서 살아가는 도시에 있어 주민의 삶은 동일하지 않았다. 도시의 성립배경에 따라서 정치체제도 크게 달라진다.

도시 생활 사이클을 지배했던 것은 도시 중심부의 대성당과 수도원에서 행하는 일과의 기준이 되는 종루 소리였다. 이 종소리는 매일 일정 사이클로 울리기에 시간을 확인하기 좋은 지표였다. 또한 교회는 도시 공동체의 정신적인 지주이기도 했으며 제례와 시민 집회의 장으로서 그들의 교류와 단결에 도움을 주었다. 또한 14세기에는 교회의 종뿐만이 아니라 시청사에도 공공 시계가 설치된다.

도시 내부는 복잡하며 위생이 불량한 경우가 많다. 대로는 번화하고 활기에 넘치지만 교외와 막다른 골목 같은 곳은 밤이 되면 위험지대가 된다.

도시 귀족이라 불리는 유력 상인과 토지 소유자들은 가업에만 힘을 쏟는 것이 아니라 시민으로서 평의회 멤버가 되어 도시 운영에도 참여했다. 길드에 소속하는 상공업자도 그들과 마찬가지로 정치에 깊이 관여했으며 도시의 치안과 자신의 이익 추구를 위한 활동 및 법 정비에 힘을 기울였다. 영주가 존재하며 그 권력이 강한 도시에서는 영주와 평의회가 종종 대립했다. 교역과 상업 추진을 위해서 치안을 중히 여기는 시민과 무력에 의한 약탈 등도 경제 활동으로 생각하는 영주와는 지향하는 방침이 달랐기 때문이다. 그들은 때때로 자신이 고용한 부하를 내세워 서로 간에 무력투쟁을 하는 경우도 있었다. 이런 식의 분쟁은 시민들이 운영하는 길드 간에서도 확인된다.

이러한 정치에 관여할 힘이 없는, 시민이라고 부를 수도 없는 하층 노동자들의 생활은 조심스러웠다. 그들은 형제단을 만들어 연회를 열거나 서로 간에 원조를 하기도 했다. 하지만 한층 더 가난한 자들과 피차별 계층은 이조차 바랄 수 없어 유력자의 자비에 의지하든지 범죄에 몸을 맡기는 수밖에 없었다.

도시에서 생활하는 사람들

도시의 생활환경(지도는 사례 중 하나)

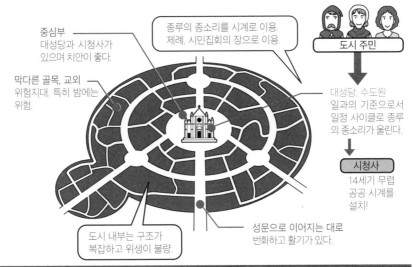

중심부
대성당과 시청사가
있으며 치안이 좋다.

막다른 골목, 교외
위험지대. 특히 밤에는
위험.

종루의 종소리를 시계로 이용.
제례, 시민집회의 장으로 이용.

도시 주민

대성당. 수도원
일과의 기준으로서
일정 사이클로 종루
의 종소리가 울린다.

시청사
14세기 무렵
공공 시계를
설치!

도시 내부는 구조가
복잡하고 위생이 불량.

성문으로 이어지는 대로
번화하고 활기가 있다.

도시를 지배하는 정치와 주민들

● 도시 성립 배경에 따라서 정치 체제가 다르다.

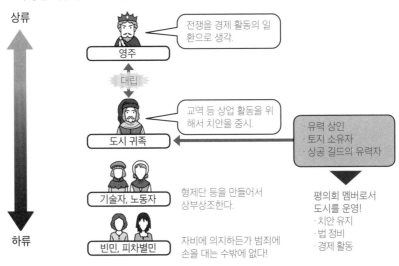

상류

영주

전쟁을 경제 활동의 일
환으로 생각.

대립

도시 귀족

교역 등 상업 활동을 위
해서 치안을 중시.

· 유력 상인
· 토지 소유자
· 상공 길드의 유력자

기술자, 노동자

형제단 등을 만들어서
상부상조한다.

평의회 멤버로서
도시를 운영!
· 치안 유지
· 법 정비
· 경제 활동

하류

빈민, 피차별민

자비에 의지하든가 범죄에
손을 대는 수밖에 없다!

관련 항목
● 시장과 평의회 → No.049
● 거지와 빈민 → No.056
● 형제단과 결사 → No.074
● 교회와 수도원의 시설 → No.081
● 영주 → No.091

도시의 주거

성벽에 둘러싸인 도시는 토지 면적이 한정되어 있다. 그 때문에 시민들의 집은 바닥 면적이 좁고 높게 올리는 경향이 있었다.

● 좁은 토지에 높게 솟구치는 시민의 집

도시 생활자의 대부분은 기술자와 상인 같은 장사꾼과 그 밑에서 일하는 사람들이었다. 그로 인해 주거환경도 공방과 상점으로서의 기능을 갖춘 경우가 많다.

이러한 건물은 도로와 직면하는 토지에 무계획적으로 세워졌으며 도시를 어두운 미로처럼 만드는 원인이 되었다. 한정된 토지를 효율 좋게 사용하기 위해서 도시의 집은 대부분 박공지붕에 3층 또는 4층으로 짓는 고층화 경향이 있었다. 일반층 가옥의 대부분은 목조이며 1층은 작업장, 창고, 점포로 사용했고 2층 이상은 생활공간으로 취급했다. 도로로 나 있는 방향에는 창이 있는 커다란 방이 하나 배치되어 있으며 이곳이 주인가족의 거실이 되었다. 그 뒷공간에는 창이 없는 부엌 등이 들어간다. 부엌의 개방형 화로와 난로는 풍부한 열을 제공하므로, 그 윗방은 난방이 되는 거실로 이용하였다. 그 주변 방과 4층의 방은 하숙인과 제자들이 머무는 방이 된다. 이러한 고층 건물은 필요에 따라서 확장을 한 것이므로 밸런스가 나빴으며 이따금 이웃 부지에 아슬아슬하게 걸치는가 하면 도로를 뒤덮는 지붕처럼 돼버리는 경우도 있었다. 이러한 가옥 중에는 1층의 점포와 작업장에는 상하가 갈라져 있는 셔터를 단 곳도 있다. 이는 열으면 위의 셔터는 차양으로, 아래 셔터는 상품을 진열하는 받침대가 되었다. 부유층의 가옥도 기본적으로는 큰 차이가 없지만 그들의 저택은 돌로 만들었고 뒷뜰과 별가 등도 갖추고 있다. 또한 탑 등 방위 시설이 부수적으로 설치된 경우도 있었다. 한편 토지면적이 부족한 일반 가옥은 채광 목적도 겸해서 가옥 안에 자그마한 안뜰을 만들었다.

가재도구로는 귀중품과 의류를 넣는 서랍장과 분해식 침대, 식기류와 조리 도구, 테이블, 의자 등이 있다. 여기에 직업에 따라 작업용 공구와 금고 등을 보유한다. 우물이 있는 집이 아직 부족하여 물은 도시 광장의 분수 같은 곳에서 퍼 온다. 화장실은 돌출창식이나 옥외식이며 야간에는 변기와 요강을 사용했다.

일반적인 도시 가옥

좁은 공간을 유용하게 활용하기 위해서 다수의 건물이 고층화!

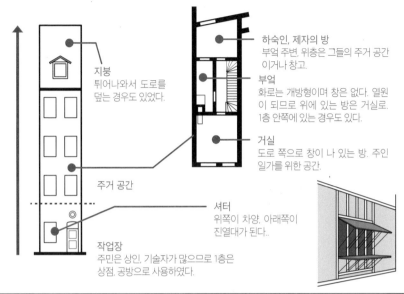

지붕
튀어나와서 도로를 덮는 경우도 있었다.

주거 공간

작업장
주민은 상인, 기술자가 많으므로 1층은 상점, 공방으로 사용하였다.

하숙인, 제자의 방
부엌 주변. 위층은 그들의 주거 공간이거나 창고.

부엌
화로는 개방형이며 창은 없다. 열원이 되므로 위에 있는 방은 거실로. 1층 안쪽에 있는 경우도 있다.

거실
도로 쪽으로 창이 나 있는 방. 주인 일가를 위한 공간.

셔터
위쪽이 차양, 아래쪽이 진열대가 된다..

그 외 가옥 사정과 도시 주민들의 소유물

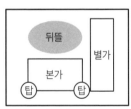

부유층 주택 사례
돌로 만들고 방어용 탑을 갖추고 있다. 옆집을 사서 별가로 사용하며 뒤뜰이 있다.

주택의 물 사정
·개인이 우물을 보유하는 경우는 적다.
·통상적으로는 광장의 분수 등에서 퍼 온다.

주택의 화장실 사정
·돌출창식이나 안뜰에 설치.
·야간에는 변기와 요강을 사용.

일반 주택 사례
부유층과 마찬가지로 채광용 뒤뜰을 만들지만, 증축과 토지면적 관계로 안뜰이 되며 면적도 작아진다.

도시 주민의 주요 사유 재산
· 작업용 공구(기술자의 경우)
· 금고(상인, 귀금속 기술자들의 경우).
· 서랍장(귀중품, 의류 수납).
· 분해식 침대.
· 식기류, 조리도구.
· 테이블, 의자 등의 가구.

관련 항목

● 상인 → No.051　　　　● 기술자 → No.052

도시의 시설

중세도시는 방위를 위한 시설 안에 시민의 집이 빼곡하게 채워져 있었다. 너저분한 골목은 좁지만 활기가 넘친다.

● 복잡한 방위 도시

중세 유럽은 항상 방어에 신경을 쓰던 시대라 일컬어진다. 중세 초기 이민족 유입에 의한 동란을 극복하고 새로운 질서를 초래한 카롤링거 왕조 시대 후조차 유럽의 대지는 안전하다고는 말하기 힘들었다. 영주 간의 소소한 분쟁과 약탈, 산적 횡행, 늑대 등 다양한 존재로부터 몸을 지키지 않으면 안된다. 그 때문에 다수 도시의 주변은 성벽으로 둘러싸여 있었다. 성벽에는 거대한 성문이 있으며 유입자들을 선별한다. 이 성문은 방어상의 문제로 수가 적고 야간에는 닫힌다. 성벽에는 방위를 위한 탑 등을 설치한 경우도 있다. 거리가 비좁아지면 그 주변에 새로운 시가지와 성벽을 만들었다.

도시 중심부는 그 도시의 성립 경위에 따라서 다르다. 구 로마의 시가지에서 발전한 주교 주재도시라면 크게 개방되어 있는 중앙 광장에 주교가 머무르는 대성당이, 신흥 자치도시라면 시청사가 자리 잡고 있다. 시청사에는 거대한 종루가 있으며 집회소와 피난소, 감옥으로서 기능한다. 중앙 광장은 시민의 교류의 장이기도 하며 지붕이 있는 중앙 시장, 처형장 등도 만들어져 있다. 중앙 광장에서 거미줄처럼 도로가 뻗어나가며 몇 개의 도로가 겹치는 지역에는 광장과 공공으로 물을 긷는 장소가 있다. 상수도만이 아니라 하수도를 갖춘 도시도 있다. 또한 그 주변의 탁 트인 장소에는 부자들의 집과 교회, 수도원이 세워져 있다. 수도원에는 빈민 구제를 위한 치료원도 병설되어 있다. 복잡한 도로를 따르듯이 세워져 있는 시민의 집은 성벽으로 둘러싸여 있기에 좁고 높게 지어져 있다. 도로 주변의 집은 각각 동일한 업종의 기술자가 모여 살고 있으며 그 거리의 특색이 되었다. 도로에는 포장마차와 노점도 줄지어 있으며 선술집과 목욕탕도 사방에 보였다. 학교는 수도원에 병설되어 있지만 대학은 교수의 자택이나 광장이 교실이 된다. 도시 근교에는 죽은 자들을 위한 묘지와 빈민굴이 있으며, 빈민과 범죄자들이 우글거렸다.

도시와 방위

중세 유럽은
아직 위험이 많다.

↓ 그래서……

도시에는 다양한 방위
시설이 만들어져 있다!

· 영주 간의 소소한 분쟁.
· 도적 횡행.

· 늑대 같은 야수.

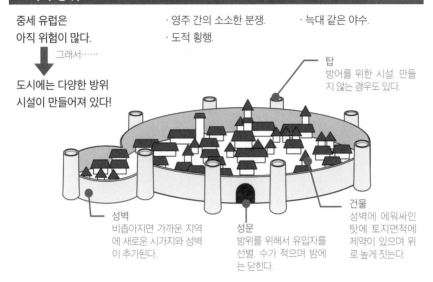

탑
방어를 위한 시설. 만들
지 않는 경우도 있다.

성벽
비좁아지면 가까운 지역
에 새로운 시가지와 성벽
이 추가된다.

성문
방위를 위해서 유입자를
선별. 수가 적으며 밤에
는 닫힌다.

건물
성벽에 에워싸인
탓에 토지면적에
제약이 있으며 위
로 높게 짓는다.

도시 안의 시설

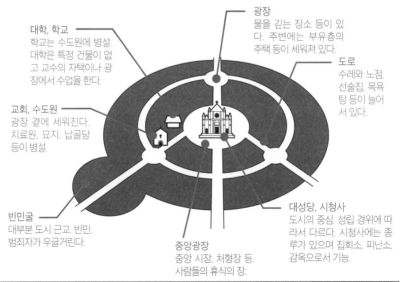

대학, 학교
학교는 수도원에 병설.
대학은 특정 건물이 없
고 교수의 자택이나 광
장에서 수업을 한다.

교회, 수도원
광장 곁에 세워진다.
치료원, 묘지, 납골당
등이 병설.

광장
물을 긷는 장소 등이 있
다. 주변에는 부유층의
주택 등이 세워져 있다.

도로
수레와 노점.
선술집, 목욕
탕 등이 늘어
서 있다.

대성당, 시청사
도시의 중심. 성립 경우에 따
라서 다르다. 시청사에는 종
루가 있으며 집회소, 피난소,
감옥으로서 기능.

빈민굴
대부분 도시 근교. 빈민,
범죄자가 우글거린다.

중앙광장
중앙 시장, 처형장 등.
사람들의 휴식의 장.

대학과 학문

중세시대의 교육은 교회에 의지하는 부분이 컸다. 그러나 도시에서 발전한 대학은 교육의 새로운 형태로서 급속하게 힘을 얻게 된다.

● 새로운 지식의 전당

중세 초기, 학문은 교회와 수도원에 부속되어 있는 학교에서 배우는 것이었다. 학생은 성직자와 귀족의 자제로 성직자 육성의 장에 지나지 않았다. 그러나 중세 중기 이후 힘을 얻은 시민이 학교에 다니거나 교사를 고용해서 교습을 받게 된다. 이윽고 그들은 하나의 교육 센터를 형성한다. 바로 대학이다.

대학은 교사와 학생의 동업자 조합이면서도 교황 직속 기관으로서 독자적인 경찰권을 지니며 재판에서는 교황이 직접 판결을 내렸다. 교수를 선택하는 권한과 학위 수여 독점권을 가진다. 여기서 얻은 자격은 교황이 보증하는 보편적인 것으로 어느 나라에서도 통용된다. 이 때문에 당시의 대학은 「보편 학교」라 불렸다. 졸업한 학생들은 이 자격을 살려서 관리와 서기, 성직자가 되었다.

대학에는 기초가 되는 교양 학부와 이를 이수한 후에 배우는 상위 신학부, 법학부, 의학부 등의 과목이 있다. 교양 학부에서는 자유 7과(문법, 습자학, 변론학, 산술, 천문학, 기하학, 음악학)를 배운다. 상위 학부는 대학마다 특색이 있으며 학생이 교사를 고용하는 형태로 발전한 볼로냐는 세속적인 법학, 교회의 영향이 강한 파리는 신학이 유명했다. 또한 이 둘은 가장 오래된 대학으로도 유명하다. 살레르노와 몽펠리에는 의학부로 잘 알려져 있다. 이외에도 옥스퍼드, 케임브리지, 나폴리 등의 대학이 있다.

다른 학교에서 초등 교육을 마친 학생은 대체로 14세에 입학하여 교양학부에서 20세까지 학습한다. 상위 학부의 학습기간은 길며 가장 난관인 신학부는 35세 정도까지 재적했다. 당연히 수도사와 박사로 가는 관문은 좁고 수도사가 될 수 있는 사람은 4분의 1, 박사는 극히 일부의 학생만이 될 수 있었다. 또한 학업에는 돈이 들어가며 빈곤한 학생은 책을 필사하여 돈을 벌었다. 그런 가난한 학생들을 수용하는 기숙사가 탄생하자 그들이 크게 의지할 곳이 된다. 하지만 학생들은 학문을 배우는 사람으로서뿐만이 아니라, 집단으로 소란을 일으키는 골칫덩어리로도 널리 알려져 있었다.

대학의 탄생

교육의 장은 교회. 학생은 성직자 후보.

시민도 교사를 고용하여 교육을 받게 된다.

학생과 교사 그룹이 하나의 학습 그룹을
형성하게 된다.

대학 탄생!

대학의 권한

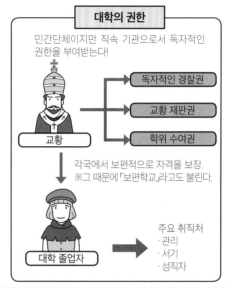

민간단체이지만 직속 기관으로서 독자적인
권한을 부여받는다!

교황

→ 독자적인 경찰권
→ 교황 재판권
→ 학위 수여권

각국에서 보편적으로 자격을 보장.
※그 때문에 「보편학교」라고도 불린다.

대학 졸업자

주요 취직처
· 관리
· 서기
· 성직자

주요 대학과 과목

~13세	초등교육

대학

14~20세

교육 학부
· 문법　　· 천문학
· 습자학　· 기하학
· 변론학　· 음악학
· 산술

21~35세

상위 학부
· 신학　　· 의학
· 법학

이러한 학문을 배우려면 당연히 비용이 들
어간다. 그래서 가난한 학생은 책을 필사하
는 등의 일을 하며 돈을 모았다.

여러 지방에서 모여든 학생들은 주변 주민
에게 있어 집단으로 소란을 일으키는 골칫
덩어리 같은 존재!

중세의 주요 대학

개중에서도 중세 초기의 대학으로 주목받은
볼로냐와 파리는 독자적인 지위를 구축했다.

관련 항목
● 동업자 조합 제도 → No.067
● 교황 → No.077
● 성직자 → No.079

스콜라 철학

암흑시대라 불리던 중세이지만 다양한 지적 활동이 행해졌던 시대이기도 하다. 스콜라 철학은 그때 태어난 사색과 논의의 학문이다.

● 철저한 분석과 논의로 이루어진 학문

스콜라 철학은 11세기 후반에 탄생한 중세의 대표적인 학문이다. 이 시대에 유럽 사회는 십자군 원정으로 동방의 문화를 접하여 막대한 문화적 자극을 받았다. 또한 그레고리오 개혁으로 인한 종교계의 쇄신, 지적 활동의 환기는 다양한 학문과 학파를 탄생시키게 된다.

스콜라 철학은 「학교」를 의미하는 라틴어가 어원이며 교회와 수도회 부속 학교, 도시의 대학 내에서 발전했다. 스콜라 철학의 목적은 그리스도교에 내려오는 교리를 이성적으로 분석하여 그 진실을 논증하는 것이다. 중핵이 되는 사상은 종교적인 심리와 이성에 의한 분석을 융화하여 결론을 내리는 것이었다. 스콜라 철학의 기본은 문장으로 호소하는 주장을 다각적으로 검증하여 그 진실을 추궁하는 것이다. 그 때문에 목적이 되는 문장을 꼼꼼히 읽을 뿐 아니라 용어와 사상의 정의, 구별, 증명 등을 행하고 주석을 달음으로써 문제점을 파헤친다. 그리고 다른 주석자에 의해 발생하는 모순은 서로 간에 논의를 거쳐서 최종적인 합의점을 도출한다. 이렇게 분석과 논의로 이루어지는 학문은 신학을 뛰어넘는 분야에서도 활용되고 있다. 중세에 발전한 도시 학생들의 전당인 대학에서는 인문학과의 교과로 채택되어 문법, 습자학, 변론학의 3학, 산술, 천문학, 기하학, 음악학의 4과로 구성된 자유 7과에서 크게 활용되었다.

스콜라 철학은 중세 초기부터 근세에 이르는 동안에 크게 4가지의 흐름으로 나누어진다. 11세기에서 12세기에 걸쳐 가장 초기의 스콜라 철학은 신학과 철학이 아직 나누어지지 않았으며, 주제의 옳고 그름에 대한 결론을 내리는 것으로 일관했다. 가장 전성기라 일컬어지는 13세기에는 아리스토텔레스 철학에 도입되어 체계화된 숨마(대전)라고 하는 응답집이 무수히 생겨났다. 후기에는 이중진리론에 의한 합리화가 진행되었으며, 근세로부터 현대에 이어지고 있다.

스콜라 철학의 탄생과 의의

스콜라 철학이란?

그리스도 교회에 내려오는 교리를 이성적으로 분석하여 그 진실을 논증하기 위한 학문. 「스콜라」는 라틴어로 「학교」라는 의미.

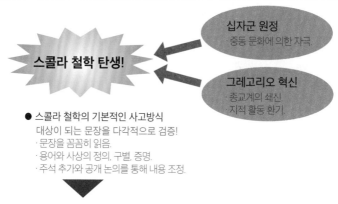

십자군 원정
·중동 문화에 의한 자극.

스콜라 철학 탄생!

그레고리오 혁신
·종교계의 쇄신.
·지적 활동 환기.

● 스콜라 철학의 기본적인 사고방식
대상이 되는 문장을 다각적으로 검증!
·문장을 꼼꼼히 읽음.
·용어와 사상의 정의, 구별, 증명.
·주석 추가와 공개 논의를 통해 내용 조정.

종교적인 진리+이성에 의한 분석에 근거하여 결론!!

스콜라 철학의 흐름

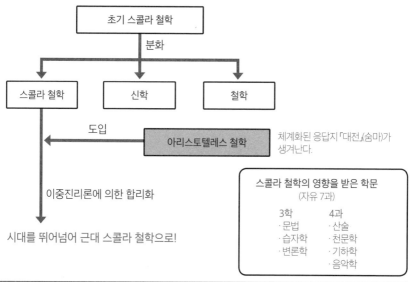

초기 스콜라 철학

분화

스콜라 철학　신학　철학

도입　아리스토텔레스 철학　체계화된 응답지 「대전(숨마)」가 생겨난다.

이중진리론에 의한 합리화

스콜라 철학의 영향을 받은 학문
(자유 7과)

3학　　4과
·문법　·산술
·습자학　·천문학
·변론학　·기하학
　　　·음악학

시대를 뛰어넘어 근대 스콜라 철학으로!

관련 항목
● 대학과 학문 → No.060

133

도시의 식사

다양한 사람들이 유입되는 도시에서는 식사 양식도 다양했다. 호화로운 식사는 귀족들에게도 뒤지지 않는다. 선술집과 노점도 식사의 장이었다.

● 잡다하고 북적이는 식탁

잡다한 주민이 모이는 도시의 식사는 그 계층과 경제력에 따라서 다양하다. 그러나 자급자족인 농촌과는 다르게 전문 장사꾼에게 돈이나 다른 대가를 지불하고 식사와 식재료를 구입하는 것이 일반적이었다. 식료품을 취급하는 업자는 여러 종류가 있으며 생선과 채소, 소금과 향초, 우유와 와인, 기름 등은 상설 영업하는 식료품점에서 구입할 수 있다. 또한 외부 행상인에게서도 구입했다. 특히 고기는 대량으로 소비되었기에 정육점은 큰 힘을 가지고 있었다. 주식인 빵도 전문 빵 기술자에게 빵가루를 가져가서 굽게 하든지 이미 만들어진 빵을 구입한다. 도시의 빵 기술자들은 기교를 부린 빵을 만들었지만 가난한 사람들은 마을 빵집이 팔러 오는 소박하고 커다란 시골 빵을 좋아했다. 중세 중기에 들어 전문 요리사도 등장하여 유복한 계층의 가정과 선술집 등에서 실력을 뽐내게 된다. 또한 파이 같은 가벼운 음식과 간단한 고기 요리도 노점에서 판매하게 되어 부담 없이 구입하는 것이 가능해졌다. 이러한 식품은 평의회에 의해 관리되며 일정 수준의 질과 가격을 유지하도록 지도하였지만 교활한 장사꾼들이 많아 질과 양을 속이는 경우도 적지 않았다.

유복한 계층이 즐겨먹던 식사에 관해서는 14세기 말 상류 시민 계급인 메나지에 드 파리(파리의 가장)라고 하는 인물이 남긴 가훈서를 통해서 알 수 있다. 그들은 대연회를 좋아했으며 요리는 호사로웠고 메뉴는 장황했다. 내장 요리와 푸딩, 소시지를 시작으로 소, 사슴, 돼지, 닭과 거위, 학, 장어와 청어, 그 외 다양한 생선, 고기가 들어가거나 들어가지 않은 포타주, 파이와 각종 솜씨를 부린 요리를 먹었다. 과일은 살구, 앵두, 복숭아, 자두, 배, 과자류는 웨하스 등이 있다.

한편 빈곤층은 스스로 식자재를 얻을 기회도 없기에 성직자와 부유층이 설립한 치료원에서 베풀어주는 간소한 수프와 빵으로 연명했다.

도시 환경을 둘러싼 식사

잡다한 사람들이 살고 있는 도시에서는 식사의 형태가 다양.
식자재와 식사를 여러 장소에서 제공받았다.

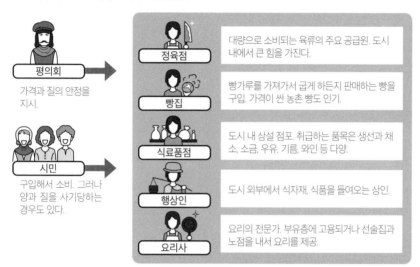

평의회

가격과 질의 안정을
지시.

시민

구입해서 소비. 그러나
양과 질을 사기당하는
경우도 있다.

정육점
대량으로 소비되는 육류의 주요 공급원. 도시
내에서 큰 힘을 가진다.

빵집
빵가루를 가져가서 굽게 하든지 판매하는 빵을
구입. 가격이 싼 농촌 빵도 인기.

식료품점
도시 내 상설 점포. 취급하는 품목은 생선과 채
소, 소금, 우유, 기름, 와인 등 다양.

행상인
도시 외부에서 식자재, 식품을 들여오는 상인.

요리사
요리의 전문가. 부유층에 고용되거나 선술집과
노점을 내서 요리를 제공.

부유층과 빈곤층의 식사

부유층

부유층은 대연회를 좋아하고 그 재력을 살려서 많은 식자
재와 요리를 메뉴에 포함하고 있다.

● 식자재·요리 사례(14세기 상류 시민 계급의 경우)

전채 내장 요리, 푸딩, 소시지　　**수프** 고기를 넣거나 안 넣은 포타주
고기 소, 사슴, 돼지, 닭, 거위, 학　**과일** 살구, 앵두, 복숭아, 배 등
생선 장어, 청어　　**과자** 웨하스

빈곤층

요리를 구입할 수 없는 빈곤층은 성직자과 부유층이 설립한
치료원에서 베푸는 적은 양의 식사로 연명했다.

관련 항목
● 화덕과 빵 → No.033
● 가축 → No.034
● 시장 → No.066
● 화폐제도와 환전 → No.072

도시의 의복

도시민의 복장은 규제로 인하여 신분마다 색채와 소재가 정해져 있었다. 그러나 그들은 그러한 제한 속에서도 다양한 궁리를 꾀했다.

● 색채와 소재에 따라서 구분된 의복

중세 도시 주민의 의복은 귀족과 농민의 중간에 해당한다고 볼 수 있다. 그들의 의복은 의복규제령에 의해 어느 정도 기준이 정해져 있으며 소속하는 계층과 재산에 걸맞는 복장을 입어야 했다. 그렇다고는 해도 이는 시민끼리 경쟁적으로 사치를 조장하는 것을 경계하기 위한 자기 규제에 지나지 않았기에 그렇게까지 엄격한 것은 아니다. 규제 사례로는 다람쥐의 모피인 베일(하얀 복부 털)과 그리(회색의 등털), 어민(흰 담비) 등의 모피와 비단 사용 금지 등이 있다. 진홍은 고귀한 색이며 시민은 사용할 수 없었다. 황색, 줄무늬 모양도 피차별 대상자 구별에 사용했으며 광대와 예인, 병사, 점원 같이 사회적으로 낮은 입장의 사람들, 또는 미숙한 아이들밖에 사용할 수 없다. 의상의 좌우 색을 분할하는 파티 컬러라 불리는 디자인도 줄무늬의 일종으로 여겼기에 패션에 도입된 것은 귀족들이 자신들의 문장을 모방해서 사용하게 된 13세기 이후였다. 이렇게 소재와 색채를 제한하였기에 도시 주민들은 자수 등의 디자인에 공을 들였다.

디자인적으로는 상층 계층은 귀족을 따랐다고도 볼 수 있는 복장이 많다. 움직이기 쉬운 코트라고 불리는 상의를 주체로 남성이라면 브레라고 하는 짧은 바지를 입는다. 14세기에 이르러 신체 라인에 딱 맞는 의류가 유행하고 단추를 주렁주렁 달아 화려한 코타르디와 푸르푸앵이 출현했다. 여성의 복장도 가슴이 깊이 파인 관능적인 옷이 나돌았다. 복장이 신체에 타이트하게 밀착하게 된 관계로 그 위에 작업용, 방한용으로 소매 없는 긴 서코트와 가르드 로브라고 하는 여성용 앞치마를 입었다. 또한 남녀 모두 머리를 덮는 모자를 쓴다.

도시 남녀의 일반적인 의복

> 중세 도시의 의복은 소속하는 계층과 재산에 따라서 규제가 있었다.

규제 대상 사례

모피	→	고가인 다람쥐와 흰 담비 등의 모피가 금지되었지만 부유층은 신경 쓰지 않고 사용했다.
진홍	→	진홍은 고귀한 색이기에 시민은 사용 금지.
황색, 줄무늬 모양	→	피차별 대상자를 구별하거나 사회적으로 낮은 입장에 있는 자가 사용.

소재와 색을 제한했기 때문에 자수 등의 디자인에 공을 들인다.

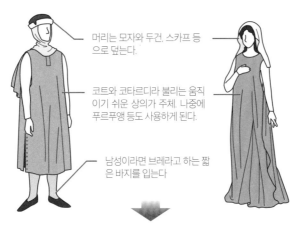

머리는 모자와 두건, 스카프 등으로 덮는다.

코트와 코타르디라 불리는 움직이기 쉬운 상의가 주체. 나중에 푸르푸앵 등도 사용하게 된다.

남성이라면 브레라고 하는 짧은 바지를 입는다

시대가 흐름에 따라 신체 라인에 딱 맞는 의류가 유행.

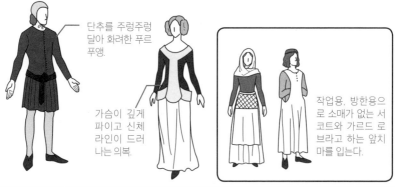

단추를 주렁주렁 달아 화려한 푸르푸앵.

가슴이 깊게 파이고 신체 라인이 드러나는 의복.

작업용, 방한용으로 소매가 없는 서코트와 가르드 로브라고 하는 앞치마를 입는다.

관련 항목

● 농촌의 의복 → No.037　　　　　　● 성의 의복 → No.102

도시의 오락

활기 넘치는 도시에는 다양한 오락도 넘쳐난다. 현대 시점에서 보면 간소하게 보이는 오락이라 해도 시민들은 매우 재미있게 즐겼다.

● 도시의 일상을 물들이는 오락

다양한 계층의 주민들이 모여 있는 도시의 오락은 역시나 다양한 종류가 있었다. 하지만 기본적으로 현대의 오락보다는 단순하고 신체를 사용하는 것이 많다.

도시 최대의 오락은 누가 뭐라 해도 축제이다. 축제 기간에는 교회에 무대가 설치되어 전례극이 공연되었다. 이 연극은 시민들이 연기를 하며 신분 차이 없이 모두 함께 연극을 즐겼다. 곡예사와 동물 조련사, 음유시인 등의 공연도 인기를 끌었다. 또한 축제는 아니지만 왕족의 퍼레이드, 죄인의 처형 등도 어른부터 아이에 이르기까지 다수의 구경꾼이 모여들었다.

일상생활에서는 선술집과 대중목욕탕도 오락이자 중요한 교류의 장이었다. 선술집은 술을 마시면서 다양한 계층의 사람들과 대화를 즐길 뿐 아니라 주사위로 하는 도박도 성행했다. 애초에 선술집은 도박 전문 사기꾼의 근거지이기도 하므로 대부분은 돈을 잃을 뿐이었지만. 대중목욕탕은 신체를 청결하게 할 뿐 아니라 사혈 등의 간단한 의료행위도 받을 수 있었다. 또한 호색한 남성진에게는 창녀와 재미를 보는 곳이기도 했다. 이는 나중에 금지되지만 전문 창관도 많았기에 이용하는 데 그리 어렵지는 않았다.

아이는 오락에 있어 최고의 발명자다. 아이들은 공 차기와 술래잡기, 줄넘기에 죽마, 활과 바람총을 구사하는 과녁 맞히기, 그네타기 등 현대와 마찬가지로 다양한 놀이에 빠져 있었다. 봄이 되면 교외로 나가서 곤충을 잡아 끈에 달아서 논다든가, 갈댓잎 피리를 불기도 했다. 이런 아이들의 놀이는 어른들에게도 충분한 오락거리가 됐다. 뜀박질과 돌 던지기, 볼링에 격투기 등 많은 어른이 그러한 묘기를 경쟁했다. 이는 내기 대상이 되어 경기를 한층 익사이팅하게 만들어준다.

애완동물도 오락거리라 할 수 있다. 일반적으로는 개와 고양이다. 하지만 들개는 광견병의 매개체로서, 고양이는 그 신비적인 요소 때문에 박해를 받는 경우도 있었다.

축제와 일상에서 어른이 즐긴 오락

주요 이벤트

축제는 도시 시민들의 커다란 오락.
이때 벌어지는 이벤트에 모두 박수갈채를 보냈다.

축제 시의 이벤트
전례극　　　　　　예인의 공연

축제 이외의 이벤트
퍼레이드　　　　　죄인 처형

일상의 오락

어른의 오락은 사교장이 중심.
선술집과 대중목욕탕은 오락의 전당이었다.

주요 오락 종류
음주　　　　　　　입욕
소문 얘기　　　　　사혈
도박　　　　　　　창부

아이들의 놀이와 스포츠

현대와 마찬가지로 아이들은 놀이의 천재.
또한 아이들의 놀이는 어른에게도 오락이 되었다.

아이들

주요 오락 종류
공놀이　　　　　　그네
줄넘기　　　　　　곤충놀이
술래잡기　　　　　악기연주
죽마　　　　　　　과녁 맞히기

어른도 즐겼던 오락
뜀박질　　　　　　볼링
돌 던지기　　　　　격투기

곤충놀이　　　　　구기

이외에도 개와 고양이 같은
애완동물을 기르는 것도 유행!

관련 항목

● 농촌의 축제와 오락 → No.038
● 창부 → No.054
● 대중목욕탕 → No.065
● 음유시인과 광대 → No.096

대중목욕탕

중세의 유럽에서 목욕은 그다지 특별한 것이 아니었다. 누구나 입욕을 즐기고 그 따스함이 주는 은혜를 받았다.

● 목욕은 누구나 즐기는 오락

흔히 불결하다 여겨지는 중세 세계지만 목욕은 대중에게 커다란 오락이었으며 일반적인 존재였다. 이는 일부 귀족에 한정된 얘기가 아니다. 시민과 농민에 이르기까지 따스하며 덤으로 몸단장까지 할 수 있는 목욕의 은혜를 받았다. 다만 개인 욕탕은 적고 대부분 전문 목욕탕을 이용했다.

중세 유럽에 있어서 입욕은 아침 일찍 이루어졌다. 이는 유럽 사람들이 피로를 풀기 위해서라기보다는 몸을 단정히 하기 위해서 입욕하는 것에 기인하고 있다. 아침 일찍 준비를 마치면 대중목욕탕은 큰 소리로 손님을 불렀다. 그러나 노상강도 피해를 방지하기 위해서 새벽녘의 호객은 금지되어 있다. 대중목욕탕은 농촌의 소규모 목욕탕부터 시가지의 대규모 목욕탕까지 제각각으로 그 형태도 꽤나 다르다. 농촌의 목욕탕은 강가에 있으며 빵집도 겸했다. 빵집의 목욕탕은 빵 굽는 가마를 이용하는 한증막이었다. 손님은 가마 위에 설치된 욕실에서 증기로 땀을 흘린 후 몸을 씻었다. 시가지의 목욕탕은 한층 더 커서 온탕욕, 한증막 등 복수의 욕실을 갖추고 있다. 그 수도 많아 대부분의 시가지에는 목욕탕 한 채가 있었다. 시가지의 목욕탕에서는 온탕욕과 한증막을 즐길 뿐만이 아니라 식사와 음주, 담당자가 해주는 때 밀기, 머리 감기, 이발 등의 서비스를 받을 수 있었다. 또한 목욕탕은 의료행위의 장이기도 했다. 목욕탕에서는 사혈과 외과수술이 행해졌으며 목욕탕 주인은 고약 등을 만드는 기술도 가지고 있었다.

목욕탕은 위생시설일 뿐만 아니라 신분을 불문하는 교류, 오락의 장이기도 했다. 덕분에 빈민도 혜택을 누릴 수 있도록 재산가가 기부를 하여 입욕하게 해주는 경우조차 있다. 그러나 중세 후기에 들어 매독의 유행과 매춘굴화로 인해 대중목욕탕 문화는 쇠퇴하게 되며 목욕탕 주인 또한 천민 취급을 받게 된다.

중세 유럽의 입욕 사정

대중목욕탕의 유행과 쇠퇴

위생의 장, 오락의 장으로서 탄생.

대도시 등에서도 오락의 장으로서
크게 유행한다.

대중목욕탕의 매춘굴화,
전염병 유행으로 인해
쇠퇴한다!

대중목욕탕에서 받을 수 있는 서비스

· 입욕   · 머리 감기   · 사혈 등
· 때 밀기   · 이발   · 음주
· 마사지   · 수염 깎기   · 도박

※이를 위해 목욕탕 주인과 이발사는 의료 기술을 지니고 있다.

중세 유럽의 입욕

· 입욕 기회는 많으면 매일.
· 최하층의 민중이라 해도 4주에 한 번은 입욕이 보장되었다.
· 빈민이라 해도 기부를 받아 입욕할 수 있다.

※불결한 이미지가 있지만 실제로는 귀족, 평민을 불문하고 목욕탕을 빈번하게 이용했다.

농촌의 대중목욕탕과 도시의 대중목욕탕

농촌의 대중목욕탕

· 방화와 물 수급을 위해서 강가에 있다.
· 수통을 이용한 온탕욕 또는 한증막. 양쪽을 다 갖춘 곳은 적다.
· 개중에는 빵집의 가마에서 나오는 열기를 이용하는 한증막도 있다.

도시의 대중목욕탕

· 사교의 장이므로 그 수가 많다.
· 적어도 한 개의 시가지에 하나씩 있다.
· 온탕욕, 한증막을 둘 다 갖춘 경우가 많다.
· 때 밀기 등의 서비스가 있다.
· 음주와 도박도 가능하다.
· 매춘, 범죄의 온상이 되었다.

관련 항목

● 화덕과 빵 → No.033   ● 도시의 오락 → No.064

시장

시장은 그날의 일용품, 장사를 위한 필수품 등을 파는 중요한 경제교류의 장이다. 시장의 안정화는 화폐경제 발전을 이끌어냈다.

● 도시의 발전을 초래한 경제교류의 장

중세 유럽에서 물류의 중심이 된 곳은 농촌과 도시에서 정기적으로 열리는 시장이었다. 특히 왕과 귀족에게 보호받는 대시장의 존재는 경제와 정보 그리고 금융업의 발전에 크게 기여를 했다.

시장은 농촌과 도시의 교회, 성채 근처의 광장에서 연간 시장이면 1년에 몇 번, 주간 시장이면 매주, 정해진 일정에 따라 개최되었다. 이날에는 깃발을 세우며 이 깃발이 나부끼는 동안에는 외부의 소상인이라 해도 거래권이 부여된다. 늘어서는 가게 중에는 도시 주재의 기술자와 상인의 고정식 점포도 있고, 이동식 수레 점포, 노점에 상품을 늘어놓는 등 가지각색이었다. 이러한 가게는 장사를 하는 상품이 정해져 있기에 원하는 상품을 찾기가 쉽다. 또한 대규모의 금전이 움직이는 관계로 환전상과 고리대금 등을 하는 금융업자도 있었다. 덤으로 어떤 의미로는 축제에 가까운 관계로 방랑 예인들의 공연 등도 성행했다.

대시장이라 불리는 대규모 시장은 플랑드르 지방의 대시장, 샌드니 대시장, 랑그도크 대시장 등이 잘 알려져 있으며 특히 샹파뉴의 대시장이 유명하다. 이 정기 시장은 라니, 바르쉬르오브에서 연 1회, 프로뱅, 트루아에서는 연 2회 개최되며 기간은 각각 6~7주간이었다. 프랑스 왕과 샹파뉴 백작에 의해 보호받는 대시장은 상인들이 안심하고 장사에 종사할 수 있도록 다양한 편의를 봐주었다. 회장이 된 시장 근처에는 전문 여관이 만들어지고 가도, 시장에는 무장한 호위가 배치된다. 통행세 등의 감세 조치를 취하고 더불어 감시관이 공정한 거래와 계약을 맺는지 확인하기 위해 입회하고 공증인이 이를 기록하였다 지불은 어음 형식으로 이루어지며 최종적으로는 채무를 변제하는 방식으로 청산된다. 이러한 대시장에는 변제 청산을 위해서 주변 국가의 화폐도 많이 모여들어 이탈리아 환전상들의 거래 기술 확립, 나아가 화폐경제의 발전에도 크게 기여했다.

생활필수품을 손에 넣을 수 있는 시장

시장이란?

중세에 있어서 상품 유통의 중심이며 지정한 장소에서 정기적으로 열린다.

개최지의 중심은
· 교회.
· 도시.
· 성채.
· 농촌.

상기 지역의 광장과 주변 공터에서 열린다. 개최 중에는 표식이 되는 깃발이 세워졌다.

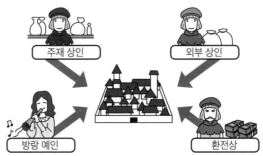

주재 상인

외부 상인

방랑 예인

환전상

시장의 깃발이 세워져 있는 동안에는 외부의 여행자도 장사를 허가받았다. 덕분에 상인만 있는 것이 아니라 방랑 예인과 금융업자들도 몰려들어 축제처럼 되어버렸다.

경제를 발전시킨 대시장

대시장이란?

중세에 열린 시장 중에서도 규모가 매우 큰 시장. 영주의 적극적인 보호에 힘입어 발전했다.

경제를 위해 시장을 활성화하고 싶다!

영주

상인에 대한
안전 확보와 편의
· 가도의 경비와 호위.
· 통행세 감면.
· 전문 여관 배치.

상거래의
공정화와 편의
· 감시관에 의한 상거래 감시.
· 공증인에 의한 기록.
· 지불 방식을 어음화.

외부 상인

시장

중세에서도 유명했던 대시장

생트니

샹파뉴

랑그도크

이 중에서도 4개 도시에서 순서대로 개최되는 샹파뉴 대시장은 프랑스왕, 샹파뉴 백작의 보호를 받아 크게 발전했다.

관련 항목
● 중세의 교통 → No.019
● 상인 → No.051
● 유통과 교역 → No.071
● 화폐제도와 환전 → No.072

동업자 조합 제도

동업자 조합은 늘어나는 상인과 기술자들이 서로의 이익을 지키기 위해서 결성한 조직이다. 그들은 이 조합을 통해서 상품 가격 등을 정했다.

● 상업의 동향과 상품의 유통을 결정했던 조직

일반적으로 길드 또는 춘프트라 불리는 동업자 조합은 신흥 도시 내부에서 점점 늘어난 상인과 기술자들이 자신들의 생활보호와 작업 안정화를 위해서 상호 협력을 하는 조직이다. 그 기원에 관해서는 여러 가지 설이 있으며 성채와 수도원에 소속된 기술자 집단에서 자연스럽게 발생하였다든가, 기술자를 관리하기 위해서 영주가 솔선해서 조직화했다든가 혹은 로마시대의 동업자 기술자 집단이 기원이라고도 한다. 또한 기술자 집단의 종교적인 상호 원조 조직인 형제단이야말로 그 기원이라는 설도 있다.

길드는 각각의 길드마다 하나의 금고, 하나의 인주, 하나의 표식을 지닌다. 길드에 가입하기 위해서는 일정액의 가입금을 내고 추가로 해당 도시의 시민권 취득, 천민이 아님을 증명, 장인 취임 피로연을 개최하는 비용 그리고 기술자라면 장인이 될 기량을 평가하기 위해 작품을 제출해야 했다. 새로운 장인을 임명하고 조합장을 선출할 수 있는 것은 장인 집단이며 그들 밑에 있는 기술자와 하인, 견습에게는 그러한 권한이 없다. 길드는 작업 시간, 다루는 상품의 매각수, 상품 품질 유지, 매매 가격을 정해서 서로 간에 불이익이 발생하는 일이 없도록 한다. 단 그들이 멋대로 상품 단가를 올리거나 상품 공급을 소홀히 하는 일이 없도록 항상 시 당국의 감시를 받았다. 고용 가능한 기술자 수와 고용 방법에 관해서도 제반 사항이 사전에 정해져 있으며 기술자를 빼내 가는 것도 엄하게 금지되었다. 장인 집단은 종종 회합을 가져 다양한 규칙을 결정했다. 축제 시에는 정장을 입고 화려한 퍼레이드도 벌인다.

길드는 무장권을 보유하고 있으며 유사시에는 기술자들을 동원하여 무장한 병사로서 싸운다. 그 외에도 길드마다 도시와 관련된 다양한 의무를 지니고 있는데 예를 들어 대중목욕탕은 화재 시에 목욕통을 들고 현장으로 달려가서 불길을 진화해야만 하는 의무가 있었다.

동업자 조합의 기원

동업자 조합이란?

상인과 기술자들이 자신들의 생활보호와 작업 안정화를 위해서 상호 협력을 하기 위한 조직.

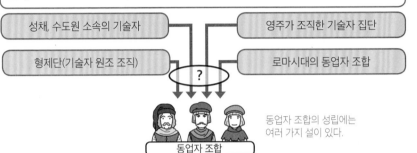

성채, 수도원 소속의 기술자	영주가 조직한 기술자 집단
형제단(기술자 원조 조직)	로마시대의 동업자 조합

?

동업자 조합의 성립에는
여러 가지 설이 있다.

동업자 조합

동업자 조합의 업무

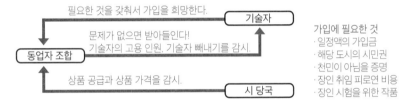

필요한 것을 갖춰서 가입을 희망한다.

기술자

문제가 없으면 받아들인다!
기술자의 고용 인원, 기술자 빼내기를 감시.

동업자 조합

상품 공급과 상품 가격을 감시.

시 당국

가입에 필요한 것
· 일정액의 가입금
· 해당 도시의 시민권
· 천민이 아님을 증명
· 장인 취임 피로연 비용
· 장인 시험을 위한 작품

동업자 조합에 필요한 것

하나의 금고 　　하나의 인장 　　하나의 표식

동업자 조합의 권한

· 장인 임명　　　　· 상품 판매수 결정
· 조합장 선출　　　· 상품 품질 결정
· 작업시간 결정　　· 판매 가격 결정
· 기술자의 무장화

동업자 조합의 의무

· 병사로서 활동
· 길드마다 정해져 있는 도시에 대한 의무

예) 대중목욕탕 길드는 화재가 나면 진화 활동

관련 항목
● 위병과 경찰 → No.050
● 기술자 → No.052
● 길드의 종류 → No.068
● 길드와 기술자의 삶 → No.069
● 형제단과 결사 → No.074

길드의 종류

길드나 춘프트라 불리는 동업자 조합은 공통점을 지니는 여타 길드와 제휴하여 적당히 하나로 뭉친 집단을 형성했다.

● 하나로 뭉친 전문직 조합

길드는 기술자들이 상호 이익과 보호, 편리성을 고려해서 세워진 동업자 조합이다. 일괄적으로 길드라고 부르기는 해도 군주에게 승인받은 선서 동업자와 도시의 지배하에서 규제를 받는 동업자 조합 등의 차이가 있다.

길드 기술자는 하나의 업종 내에서 분업하지 않는 대신 관련 업종 간에 적당히 하나로 뭉쳐서 집단을 형성하여 한층 거대한 길드 집단으로서 활동했다. 예를 들어 건축업자라면 석공, 미장이, 목수, 지붕 기술자, 벽돌공 등이 협력하고 있다. 또한 하나의 업종이 분할되어 분업화하는 경우도 있다. 피혁 가공업자인 마구 기술자는 가죽끈 제조업, 말고삐 제조업, 자루 제조업, 등자 기술자 등 20가지 정도의 전문 기술자로 세분화되어 있다.

하나의 길드에 소속하는 기술자의 종류가 일정하다고는 할 수 없다. 13세기 프라하의 화가, 간판 제작 길드에는 유리 기술자, 금속 세공사, 양피지공, 제본공, 목각 공예가가 참가하고 있다. 그러나 나중에는 상당수가 독립된 길드를 운영하게 된다. 게다가 살아 있는 생물에게 날붙이를 대는 이유에서인지 이발소와 의사는 정육점과 같은 길드로서 취급하는 경우도 있었다.

고가의 상품을 취급하는 상인과 기술자는 유복하고 신분도 높으며 정육점, 어물전, 빵집 등 일부 식품업자를 제외하고 가격이 싼 상품을 취급하는 자는 가난하고 신분도 낮은 자로 치부했다. 특히 귀금속을 다루는 금속 세공사는 평가가 높았으며 신 같은 기술자로 대접받았다. 개중에는 귀족과 왕가 출신의 금속 세공사조차 존재했다. 한편으로 같은 금속 가공품을 취급하는 기술자라 해도 빗물받이 등을 만드는 주조 기술자는 그렇게까지 유복하지 않았으며 양철 기술자는 가난한 생활을 했다. 섬유업자, 피혁 가공업자 중에도 유복한 사람은 많다. 특히 라샤와 모피를 다루는 상인과 기술자의 입지는 강했다. 그러나 단가가 싼 아마천 방직공과 직물과 피혁을 가공하는 바느질집, 피혁 제품 기술자 등은 가난하게 생활했다.

기술자, 상인의 이익을 지키는 길드

이익 보호와 편의성을 위해 길드 결성!

기술자, 상인

그러나……

길드 내의 분업화는 하지 않았다!!
외부 관련업 길드와 적당히 제휴하여 분업했다.

게다가……

길드 내에 소속했다고 해서 반드시 동일업종은 아니다!
동업자 조합인 길드지만 다른 업종이 여기저기서 모여든 경우도 있다.

길드는 군주에게 승인받은 선서 동업 조합과 도시의 지배하에서 규제를 받는 동업 조합이 있다.

● 외부 길드와의 분업 사례

관련 업종이 모인 경우

건축업 길드		
· 석공	· 벽돌공	· 지붕 기술자
· 목수	· 미장이	

하나의 길드가 직능에 의해서 분화한 경우

마구 기술자 길드	→	피혁 가공 길드	
		· 가죽끈 제조업	· 등자 제조업
		· 자루 제조업	· 그 외
		· 말고삐 제조업	합계 약 20업종

● 여타 업종 길드의 사례

화가, 간판 제작 길드 ※13세기 프라하		
· 화가	· 목각 공예가	· 제본공
· 유리 기술자	· 간판 제작	
· 양피지공	· 금속 세공사	

나중에 각 업종의 길드로 세분화.

그중에는 이런 극단적인 사례도! ※13세기 프라하		
· 정육점	· 이발소	· 의사

살아 있는 생물에게 날붙이를 대기 때문에.

취급하는 상품과 길드의 지위

지위

고가

일용품

기호품·필수품

저가

길드의 지위는 취급하는 상품에 의해서 거의 결정된다.
고가 상품, 기호품과 필수품일수록 높고, 저가인 물건, 없어도 곤란하지 않을수록 낮다.

※빵집, 정육점, 어물전 등은 가격이 싸도 지위가 높다.

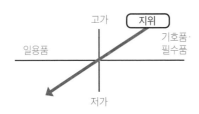

● 금속 가공업의 경우

금속 세공사 신 같은 기술자!

주조 기술자 유복하지 않다.
양철 기술자 가난한 생활.

● 섬유, 피혁 가공업의 경우

라샤 기술자 유복!
모피 기술자

아마천 방직공 가난한 생활.
바느질집
피혁 기술자

관련 항목
● 상인 → No.051
● 기술자 → No.052
● 동업자 조합 제도 → No.067
● 길드와 기술자의 삶 → No.069

길드와 기술자의 삶

길드에 소속하는 기술자들의 노동은 장인들에 의해서 관리되었다. 그들은 그 지도하에 하루 하루를 생활하기 위해서 손을 움직인다.

● 손을 움직여서 식량을 얻는 나날

길드에 소속하는 기술자들은 장인의 거주지에 하숙하고 1층에 있는 작업장에서 바쁜 나날을 보냈다. 수차식 망치가 필요한 염색 기술자와 대장장이, 무두질할 곳이 필요한 무두질공 등은 전문 시설을 이용하는 경우도 많다.

기술자로서의 첫발은 도제가 되어 장인 밑으로 들어가는 것부터 시작한다. 처음 한동안은 장인의 아내로부터 가정의 잡일과 아기 보기 등을 맡고, 업무는 한가할 때 자발적으로 배워야만 했다. 일을 익혀도 임금이 쌌지만 그 대신에 교육을 시켜주는 장인도 있다. 3년에서 5년 정도의 도제 기간이 끝나면 드디어 기술자로서 일하는 것이 가능했다. 하지만 한층 더 많은 시간이 필요한 업종도 있다.

기술자는 전문직인 만큼 임금이 보증되지만 장인으로부터 독신을 강요받거나 주간 단위나 일용직으로 고용하는 등 불안정했다. 또한 숙련공은 장인으로 승진하는 시험을 받을 수 있지만 장인이 늘어나는 것을 싫어하는 길드에 의해서 해외 연수를 강요받는 경우도 있었다. 여성의 권리 의식이 낮다고 여기기 십상인 중세지만 여성 기술자도 있다. 그녀들은 남성보다 임금이 낮았지만 그만큼 고용기회가 있었다. 특히 금실 기술자, 모자 기술자와 면직물 기술자 등의 피복 관련에는 여성 기술자가 많다. 또한 장인의 아내도 일을 도왔다.

작업시간은 통상 새벽부터 일몰까지였다. 야간 노동은 조명 비용이 발생하기 때문이다. 또한 장시간 노동은 상품의 과잉공급과 질의 저하도 초래한다. 그 때문에 길드는 노동시간을 엄격하게 관리했다. 야외에서 활동하는 석공과 미장이의 경우는 날씨와 계절에 따라서도 노동시간이 좌우된다. 휴일은 통상 토요일 정오부터 반나절, 일요일 하루 동안이며 그 외에도 축제일과 길드의 미사일에도 휴업을 했다. 작업은 분업제가 아니라 타업종 간의 협력으로 일을 진행했다.

기술자의 노동

● 기술자의 노동은 장인 및 길드 방침에 따라서 엄격한 규정이 있다.

고용

작업장
작업장은 거주지의 1층.
※대장간과 염색집, 무두질공 등 특별한 시설을 필요로 하는 경우도 있다.

업무 내용
상품 작성과 작업.
모든 공정을 홀로 한다.
※기술자 길드 자체가 분야마다 세분화되어 효율화를 꾀했다.

노동시간
해 뜨고 해 질 때까지.
※연료와 임금 절약, 생산 조정 등의 의미도 있다.

휴일
일요일과 축제일.
토요일은 오후부터 휴업.
길드 미사일도 휴일.
※직종에 따라서 날씨의 영향을 받는 경우도 많다.

기술자들의 대우

고용
· 다양하다. 며칠부터 몇 주까지 일하는 단기 고용도 있다.

주요 업무와 임금
· 임금과 노동 내용이 보증된다.

그 외 대우
· 장인에 따라서는 독신과 해외 연수를 강요하는 경우도 있다.

주요 업무와 임금
· 잡무. 장인의 아내가 가사를 떠넘기는 경우도 있다.
· 일을 익히기 전까지는 무급이며 양육비는 장인이 낸다.
  기본적으로 급료는 낮다.

그 외 대우
· 기술은 자유시간에 익힌다. 교육을 받는 경우도 있다.

주요 업무와 임금
· 모자 기술자와 면직물 기술자 등 피복 관련으로는
  전문 여성 기술자가 많다.
· 임금은 남성 기술자보다 적지만 고용기회는 많다.

그 외 대우
· 전문 기술자 외에 장인의 아내도 종종 업무를 돕는다.

관련 항목
● 기술자 → No.052
● 동업자 조합 제도 → No.067
● 길드의 종류 → No.068
● 해외 연수 제도 → No.070

해외 연수 제도

해외 연수 제도는 기술자가 한 사람 몫의 장인이 되기 전에 각국을 여행하면서 기술을 연마하는 제도다. 그러나 이 방랑 수행에는 숨겨진 목적이 있었다.

● 늘어나는 기술자를 쫓아내기 위한 방랑 수행

길드 또는 춘프트라 불리는 동업자 조합에서 젊은 기술자는 장인이 되기 전에 몇 년간 여러 나라를 다니면서 새로운 기술을 습득하고 인격을 갈고닦는 것이 의무화되었다. 이 규칙에 따라 많은 젊은 기술자들이 봄이 되면 지팡이와 단검을 들고 머리에는 자신의 직종을 나타내는 모자를 쓰고 본 적이 없는 토지로 여행을 떠났다. 하지만 이 제도에는 기술자의 실력을 높이고 타국의 기술을 습득시킨다고 하는 명목상의 목적뿐만이 아니라 실리적인 문제도 엮여 있다. 조합의 장인은 정원제다. 15세기에 들어 도시경제의 발전이 한계에 봉착하여 장인을 무제한으로 늘리면 장사를 할 수 없는 상태가 되었다. 장사를 하는 한 젊은 기술자들은 차례차례 태어난다. 그러나 장인이 되지 못하고 부려먹기만 하면 이윽고 불만을 품고 소란을 피우게 된다. 그러한 자들을 적당히 내쫓아서 기술자의 수를 조정하는 수단이 바로 해외 연수 제도였다. 해외 연수 제도를 처음으로 제정한 것은 1375년 함부르크의 무두장이 조합이며 그 무렵에는 아직 의무화되지는 않았다. 그러나 시대가 흘러 해외 연수 제도가 널리 퍼지면서 의무화되었다.

얼마 안 되는 급료로 착취당하던 기술자들이 의무라고는 해도 각국을 떠도는 것은 커다란 고민거리였다. 그래서 그들이 의지한 것이 동종의 기술자로 구성된 공동체인 형제단이다. 그들은 목적지에 도착하면 형제단이 관리하는 주점으로 향한다. 거기서 신분증명과 인사를 하여 동료로 인정받으면 취직처를 소개해주었다. 만약 얘기가 잘되면 해외 연수 기술자는 시의회에 소란을 일으키지 않을 것을 맹세하는 취지의 청원서를 내고 다음 봄까지 장인 밑에서 실력을 키우게 된다. 일거리가 없으면 하룻밤을 여관에서 보내고 노자를 받아 새로운 도시로 떠났다. 이러한 기술자들의 여행과 교류는 기술적인 교류에 그치지 않고 문화와 이야기의 전파도 초래하게 된다.

해외 연수 제도 탄생

해외 연수 제도란?

장인이 되려 하는 기술자가 새로운 기술을 배우고 인격을 수양하기 위해서 각국을 떠도는 제도. 14세기 무렵에 시작되어 나중에 의무화한다.

그러나……

그 실태는 장인들의 지위를 지키기 위한 제도!!
· 장인은 정원제이므로 장인을 목표로 하는 기술자를 줄이고 싶다.
· 외부에서 온 젊은 기술자들을 착취하고 싶다.

어떤 기술자인지를 나타내는 모자.

해외 연수의 증표인 지팡이와 단검.

장인 집단 → 방랑 수행을 보낸다 → 해외 연수 기술자

해외 연수 기술자가 일감을 받기까지의 수순

● 무사히 취직하는 케이스

같은 업종의 기술자가 모여 있는 일종의 노동조합.

해외 연수 기술자 → 신분증명과 인사 → 형제단
해외 연수 기술자 ← 동료라 인정하면 일감을 알선 ← 형제단

· 시의회에 소란을 일으키지 않겠다는 서약서를 제출.
· 다음 봄까지를 계약 기간으로 하고 형제단이 지정한 장인 밑에서 수업.

● 취직하지 못하는 케이스

해외 연수 기술자 → 신분증명과 인사 → 형제단
해외 연수 기술자 ← 취직할 곳이 없다. ← 형제단

· 하룻밤 머물 곳과 노자를 제공받아 다음 도시로 이동한다.

관련 항목
● 중세의 정보전달과 우편 → No.020
● 동업자 조합 제도 → No.067
● 형제단과 결사 → No.074

유통과 교역

중세시대에 대규모이면서 신속하게 상품을 운송하는 수단은 배를 이용하는 것이었다. 그에 따라 상품 집적지가 되는 항구는 크게 번영했다.

● 주요 운송 수단은 해상 운송

이동 수단이 발전한 현대와는 달리 중세의 유통과 교역은 몹시 불편했다. 도로 상태가 전혀 양호하지 않았기에 육로에서 운반을 담당하는 것은 마차와 당나귀, 그리고 인력을 사용하는 수밖에 없었다. 그러나 이렇게 해도 운반 가능한 짐의 양도, 이동속도도 제한적이었다. 그 때문에 대규모 유통은 전부 해로 혹은 하천을 이용했다.

12세기에서 14세기에 걸쳐 유통, 금융의 중심이 된 샹파뉴는 육로와 하천이 이어진 교역지였다. 모직물 산업이 융성했던 플랑드르 지방과 상거래가 왕성했던 북이탈리아 여러 도시를 이어주는 요소였으며 샹파뉴 백작의 지원까지 더해져 많은 상인을 불러들였다. 그러나 정치체제가 변화하고 이탈리아 상인이 지브롤터 해협을 건너서 플랑드르 지방에 도착하는 항로를 개척하자 급속하게 구심력을 잃게 된다. 새로이 유통의 중심이 된 곳은 플랑드르 지방의 브뤼헤로, 해로를 통한 대량 운송에 의해 교역의 일대 중심지가 되었을 뿐 아니라 국제적인 금융 시장의 거점으로서도 기능했다. 한자 동맹의 뤼베크, 함부르크, 북이탈리아의 베네치아, 제노바 등의 도시도 교역, 금융으로 번영했다. 또한 내륙 지방에서는 독일의 프랑크푸르트, 프랑스의 파리, 리용 등이 샹파뉴의 뒤를 이었다. 피렌체도 양털 교역으로 큰 이익을 올렸다.

주요 교역 품목은 북유럽의 모피와 목재, 밀랍, 대구, 발트해의 청어 같은 생선, 영국의 양털과 주석이 유명하다. 가공품은 역시 모직물이 중요 산업이며 플랑드르에 이탈리아와 프랑스가 그 뒤를 따른다. 와인은 프랑스산이 호평이었고 염료는 독일 내륙 지방이 산지였다. 동방에서는 이탈리아를 통해 중동의 견직물와 명반(明礬), 인도의 향신료가 유입되었다. 또한 아마와 곡물 등의 필수품도 각지에서 생산되어 필요로 하는 지역에 보내졌다.

유통 경로 변천사

중세 교통은 매우 불편. 육로의 유통보다도 배를 이용한 해로가 대량 운송이 가능하여 편리했다.

12세기의 유통

· 모직물의 산지인 플랑드르 지방과 상업이 왕성한 북이탈리아의 중간 지점. 샹파뉴 지방의 대도시가 중심.
· 유통 경로는 육로가 중심.

14세기 이후의 유통

· 지브롤터 해협을 건너서 해로로 직접 플랑드르 지방으로 가는 항로가 개척된다.
· 샹파뉴는 정치체제의 변화에 의해 쇠퇴.
· 항구 도시인 브뤼헤가 유통의 중심으로.
· 육로의 중심은 파리, 리용, 프랑크푸르트로 이행.

유통되는 상품과 그 외 유력한 도시

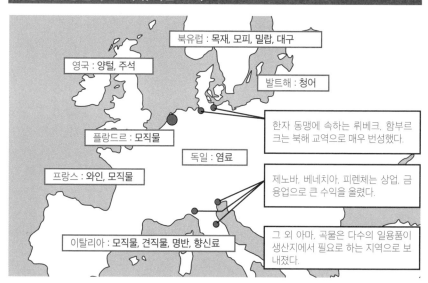

북유럽 : 목재, 모피, 밀랍, 대구

영국 : 양털, 주석

발트해 : 청어

플랑드르 : 모직물

독일 : 염료

프랑스 : 와인, 모직물

이탈리아 : 모직물, 견직물, 명반, 향신료

한자 동맹에 속하는 뤼베크, 함부르크는 북해 교역으로 매우 번성했다.

제노바, 베네치아, 피렌체는 상업, 금융업으로 큰 수익을 올렸다.

그 외 아마, 곡물은 다수의 일용품이 생산지에서 필요로 하는 지역으로 보내졌다.

관련 항목
● 중세의 교통 → No.019
● 상인 → No.051

화폐제도와 환전

중세 초기에 화폐는 물건의 가치 기준에 지나지 않았으며 그 수는 절대적으로 적었다. 그러나 상업의 발전은 화폐에 의한 유통을 추구하게 된다.

● 상거래의 증가가 낳은 금융 시스템

중세 초기, 고대 로마에서 이어져 내려온 화폐에 의한 경제 활동은 극히 소규모로 축소되었다. 게르만 사회에서는 화폐는 주로 물건의 가치를 표시하는 기준으로 이용되었으며 거래는 물물 교환이 주류였다. 그 때문에 원행 상인은 지중해와 중동에서 교역을 하기 위해서 이슬람의 금화 디나르와 비잔티움의 베잔트를 사용했지만 공급과 보장은 전적으로 현지를 의지하는 수밖에 없었다.

중세의 화폐제도는 카롤루스 대제의 화폐제도 개혁을 출발점으로 삼고 있으며 데나리우스 은화를 기준으로 물건의 가치를 결정하는 방식이었다. 하지만 그 품질이 매년 열화되어 신용을 잃었으며 유통량도 결코 많지는 않았다. 한편 농업 기술의 발전으로 인한 과잉 작물의 증가, 상업 활동의 활성화에 따라 상인들은 서구 여러 국가에서 보다 안심하고 사용할 수 있는 화폐를 원하게 된다. 또한 일용품과 식료를 구입하는 도시 주민, 이를 공급하는 농민에게도 일상생활 속에서 사용할 수 있는 소액의 화폐가 필요했다. 12세기 중반 이러한 요구에 따라 베네치아에서 고품질의 그로스 은화가 주조된다. 게다가 13세기에는 베네치아와 제노바, 피렌체에서 중동과의 고액 교역을 위해서 두캇, 제노베제, 플로린 등의 금화가 주조되기에 이른다. 이로 인해 중세 화폐경제는 금화와 은화를 기준으로 하는 화폐제도로 이행된다.

안정된 통화 공급은 화폐를 이용한 거래를 발전시키지만 동시에 곤란한 문제도 일으킨다. 다량의 화폐는 무거워서 가지고 다니기 불편했으며 화폐를 소지하고 이동하면 강도에게 습격당할 위험도 초래했다. 또한 독자적인 통화 발전으로 인해 이를 환전하는 시스템도 필요해졌다. 그러한 수요에 응한 것이 환전상을 포함하는 은행업이다. 특히 이탈리아에서 사용했던 환전 어음을 통한 신용거래는 멀리 떨어진 지역에서 안전하고 신속한 장사를 가능케 하여 대규모 상업 발전에 크게 공헌했다.

화폐경제의 재생

중세 초기의 화폐경제 상황

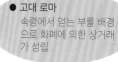

● 고대 로마
속령에서 얻는 부를 배경
으로 화폐에 의한 상거래
가 성립.

● 중세 초기
이민족의 유입으로
상거래 형태가 변한다.

화폐는 어디까지나 가치의
기준. 실제로는 물물 교환
이 주류.

상인

이민족

동방에서 공급, 보증되
는 화폐로 거래할 수
밖에 없는 상황에 처
한다.

그러나……

카롤루스 대제의 화폐개혁으로 인해 데나리우스 은화를
기준으로 하는 화폐경제가 태동한다!

새로운 화폐와 환전 거래

새로이 태어난 고품질 화폐

데나리우스 은화에 의한 화폐경제가 태동하기
는 했지만 그 신용은 매년 저하…….

신용할 수 있는
화폐가 필요하다!

일상적으로 사용할 수 있는
소액 화폐가 필요하다!

상인

시민·농민

금융, 상거래가 발전한 도시에서
고품질 화폐가 등장!

베네치아
두캇(금)
그로스(은)

제노바
제노베제(금)
피렌체
플로린(금)

필요에 의하여 태어난 환전

무거워!
도적이 무섭다!

상인

그리하여……

환전 어음을 활용한
신용거래가 발전!

관련 항목
● 중세의 농법과 농산물 → No.029
● 상인 → No.051
● 유통과 교역 → No.071

가도의 여관

다양한 신분의 사람들이 여행을 하던 중세 세계에 있어서 여관은 한때의 안식을 얻을 수 있는 공간이었다. 그 여관에는 계층에 따른 등급이 있다.

● 한때의 안식을 안겨주는 여관

도보가 주요 이동 수단이었던 중세 세계에서 여행 도중에 안전하게 숙박할 수 있는 여관의 존재는 필수불가결이었다. 그로 인해 여관은 각지의 가도를 따라서 발달하였으며 여러 계층에 맞춰 다양화되었다.

빈민과 순례자는 전문 치료원과 빈민 여관을 이용하지만 상인과 귀족은 유료 여관을 이용한다. 이러한 여관 중에서도 소규모 촌락에 있는 것은 선술집을 겸업하는 여관이 많다. 하지만 주요 가도와 도시의 문, 시장 가까이에 위치하는 여관은 한층 설비가 충실했다. 이런 곳의 여관은 지방과 토지에서 정한 형식의 고유 방 번호와 간판이 달려 있다. 이 간판은 해당 여관이 어떤 서비스를 제공하는지도 표시했다. 예를 들어 피렌체에서는 간판에 피렌체의 문장이 그려진 접시를 내걸고 있으면 식사도 제공한다는 식이다. 여관으로 인정받기 위해서는 일정 규모 이상의 설비를 갖추어야만 하며 식당과 객실, 침대 6개 이상, 말 10마리를 보관할 수 있는 마구간을 갖추는 것이 최저한의 조건이었다. 하지만 현실에서는 마구간과 모옥이 일체화되어 있는 여관과 홀 하나밖에 없는 가난한 여관도 많다.

유력한 상인과 귀족이 숙박하는 고급여관은 3층 구조이며 1층은 마구간과 창고, 2층은 식당, 3층은 객실이었다. 또한 체스 등 오락 도구가 있는 유희실까지 갖춘 여관도 있었다. 객실은 개인실로 문을 잠글 수 있었으며 침대, 책상과 의자, 서랍장이 갖추어져 있다. 하지만 이러한 설비를 이용할 수 있는 것은 어디까지나 주인들뿐이며 하인들은 마구간과 헛간에서 잤다. 보다 일반적인 여관은 2층 또는 3층 구조이며 1층에는 식당이 있고 마구간과 안뜰도 있다. 고급여관 수준까지는 아니지만 여관으로서 최저한의 비품을 갖추고 있었다. 그러나 침대는 대부분 공용으로 2인 이상이 전라로 자는 것이 보통이었다. 객실에는 화장실도 없어서 야간에는 요강을 사용했다.

여관의 정의와 수요의 세분화

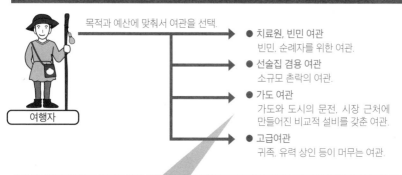

여행자

목적과 예산에 맞춰서 여관을 선택.

● 치료원, 빈민 여관
  빈민, 순례자를 위한 여관.

● 선술집 겸용 여관
  소규모 촌락의 여관.

● 가도 여관
  가도와 도시의 문전, 시장 근처에
  만들어진 비교적 설비를 갖춘 여관.

● 고급여관
  귀족, 유력 상인 등이 머무는 여관.

여관으로 인정받기 위해서는 다양한 조건이 필요!

1. 방 번호와 간판
   지방마다 정해져 있는 형식을 따른다. 간판은 서비스 내용을 표시한다.

2. 일정 이상의 설비
   · 식당과 객실.
   · 침대 6개 이상.
   · 말 10마리를 보관할 수 있는 마구간.

> 모옥과 마구간이 일체인 곳과
> 홀 하나밖에 없는 등 최저조
> 건만을 갖춘 여관이 많다.

유복한 사람들이 숙박하는 여관

● 고급여관

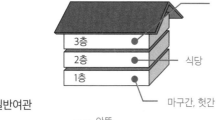

객실
· 개인실이고 문을 잠글 수 있다.
· 침대, 책상, 의자, 서랍 등의 가구 완비.

※객실에 숙박할 수 있는 사람은
오직 주인뿐. 하인은 마구간, 헛간
에서 숙박.

3층
2층
1층
식당
마구간, 헛간

● 일반여관

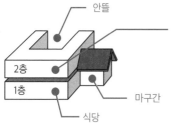

안뜰

객실
· 침대는 2인 이상이 공동으로 사용.
· 화장실 없음.

※야간에는 요강으로 처리.

2층
1층
마구간
식당

관련 항목
● 중세의 교통 → No.019
● 선술집 → No.035
● 치료원과 봉사활동 → No.084
● 순례 → No.086
● 견습 기사와 시동 → No.093

형제단과 결사

기술자의 조합 조직으로서 알려져 있는 길드. 그러나 일반 도제와 시민들은 자신들을 위한
조직으로서 형제단에 가입했다.

● 회원끼리 상부상조하는 형제가 된다

중세 세계의 도시는 동업자 조합인 길드에 의해서 움직이는 부분이 있었다. 길드는 도시
의 경제를 지배하고 회원과 그들이 고용한 기술자와 점원을 병사로서 공급한다. 그러나 길
드의 회원이 될 수 있는 것은 재산을 지닌 독립된 기술자와 상인, 즉 장인이라고 불리는 사
람들이며 영세한 기술자와 시민, 여성은 회원으로 받아주지 않았다. 그래서 그들이 사회적
지위 향상을 위해서 주목한 것이 형제단이라고 불리는 조직이다.

형제단은 원래 종교적인 단체로 사후에 평온을 얻기 위해서 신속하게 매장해야 했기에
가입자들이 금전적, 인적으로 서로 상부상조하는 것을 목적으로 삼았다. 형제단에 가입한
사람은 단이 정한 성인을 숭배하고 계약한 수도원에 기도에 필요한 양초를 헌납하고 미사
와 봉사활동을 행한다. 또한 가입자가 사망하면 장례를 돕고 그 후에도 공양을 했다. 이러
한 활동을 위해서 가입자는 회비를 지불하는데, 이 회비는 연회 등에 사용하는 것을 금지
했다.

초기 형제단은 장인도 가입했으며 기술자들도 같은 형제단에 가입시켰다. 그러나 중세
후기에 들어 형제단은 노동 조합적인 색채가 강해진다. 기술자와 도제들은 독자적인 형제
단을 만들어 종교적인 활동 외에 회원 간의 회합과 노동 조건 개선을 위해 파업 등을 하게
된다. 또한 회합을 열기 위한 공간을 얻기 위해서 여관과 계약을 맺어 기술자 여관과 술집
으로 삼았다. 기술자 여관은 여러 나라를 여행하는 해외 연수 기술자들의 거점이 되어 동
일한 형제단에 속하는 여관에 머무르면 식사와 술을 제공받고 취업처도 알선해주었다. 하
지만 외부인이 이러한 혜택을 악용하지 못하도록 형제단은 비밀스런 인사와 특수한 스텝
을 만들고 이를 통해 가입자를 판별하게 된다. 이러한 폐쇄성과 장난끼는 이윽고 고대 밀
교의 성향과 비슷해지고 최종적으로는 지적인 유희의 장인 비밀결사 탄생으로 이어진다

형제단의 탄생

형제단이란?

사후 평온을 얻기 위해서 신속하게 매장해야 했기에 가입자들이 금전적, 인적으로 상부상조하는 것을 목적으로 하는 종교적 조직.

형제단의 주요 활동
- 단이 정한 성인 숭배.
- 계약한 교회에 양초 헌납.
- 교회의 미사에 참가.
- 교회에 대한 봉사활동.
- 단원의 장례, 매장, 공양.

기술자 형제단
장인이 주도하여 기술자들도 소속.

일반 형제단
신분과 성별에 관계없이 소속할 수 있다.

변화하는 형제단

길드
중세 세계에서
절대적인 권력을 자랑한다!
※그러나 재산을 지닌 남성 상인,
기술자밖에 소속할 수 없다.

자신들도 사회적 지위 향상을 위한 조직이 필요하다.

길드에 소속할 수 없는 사람들

길드에 대항하는 조직으로서
주목하게 된다.

형제단

노동조합으로서 기능하게 된다!

형제단 회원 외의 사람이 권리를 이용하게 하고 싶지 않다……

기술자 여관과 술집(형제단 이권 중 하나)
형제단이 계약한 여관. 형제단에 소속하면
이용할 수 있다. 해외 연수 기술자 등의 활동 거점이 된다.

비밀 암구호, 스텝 등을 이용하여 일부 단은 비밀결사화!!

관련 항목
- 상인 → No.051
- 기술자 → No.052
- 동업자 조합 제도 → No.067
- 해외 연수 제도 → No.070
- 가도의 여관 → No.073

샤리바리와 폭주하는 젊은이들

중세에 일어났던 별난 풍습으로 샤리바리라 불리는 것이 있다. 이는 공동체의 규범을 어긴 자에 대한 의례적인 벌칙이며 공동체 젊은이의 결혼 기회를 앗아가려는 혼인, 즉 노령자와 젊은 여자가 결혼을 할 때에 공동체 젊은이들의 주도하에 시행되었다.

젊은이들은 결혼 첫날밤이 되면 희생자의 집 주변에 모여 창가에서 욕설을 퍼붓는다. 내용은 저속한 것부터 아내의 존엄과 남편의 자격을 따지는 경우도 있지만 대개는 그 정도에서 끝내는 별거 아닌 행위였다. 하지만 힘이 남아도는 젊은이들의 폭주는 이따금 사상자가 발생하는 폭력 행위로까지 발전하는 경우도 많았다. 결혼식에 난입하여 신랑신부는 물론이고 사제를 때린다든가 신랑을 납치해서 선술집과 창관으로 끌고 다니는 등 도를 넘어선 악질적인 장난이 공공연히 벌어졌다.

이러한 별난 의식적 폭력은 그 외에도 있다. 당나귀 탄 행렬이 바로 그것으로 남편으로서의 권위를 보이지 못하고 아내에게 폭력을 당해 꼼짝 못 하던 사람을 처벌했다. 현대에서는 상상도 못할 일이지만 당시 사회에서는 아버지와 남편의 권위는 절대적이며 그러한 질서를 어지럽히는 것은 전체의 조화를 무너트리게 된다는 통념이 버젓이 통용되었다. 이 형벌에서 희생자는 바구니를 뒤집어쓰고 실을 잣기 위한 물레장대를 들고 당나귀에 뒷방향으로 올라타서 행진을 한다. 즉 여성 취급을 당했던 것이다. 개중에는 엉덩이를 노출당하는 경우조차 있었다.

샤리바리와 당나귀 행렬에 한하지 않고 중세 젊은이들 특히 도시의 젊은이들은 남아도는 혈기를 발산할 곳을 찾아다녔다. 그들은 선술집 등에 모여 심심풀이하듯이 자주 범죄에 가담했다. 특히 지방에서 도시로 모여든 학생들은 출신 지역에 따라서 동향단을 결성하여 종종 다른 그룹과 분쟁을 일으킨다. 학생들이 골치 아팠던 이유는 그들이 신분적으로는 성직자에 속한다는 것이었다. 따라서 교회법으로만 재판할 수 있으며 문제를 일으킨 다음에는 특권을 내세워 시 당국의 관리를 곤란케 했다.

시 당국은 이런 젊은이들의 폭주에 대해 다양한 대책을 세웠지만 억압하는 형태가 아니라 정열을 발산시키는 형태였다. 공영 창관 등은 이러한 대책 중 하나다. 또한 축제일에 기사들의 토너먼트를 모방한 마상창시합과 모의 전투, 활과 석궁 경기 대회를 여는 경우도 있었다. 이런 모의 전투는 스트레스 발산 효과뿐만이 아니라 도시를 방어하는 민병의 질 향상으로 이어졌다. 이러한 시도의 궁극적인 모습은 젊은이로 이루어진 폭력집단의 공조직화였다. 시 당국은 젊은이 집단을 공인하고 리더로서 도시 귀족의 자식을 파견하여 자선과 우애 단체로서 기능케 하려 했다. 이러한 시도는 일정부분 성과를 보여 소속하는 젊은이들의 가치관을 개선시켰다. 그러나 이 시도를 따르는 젊은이만 있는 것이 아니라 폭력 행위를 멈추지 않는 집단도 많았다.

제4장
교회와 성직자

종교시설과 그 구분

중세의 종교시설은 몇 가지 종류가 있다. 그러나 어떠한 차이가 있다 하더라도 그곳이 중요한 기도의 장이라는 사실은 변함이 없다.

● 기도를 바치는 사람들의 안식처

중세 세계에 있어서 기도의 장은 용도와 규모에 따라서 몇 가지로 구분된다. 촌락이 있는 종교시설에는 영주 등 토지 소유자가 사적으로 소유하던 예배당과 세례 등을 위해서 시설을 갖추고 있는 교회 2가지 종류가 있다. 예배당은 미사를 드리기 위한 시설이며 요일미사를 집전할 때 이용했지만 대규모 전례와 성사를 하기에는 규모도 설비도 부족했다. 그 때문에 중세 초기에 소교구의 중심으로 인정받은 것은 정식 교회뿐이었다. 그러나 카롤링거 왕조 이후 사적으로 예배당을 소유한 자의 권력이 강해지면서 사적 예배당도 소교구의 중심으로서 자격을 부여받게 된다. 여기에는 소교구가 가져오는 이익을 탐내는 영주와 요절하는 경우가 많았던 유아에게 신속하게 세례를 줄 수 있는 시설이 가까이 있었으면 하는 영민들의 요망이 합쳐진 결과였다.

도시에서 신앙의 중핵이 되었던 곳은 거대한 종교 시설인 대성당이다. 대성당은 주교가 관리하는 주교구의 중심이 되는 교회로 카테드랄이라고도 한다. 대성당은 나중에 고딕 양식이라 불리는 중세 최첨단의 기술과 예술의 정수를 구사하여 교회의 권위와 지상 낙원을 민중에게 보여주는 것에 주안점을 두고 있다. 대성당은 역대 주교의 지하 묘지 위에 건축되는 경우가 많으며 그 규모와 장식 때문에 완성하기까지 많은 시간과 노력 그리고 재화를 소비했다. 들어가는 재원은 기부와 성당 평의회를 통한 융통 그리고 도시 공동체의 자산이다. 당연한 얘기지만 필요한 자금이 단번에 모이는 것이 아니므로 자금이 떨어질 때마다 건축은 중단되었다. 대성당은 주교의 거주지이자 민중의 기도의 장, 길드의 집회의 장으로서도 이용된다.

금욕적인 수도 생활을 보내는 수도사가 거주하는 수도원은 그 성질상 자신이 운영하는 직영지, 지배하는 장원의 중심이 된다. 그러나 도시를 주축으로 활동하는 탁발 수도회가 탄생하자 거점도 도시로 옮겨가게 되었다.

사적 예배당과 교회

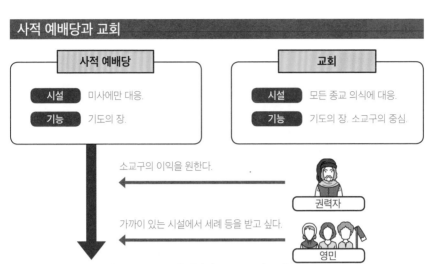

사적 예배당	
시설	미사에만 대응.
기능	기도의 장.

교회	
시설	모든 종교 의식에 대응.
기능	기도의 장. 소교구의 중심.

소교구의 이익을 원한다.

권력자

가까이 있는 시설에서 세례 등을 받고 싶다.

영민

카롤링거 왕조 이후 사적 예배당도 소교구의 중심으로서
권위를 부여받게 된다!

대성당과 수도원

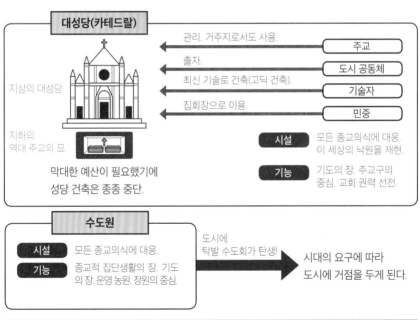

대성당(카테드랄)

관리. 거주지로서도 사용. ← 주교

출자. ← 도시 공동체

최신 기술로 건축(고딕 건축). ← 기술자

집회장으로 이용. ← 민중

지상의 대성당

지하의
역대 주교의 묘

막대한 예산이 필요했기에
성당 건축은 종종 중단.

시설	모든 종교의식에 대응. 이 세상의 낙원을 재현.
기능	기도의 장. 주교구의 중심. 교회 권력 선전.

수도원

시설	모든 종교의식에 대응.
기능	종교적 집단생활의 장. 기도의 장. 운영 농원. 장원의 중심.

도시에
탁발 수도회가 탄생!

시대의 요구에 따라
도시에 거점을 두게 된다.

관련 항목
- 영토와 소교구 → No.004
- 신앙과 삶 → No.005
- 주교 → No.078
- 성직자 → No.079
- 영주 → No.091

교회와 수도원의 주민

신앙의 장인 교회와 수도원. 그곳에 거주하는 사람은 다수의 성직자와 그들의 생활을 뒷바라지하는 일반인이었다.

● 신의 집에 사는 사람들

교회와 수도원은 신앙으로 살아가는 사람들의 기도의 장이며 생활의 장이기도 하다. 하지만 그곳에 살고 있는 사람이 전부 성직자인 것은 아니다.

교회와 거기에 부수되어 있는 사제관은 해당 교구에 부임한 주임 주교와 그를 보좌하는 하급 성직자, 하인 등이 있다. 규율이 난잡했던 시대에는 주교 중에도 아내를 거느린 자가 많았으며 처자식과 함께 사는 자도 있었다. 또한 시골은 주교와 가족, 하인 정도밖에 없는 경우도 많다. 한편 영주와 왕이 사적으로 임명한 이름뿐인 주교는 임지에 부임하지 못하여 대리 사제가 그 임무를 수행하는 경우도 있었다. 복수의 교구를 관리하고 수많은 개척지를 영주로서 지배하는 주교 주변에는 통상의 성직자 외에도 대리를 역임하는 주교 보좌, 의식을 집행하는 부주교가 있었다. 또한 인장을 관리하는 상서관과 그 부하인 공중인, 재판을 집행하는 교회 판사 등의 관리, 전력이 되는 기사, 거기에 귀부인까지 기거하고 있다. 그 위에 군림하는 교황 정도 되면 다양한 관리와 성직자 외에 20명 정도의 추기경을 거느리고 있다. 그들은 교황의 특사로서 각지를 방문하고 교황 선출도 행한다.

수도원에는 대수도원장 또는 수도원 원장이라고 하는 수장 아래에 속세와 연을 끊은 수도사들이 집단생활을 영위하고 있다. 원장 아래에는 부원장, 원장 대리, 재무 담당, 보물 창고 담당, 간호 담당, 시혜 담당, 주방 담당, 성가 담당 같은 관리직 수도사와, 사제 자격을 가진 참회 청문사가 있다. 보조 수사는 아직 출가하지 않은 속세인이지만 수도원에서 노동과 밭일에 종사하며 계율도 지키는 성직자로서의 교육을 받았다. 자신의 재산을 기부하고 그 대신 주거와 식료, 보호를 받는 사람들도 있었다. 그들은 헌납자, 증여자로 불리며 기도에도 참여하지만 본인의 의지로 수도원을 떠나는 것도 가능했다. 존재 자체가 하나의 거대한 커뮤니티였던 수도원은 그 외에도 수많은 하인, 농노, 기술자들을 거느리고 있다.

교회의 주민

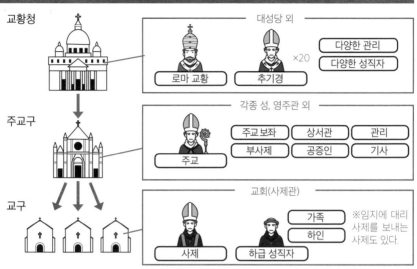

교황청 — 대성당 외
로마 교황 | 추기경 ×20 | 다양한 관리 / 다양한 성직자

주교구 — 각종 성, 영주관 외
주교 | 주교 보좌 / 상서관 / 관리 / 부사제 / 공증인 / 기사

교구 — 교회(사제관)
사제 | 하급 성직자 | 가족 / 하인
※임지에 대리 사제를 보내는 사제도 있다.

수도원의 주민

수도원장

업무가 있는 수도사 | 부원장 | 원장 대리 | 재무 담당 | 보물창고담당 | 참회 청문사

성직자 | 수도사

비성직자 | 보조 수사
· 노동과 밭일에 종사.
· 규율도 지키는 성직자로서의 교육을 받는다.

헌납자, 증여자
· 재산을 기부하고 그 대신 거주와 식료, 보호를 받는다.
· 기도에 참여. 본인의 의지로 수도원을 떠날 수도 있다.

하인, 농노, 기술자

관련 항목

교황

교황은 로마 가톨릭 교회를 다스리는 최고 지도자다. 그러나 중세의 교황은 그러한 권위를
세속적인 지배에 사용하는 경우도 적지 않았다.

● 로마 가톨릭 교회에 군림하는 아버지

교황은 로마 가톨릭 교회의 총수이자 중세 세계의 교회와 속세 양면에 있어서 절대적인
권력을 자랑했다. 그러나 원래는 「신의 종들의 종」으로서 신도들을 이끄는 존재이며 라틴
어로 아버지를 의미하는 「파파」로 불렸다.

원래 교황은 사도 베드로의 핏줄을 토대로 하는 로마 교회의 주교라는 의미의 명예직에
지나지 않았다. 그러나 교황 레오 1세(재위 440년~461년)는 동로마 황제에게 내려진 권한을
신께 하사받은 것이라 주장하였고, 뒤를 이어 그레고리오 1세(재위 590년~604년)는 서로마
및 서유럽에서 이민족 포교 및 동로마 교회로부터의 이탈을 꾀하여 서방에서 교황이 중심
인 로마 가톨릭 교회의 초석을 쌓게 된다. 교황 권력의 중앙집권화가 가속된 것은 11세기
부터 시작한 성직자의 부패를 바로잡으려고 하는 교회 개혁 및 세속 권력자에 의한 성직
자 서임에 저항하는 서임권 전쟁을 둘러싼 분쟁이 발단이 된다. 이 분쟁 속에서 그레고리
오 7세(재위 1073년~1085년)는 그리스도교 세계에 있어서 교황은 재판받지 아니하며 황제조
차도 파문시킬 수 있는 지고권을 지니고 있다고 주장했다. 교황이 교회와 속세의 지배자라
고 하는 사상은 역대 교황에게 계승되어 11세기부터 12세기 사이에 교황청을 정점으로
하는 교회 조직화가 급속하게 진행된다. 12세기 후반에는 인노첸시오 3세(재위 1198년~1216
년)에 의해 교황의 교회 조직 지배가 절대적이 되며 유사 군주로서 속세에도 강한 영향력
을 지니기에 이른다.

그리스도교 세계의 지배자인 교황은 독자적인 영토를 지니며 추기경이라 불리는 직속
고문단, 교황 세금 제도를 통해서 얻은 막대한 수익과 공문장을 관리하는 회계원, 상서원
을 거느리게 된다. 또한 시성, 수도원 개설 허가, 파문, 큰 죄의 사면 등 강력한 권한을 가지
고 있다. 이러한 교황의 거대한 권력은 다수의 부패한 교황을 낳게 하여 속세 군주와의 분
쟁의 근원이 되어버린다.

교황 권력의 독립화

로마 교황이란?

중세 세계의 교회와 속세 양면에서 절대적인 권력을 자랑했던 로마 가톨릭의 총수로 원래는 신도를 이끄는 「신의 종들의 종」 라틴어로 아버지를 의미하는 「파파」로 불린다.

원래는 사도 베드로로부터 내려온 로마 교회의 명예직.

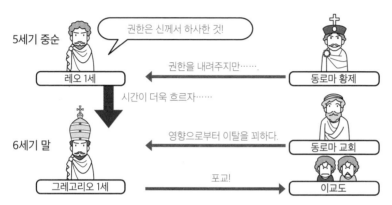

5세기 중순

권한은 신께서 하사한 것!

레오 1세

권한을 내려주지만……

동로마 황제

시간이 더욱 흐르자……

6세기 말

그레고리오 1세

영향으로부터 이탈을 꾀하다.

동로마 교회

포교!

이교도

로마 가톨릭 교회에 의한 중앙집권화를 꾀하게 된다!

교황의 군주화

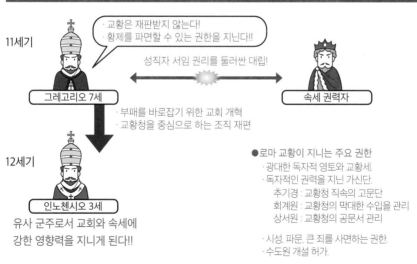

11세기

· 교황은 재판받지 않는다!
· 황제를 파면할 수 있는 권한을 지닌다!!

성직자 서임 권리를 둘러싼 대립!

그레고리오 7세

속세 권력자

· 부패를 바로잡기 위한 교회 개혁
· 교황청을 중심으로 하는 조직 재편

12세기

인노첸시오 3세

유사 군주로서 교회와 속세에
강한 영향력을 지니게 된다!!

●로마 교황이 지니는 주요 권한
　·광대한 독자적 영토와 교황세.
　·독자적인 권력을 지닌 가신단.
　　추기경: 교황청 직속의 고문단
　　회계원: 교황청의 막대한 수입을 관리
　　상서원: 교황청의 공문서 관리

　·시성. 파문. 큰 죄를 사면하는 권한.
　·수도원 개설 허가.

관련 항목

● 주교 → No.078　　　　　　　　　　● 성직자 → No.079

주교

주교는 주교구에 존재하는 교회와 그곳을 다스리는 성직자들을 통괄하는 상위 성직자다. 그 권한은 거의 영주와 맞먹었다.

● 성직자들을 통괄하는 엘리트

주교는 소교구에서 사목(司牧)을 행하는 성직자들을 통괄하는 상위 성직자다. 그들은 신이 정한 사도의 역할을 계승받았다고 믿었으며 교회의 전례를 관장하는 최고의 사제로 여겼다. 주교는 자신이 다스리는 주교구에 존재하는 교회의 사제를 임명하고 그들을 인도하는 역할을 지닌다. 그 권한은 강대하여 속세 영주, 귀족과 크게 다를 바 없었다.

주교는 주교 주재 성당 평의회에 의해 선출되며 임명 후에는 회원이 되어 여타 주교에 대한 선출과 조언을 행한다. 일반적으로 주교 위에는 주요 도시에 있는 교구를 통괄하는 대주교가 존재하며 그 정점에 서 있는 것이 로마 주교이기도 한 교황이다. 주교들은 기본적으로 선거 후 교황에게 임명을 받지만 권리의 유용성 탓에 예외도 많다. 특히 속세 권력의 개입이 커서 이따금 선거를 거치지 않은 속세인이 주교로 임명되는 경우조차 있었다.

주교의 업무는 권한에 비례하여 다양하다. 그들은 주교구 내의 교회와 수도원을 순찰하고 그곳에 소속하는 성직자의 얘기를 듣고 조사하여 문제 해결을 촉구한다. 또한 새로운 교회를 축성하고 성사를 내리며 성직자들을 교육시키는 일도 해야만 했다. 교황과 함께 교회 재판의 재판권을 지닌 주교는 소교구에서 행하는 교회 재판의 재판관을 임명할 수 있으며 신도에게는 그리스도 교도로서의 권리를 박탈하는 파문 제재를 내리는 것도 가능했다.

한편 속세 영주 역할을 하는 주교는 영토 관리를 위해서 협동 주교, 수석 사제, 주교 총대리, 문장 국장, 부제 등의 보좌관 그리고 속세 기사들에게 둘러싸여 독자적인 병력을 갖추고 있다. 그들은 성채화된 교회와 성채 그 자체에 거주하면서 주변 주교구를 지배한다. 그곳에서 얻는 수입과 더불어 주교 주재 성당 평의회로부터 성직자 생계유지비, 교회 수입에서는 십일조의 4분의 1, 추가로 성직 계승에 연관되는 다양한 수수료까지 얻었다.

강대한 권력을 자랑하는 교구의 정점

주교란?

사도의 역할을 계승받았다고 여겨지는 상위 성직자. 교회의 전례, 교구의 성직자들을 통괄하는 역할을 부여받았다.

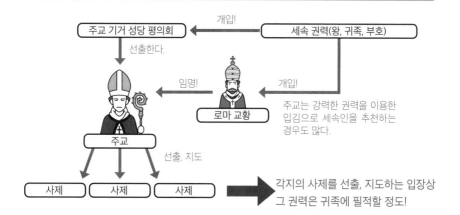

각지의 사제를 선출, 지도하는 입장상 그 권력은 귀족에 필적할 정도!

주교의 업무

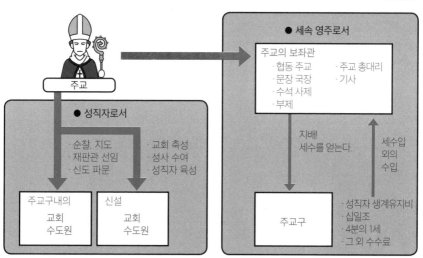

관련 항목
● 신앙과 삶 → No.005
● 성직자 → No.079
● 영주 → No.091
● 기사 → No.092
● 성채와 왕궁 → No.098

169

성직자

성직자는 속세의 신도들을 통괄하여 그들을 가르치고 인도하는 자들의 총칭이다. 성직자들은 미사에서 평화를 기도하고 신도들에게 올바른 생활 방식을 설파했다.

● 신의 왕국의 관리자들

성직자는 출가하여 교회를 섬길 것을 선택한 사람들의 총칭이며 교회의 다양한 사무를 처리함과 동시에 속세와 접하여 신도를 이끄는 역할을 지닌다.

성직자의 기원은 예수의 12사도로 거슬러 올라간다. 예수에 의해서 사도로 임명된 그들은 지도자가 되었으며 이윽고 그 권위로 후계자를 임명했다. 2세기 무렵에는 이미 성직자와 일반 신도의 구분이 명확해졌으며 4세기에 들어서는 로마 교황 콘스탄티누스(재위 306년~337년)에 의해 특권 계급으로서의 성직자가 확립된다.

성직자는 상위와 하위 계급이 있으며 하위는 밑에서부터 문지기, 강론사, 제마사, 지역사제가 있고 상위는 부부제, 부제, 사제로 승진한다. 성직자가 되기 위해서는 주교의 입회하에 삭발식을 받는다. 머리카락을 자름으로써 속세와의 연을 끊고 신과 주교에게 임명을받는 것이다. 그 후에는 계율을 지키고 업무를 수행하면서 상위 계급을 목표로 삼는다. 이외에 영주가 독자적으로 임명하는 경우도 있다.

성직자는 교황, 주교가 지배하는 주교구와 소교구라고 하는 일종의 국가와 시, 마을 등에서 미사, 세례, 고해, 결혼, 매장 같은 종교 활동, 교회 관리와 신도를 지도하는 사목, 봉사활동의 직무를 수행한다. 그들은 교구의 영주나 관리였으며 민중의 상담역이기도 했다. 또한 중세의 지식인 계급인 성직자는 학교를 열어 젊은 성직자 후보와 평신도를 지도한다. 하지만 모든 성직자가 성서와 학문에 통달한 것은 아니었기에 시골의 하위 성직자는 문맹인 경우가 대부분이었다.

한편 수도사는 사도의 청빈한 삶을 목표로 삼아 속세의 삶을 버리고 출가한 사람들이다. 그들은 계율을 따르며 기도와 노동의 집단생활을 보냈다.

성직자는 교회의 재판소인 교구 재판소 외에서 재판받지 않으며 세무상으로도 특권을받고 있다. 그 때문에 악덕한 행위를 저지르는 자도 많았다.

성직자와 그 업무

성직자란?

성직자는 교회를 섬길 것을 선택한 사람들의 총칭이며 교회 운영과 관련된 세속인들을 지도하는 역할을 지닌다.

● 성직자가 되기 위해서는

· 사제의 입회하에 삭발을 하여 속세와의 연을 끊는다.
· 신의 주교의 이름하에 임명을 받는다.
· 그 후에는 계율을 지키면서 업무를 수행하여 상위 계급을 목표로 한다.
· 영주가 독자적으로 임명하는 경우도 있다.

● 성직자 계급(하위)

· 문지기
· 강론사
· 제마사
· 지역 사제

● 성직자 계급(상위)

· 부부제
· 부제
· 사제

● 성직자의 주요 업무

·미사	·봉사활동	·사목
·고해	·세례	·교육
·매장	·결혼	

● 성직자의 역사

성직자의 역사는 12사도까지 거슬러 올라간다. 그들은 그 권위를 배경으로 후계자를 지명. 후계자들은 신도의 지도자적 입장이 된다.

2세기에는 일반 신도와 성직자의 구분이 명확해진다. 4세기에는 교황의 명령으로 인해 특권 계급으로서의 입장이 확립된다.

● 성직자의 입장

성직자는 특권 계급이며 법적으로 독립된 존재. 그들의 범죄는 교회 재판소, 교구 재판소에서 재판받는다.

이 때문에 악행을 저지르는 성직자도 적지 않았다!

수도사란?

수도원에 사는 성직자들. 사도의 생활을 목표로 하며 속세와의 인연을 버렸다. 계율을 지키고 청빈과 노동의 나날을 보낸다.

교회와 수도원의 삶

성직자는 기도하는 사람들이라 불린다. 그러한 생활의 근간은 신에게 기도를 바치는 것과 민중의 교화지만 사람으로 태어난 이상 속세와의 인연은 끊어지지 않는다.

● 계급에 따라 달라지는 성직자의 삶

성직자의 업무는 신을 섬기며 그 위엄과 덕을 사람들에게 전하여 생활을 인도하는 것이다. 그들은 자신의 직무를 수행하고 계율을 배우면서 상위직을 목표로 한다.

속세에 몸을 두고 교회를 섬기는 성직자는 그 계급에 따라서 역할이 정해져 있다. 하위 성직자인 문지기는 교회당의 열쇠와 의식용 도구를 관리하고, 강론사는 민중에게 기도문 읽는 방법을 가르치고 음식에 축성을 내리며, 제마사는 악마를 쫓는 자격을 가지지만 의식에는 참가할 수 없다. 복사가 되어서야 비로소 의식을 보좌할 수 있었다. 상위 성직자 부부제는 의식 보좌를, 부제는 세례와 성체 수여의 성사를 집행할 수 있다. 그리고 주교가 되어서야 비로소 세례, 고해, 견진, 성체, 혼인, 성품, 병자로 이루어진 7성사와 미사, 제례 집행을 허락받았다. 주교는 신도를 관리하는 교회의 구획인 소교구와 교구를 통괄하는 행정관이며 그 위에는 그들을 통솔하는 대주교, 그리고 교회 권력의 중추인 성당 평의회, 추기경, 교황이 군림하고 있다. 주교 이상 가는 성직자들의 삶은 귀족과 비슷하며 성직자로서의 의식 이외에도 영지 운영과 성직자 관리, 재판 등을 행했다. 일반적인 마을 사제는 일상 속에서 일요 축일의 미사와 세례, 결혼, 매장 등의 종교업무를 행하면서 민중을 위로했다. 그들은 자신의 토지를 소유하고 있으며 그날의 기도가 끝나면 경작을 하여 스스로 수입을 얻는다. 또한 소교구의 민중이 내는 십일조를 통해 받는 보수와, 민중이 주는 사례금, 기부도 중요한 수입원이다. 그뿐만 아니라 속세에 있는 성직자는 아내를 얻는 경우도 드물지 않았다.

수도사는 이런 속세의 삶을 스스로 끊어버리고 수도원장 밑에서 공동생활을 하면서 기도와 노동의 나날을 보냈다. 그러한 삶은 시간이 흐름에 따라 세세하게 구분되어 사담과 오락도 허가되지 않는다. 하지만 많은 토지와 인원을 확보한 수도원은 종종 부패의 온상이 되었다. 또한 파벌에 따라서는 속세 성직자들과 마찬가지로 계급을 가지고 있으며 주교와 사제를 속세의 교회로 부임시켰다.

교회 성직자들의 지위와 직무

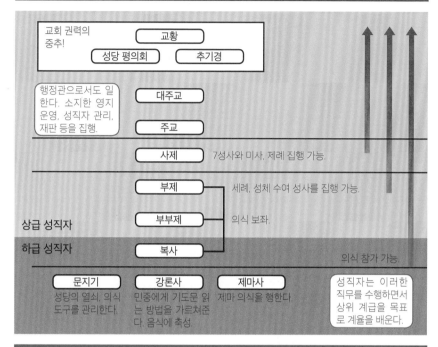

교회 권력의 중추!

교황

성당 평의회   추기경

행정관으로서도 일한다. 소지한 영지 운영, 성직자 관리, 재판 등을 집행.

대주교

주교

사제   7성사와 미사, 제례 집행 가능.

부제   세례, 성체 수여 성사를 집행 가능.

부부제   의식 보좌.

상급 성직자

복사

하급 성직자

의식 참가 가능.

문지기   강론사   제마사

성당의 열쇠, 의식 도구를 관리한다.   민중에게 기도문 읽는 방법을 가르쳐준다. 음식에 축성.   제마 의식을 행한다.

성직자는 이러한 직무를 수행하면서 상위 계급을 목표로 계율을 배운다.

일반적인 마을의 사제와 수도사들의 삶

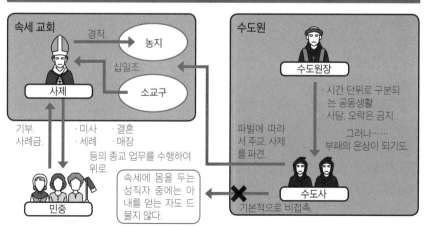

속세 교회

경작.   농지

십일조.

사제   소교구

기부. 사례금.   · 미사 · 결혼
· 세례 · 매장
등의 종교 업무를 수행하여 위로.

민중

수도원

수도원장

· 시간 단위로 구분되는 공동생활.
· 사담, 오락은 금지.

그러나……
부패의 온상이 되기도.

파벌에 따라서 주교, 사제를 파견

수도사

기본적으로 비접촉.

속세에 몸을 두는 성직자 중에는 아내를 얻는 자도 드물지 않다.

교회와 수도원의 시설

중세 교회는 규모에 따라서 갖추고 있는 시설의 수가 다르다. 그러나 중심이 되는 것은 예배당과 그 내부에 있는 제단이었다.

● 기도의 장에 갖추어져 있는 것

중세 교회는 규모와 양식에 따라 갖출 수 있는 설비가 다르다. 시골의 교구 교회라면 커다란 방 안에 예배당(성당)이 있는 정도에 지나지 않는다. 또한 영주의 사설 예배당이라면 말 그대로 예배당만 있는 건물이다. 더욱 규모가 큰 교회라면 신의 위광을 드러내는 첨탑과 종각을 갖춘 경우도 있다. 예배당 안에는 제단과 독서대를 갖추어 성직자만이 출입할 수 있는 제대, 그리고 신도가 모이는 신랑(중앙부), 좌우 측랑으로 나누어져 있다. 현재처럼 벤치를 갖추고 있는 것이 아니어서 미사를 볼 때 신도들은 쿠션 등을 지참한다. 교회에는 어디든지 성배, 성궤, 성유 그릇, 향로, 세례 대야, 십자가, 성모상, 성인상 등의 성물이 갖추어져 있다. 교회는 돌로 만들었거나 혹은 튼튼한 건물인 경우가 많으며 넓은 공간을 갖추고 있기에 지역 주민의 집회장과 모임, 계약의 장으로서도 이용되었다. 또한 비상시에는 민중의 식량 저장고와 피난처로서도 사용한다. 그 때문에 어느 교회라 해도 어느 정도 방어시설을 갖추었다. 사제가 머무르는 사제관은 영주관과 비슷하게 설비가 있었지만 규모가 그렇게까지 크지는 않다. 묘지는 야생동물과 외적에 맞서기 위해서 목책이 쳐져 있으며 부지 내에 자그마한 예배당과 납골당이 세워져 있다.

수도원의 경우 시설 자체가 생활의 장이기에 교회보다도 많은 시설을 지닌다. 그중에서도 중요한 것은 사각으로 이루어진 회랑이며 수도사 이외의 출입이 금지되었다. 수도사들은 이 회랑을 걸으면서 성서를 읽고 사색에 잠기며 습자를 하고 이따금 산발까지 했다. 또한 지성소와 제대를 갖춘 예배당에 성물실, 집회실, 담화실, 서고, 식당, 주방, 난방실, 화장실 등도 갖추고 있다. 수도사와 그들을 보좌하는 보조 수사 사이에는 명확한 신분 차이가 있으며 예배를 행하는 제대, 식당, 화장실은 서로 다른 곳을 사용했다. 침소는 공동이지만 간소한 벽으로 구별해놓은 경우도 있다.

교회의 시설

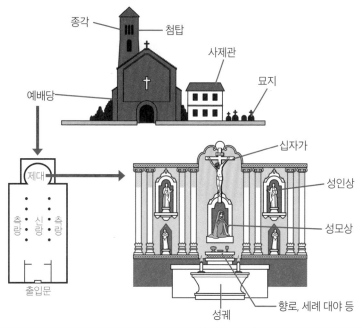

수도원의 시설

이상적이라고 여겨졌던 수도원의 평면도

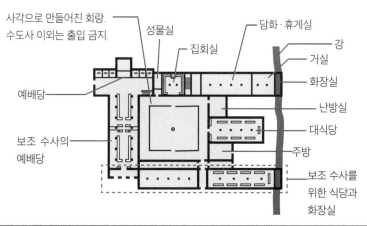

관련 항목
● 성직자 → No.079   ● 영주 → No.091

교회와 수도원의 식사

성직자들은 청빈을 숭상한다. 그들의 식사 또한 필요최저한으로 해야 하지만 그렇다고 결코 빈곤하기만 한 것은 아니었다.

● 기도하는 삶을 지탱해주는 식사

예수의 사도를 모범으로 삼는 성직자에게는 절제와 청빈이 추구되었다. 식생활도 예외가 아니며 그 규범은 수도원 생활에서 찾을 수 있다.

수도원의 식생활은 『성 베네딕토 계율』을 따르고 있다. 식사는 기본적으로 정찬과 오찬 2식이며 부활절부터 성령 강림 대축일까지는 육시경(정오 무렵)에 정찬을 저녁에 오찬을 먹었다. 여름 기간 중에는 수요일과 금요일만 구시경(오후 3시 무렵)에 정찬을, 사순절부터 부활절까지는 저녁에 정찬을 먹기로만 되어 있다. 식사거리는 빵과 조리된 반찬 2가지, 과일이나 채소로 이루어진다. 거기에 와인이나 피그멘텀이라 불리는 벌꿀 등을 첨가한 와인 또는 벌꿀주나 맥주를 곁들였다. 식사는 뱃속의 80%만 채울 것을 추구하였으며 과도한 음주는 금지하고 있다. 계율에는 수도사가 먹어야 하는 음식의 기준을 빵은 하루에 1리브라(약 300g), 음료는 1일 1헤미나(약 0.75ℓ)의 분량으로 기록하고 있다. 식사 중에 사담은 금지한다. 또한 채식주의가 기본이며 네발 달린 짐승의 육류는 병자와 가난한 자들에게 베푸는 것 이외에는 금지되었다. 고기 대용품으로서 콩류와 계란, 유제품이 있기는 하지만 기일에는 계란과 유제품을 피하도록 하고 있다. 그러나 고기만큼이나 규제를 받지는 않는다. 반대로 그리스도교에 있어서 생선은 기일을 상징하는 음식이며 특히나 성직자는 생선을 먹을 것을 장려하였다.

그러나 실제 성직자들의 이러한 식생활은 겉치레에 지나지 않았다. 교회에서 일하는 주교와 사제의 식생활은 사상과 환경에 따라 좌우된다. 세속 영주화한 주교의 식생활은 영주와 거의 다르지 않다. 또한 빈궁한 시골 사제라면 주변 신도와 마찬가지로 빈곤한 식생활을 하였다. 수도원에서도 상황은 다를 바 없어서 수도원장이 연석에서 손님을 접대하는 제도를 이용하여 풍부한 식사를 하는 수도사와, 술 양조에 정열을 불태우는 수도사가 끊이지 않았다.

수도원의 식사

부활절~ 성령 강림 대축일	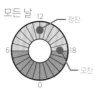
하절기	
사순절~ 부활절 (동절기)	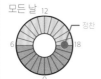

● 『성 베네딕토 계율』이 기본!

```
┌─────── 하루의 식사량 ───────┐
· 빵 : 1리브라(약 300g)
· 음료 : 1헤미나(약 0.75ℓ)
```

```
┌─────── 한 끼 식단 ───────┐
· 빵                · 주류
· 반찬 두 가지        와인, 피그멘텀
· 채소, 과일          (벌꿀이 들어간
                    와인), 벌꿀주,
                    맥주
```

```
┌─────── 반찬 규칙 ───────┐
· 짐승 고기
  병자, 가난한 자에게 베푸는 것 외에
  금지.
· 콩, 계란, 유제품
  콩 외에는 기일에는 금지.
· 생선류
  성직자의 식사로 장려!
```

성직자의 식사

● 원래는 성직자의 식사도 『성 베네딕토 계율』이 이상!
   그러나 실제로는 사상, 환경의 영향을 받는다……

세속 영주화한 성직자의 경우
 귀족과 마찬가지로 호화로운 식사를 한다. → 귀족

시골 사제의 경우
 민중과 마찬가지로 변변찮은 식사를 한다. → 민중

수도사라 해도……
 연석 접대를 이용해서 풍부하게 식사를 한다. → 귀빈
 주류 양조에 정열을 불태운다. →

관련 항목
● 중세의 시간과 양력 → No.006
● 주교 → No.078
● 성직자 → No.079
● 영주 → No.091

교회와 수도원의 의복

그리스도 교회는 예수와 그 사도를 이상으로 하는 정신세계를 중히 여겼다. 따라서 그들의
의상도 예스럽고 은은한 기품이 있었다.

● 신체를 덮어서 감추는 신성한 의복

중세 성직자의 옷은 로마 제국과 비잔티움의 흐름을 답습하고 있다. 기본적으로는 길고
헐렁한 옷으로 그 위에 다양한 부속품을 장식한다.

부제의 제례복은 기장이 긴 알바라 불리는 옷을 안에 입고 그 위에 달마티카라고 하는
소매가 헐렁한 겉옷을 입는다. 이 달마티카는 부제임을 나타내는 상징이기도 했다. 그리고
어깨에는 띠 형태의 숄인 스톨을 걸치고 손에는 마니풀루스라고 하는 성대를 늘어트렸다.
사제는 어깨 옷인 아믹투스와 알바를 안에 받쳐 입고 그 위에 카즈라라고 하는 망토를 입
었다. 그리고 스톨, 마니풀루스를 걸친다. 주교는 아믹투스와 알바 위에 2개의 띠가 장식
된 달마티카, 카즈라를 착용하고 어깨에는 스톨, 대주교라면 검은 십자가를 표식으로 하는
하얀 모직물 띠인 팔리움을 몸에 단다. 머리에는 주교관 미트라를 쓰고 손에는 주교 지팡
이를 든다. 교황은 여기에 교황을 위한 어깨 옷인 파노네가 추가된다. 이들 상위 성직자의
복장에 비해 하위 성직자가 입는 옷은 기장이 짧은 알바였다. 또한 제복은 색으로 나누어
져 있으며 각각 다른 제례에서 사용하도록 되어 있다.

수도사는 속세와 거리를 두고 청빈을 추구했기에 기본적으로는 검소한 복장으로 만족했
다. 아마나 울로 만든 튜닉, 짧은 소매가 달린 식전용 제례복 그리고 두건이 달린 수도의가
의복의 전부이다. 색은 검은색, 회색, 갈색만이 허락되었다. 그러나 12세기에 들어 하얀색
도 허락하게 된다. 신발은 가죽 신발, 여름용 슬리퍼, 겨울용 나막신을 신었다. 또한 이러
한 의복은 소속하는 수도회에 따라서 세세한 차이가 있다.

수도사를 보조하는 보조 수사도 복장을 엄격하게 제한받아 위반품은 몰수되었다. 착용
이 허락된 것은 튜닉 등의 상의, 바지, 양말, 두건 달린 외투, 모자이며 신발은 걸쇠에 나무,
상아, 철만을 사용했다.

성직자의 일반적인 의복

> 중세 성직자의 제례복은 고대 로마와 비잔티움 제례복의 흐름을 답습하고 있다.

● 부제의 제례복

목에는 스톨이라고 하는 띠를 드리우고 있다.

팔에는 마니풀루스 라고 하는 성대를 걸 친다.

속옷으로 알바라고 하는 긴 튜닉을 입 는다.

알바 위에는 어깨 옷인 아믹투스를 걸친다.

부제는 달마티카 라고 하는 상의를 입는다.

● 사제의 제례복

사제는 카즈라 라고 하는 망토 를 입는다.

● 주교의 제례복

머리에는 주교의 증표인 미트라를 쓴다.

손에는 주교 지팡이를 든다.

알바 위에 달 마티카를 입고 그 위에 카즈 라를 두른다.

어깨에는 스 톨을. 팔에 는 마니풀루 스를 늘어트 린다.

교황이라면 아믹투스 대신 전용 파노네를 단다.

교황, 대주교는 팔리 움을 목에서 늘어트 린다.

● 수도사의 복장

기본은

| 튜닉 | + | 두건 달린 수도복 |

형태와 색 등의 세세한 규정은 수도회에 따라서 다르다.

관련 항목

● 교황 → No.077
● 주교 → No.078
● 성직자 → No.079

치료원과 봉사활동

곤궁한 타인을 구제하는 것은 미덕이다. 이러한 이념에 따라서 중세 사람들은 적극적으로 가난한 자와 병자 구제에 나섰다.

● 천국에 다다르기 위한 구제

그리스도교에 있어서 가난한 자와 약자를 구제하는 것은 천국에 가기 위한 중요한 공덕이다. 부자가 천국의 문을 지나는 것은 어렵다고 하는 가르침과 어우러져 중세의 교회, 수도원은 기꺼이 가난한 자에 대한 구제 활동을 했다.

치료원의 시작은 로마시대의 유복한 부인의 활동에서 비롯되었다고 전해진다. 이후 교회와 수도원은 「신의 집」 또는 「호스피탈」이라 불리는 자선 시설에서 다양한 봉사활동을 했다. 여기에 머무르는 사람들은 「신의 빈자」라고 불리며 빈민, 병자, 노인, 과부 같은 생활 빈곤자뿐만이 아니라 순례자 등도 포함되어 있다. 치료원이 받아들인 사람들은 식사와 입욕 같은 서비스를 받았다. 침대는 젊은 엄마와 임종이 가까운 사람 외에는 여럿이 하나의 침대를 공용으로 사용했지만 항상 청결이 유지되었다. 하지만 일상의 행동거지, 외출 제한, 모럴 관리 등 규칙면에서의 속박은 엄격했다. 또한 치료원이라 불리기는 하지만 현대처럼 적극적인 치료행위를 하는 것도 아니다. 이러한 치료원에는 재산을 증여함으로써 삶이 끝날 때까지 돌봐주는 제도도 존재했다.

12세기에 들어 도시와 상인 세력이 강해지자 그들도 이러한 자선 활동에 참여하게 된다. 구제의 민영화라고도 할 수 있는 이 프로세스의 배경으로는, 페스트 전염에 의한 빈민 증가와 사회 기반에 대한 불안도 들 수 있다. 이렇게 민간에서도 운영하기 시작한 치료원에는 기존의 구제원 같은 종래의 시설뿐 아니라 실제 치료를 행하는 전문적인 병원, 한센병 환자를 위한 수용 시설, 고아원, 양로원 등 다양한 전문 시설이 있었다.

이러한 구제 단체 중에서도 특이한 것이 베긴회다. 탁발 수도회가 후원해준 이 회는 빈궁한 여성들로 구성되어 있으며 속세 성직자로서 자신들과 마찬가지로 고통받는 여성과 빈민 구제에 힘썼다.

치료원과 신의 빈자

치료원이란?

가난한 사람, 약자 구제라고 하는 그리스도교적 사상하에 교회, 수도원이 운영했던 시설. 로마시대의 부유한 부인의 활동에서 시작되었다고 여겨진다.

치료원　「신의 집」, 「호스피탈」이라고도 불린다.

제공받는 주요 서비스
· 식사
· 입욕
· 침실
※현대의 병원과는 다르게 적극적인 치료 등은 하지 않았다.

제한받는 것
· 일상의 행동거지
· 외출 제한
· 모럴 관리

전 재산을 기부!

신의 빈자

| 빈민 | 노인 | | 순례자 |
| 병자 | 과부 |

생활이 곤궁한 자

기부자
삶이 끝날 때까지
치료원이 돌봐준다.

발전하는 치료원

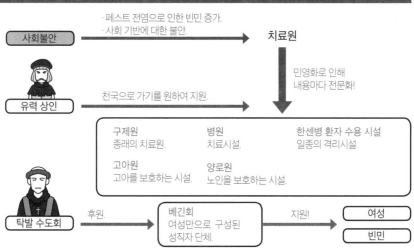

사회불안

· 페스트 전염으로 인한 빈민 증가.
· 사회 기반에 대한 불안.

치료원

민영화로 인해
내용마다 전문화!

유력 상인

천국으로 가기를 원하여 지원.

구제원
종래의 치료원.

병원
치료시설.

한센병 환자 수용 시설
일종의 격리시설.

고아원
고아를 보호하는 시설.

양로원
노인을 보호하는 시설.

탁발 수도회

후원.

베긴회
여성만으로 구성된
성직자 단체.

지원!

여성

빈민

관련 항목

● 상인 → No.051
● 거지와 빈민 → No.056
● 순례 → No.086
● 성직자 → No.079

성인신앙과 성유물

중세 세계에서 성인은 특수한 위치에 자리한다. 그들은 이교적인 신앙이 그리스도교적 가치관 속에서 살아남은 형태였다.

● 그리스도교에 도입된 이교적 신과 민간 설화

로마 가톨릭 교회를 시작으로 하는 그리스도 교회는 그 신앙을 확대하기 위해서 예부터 내려온 이교적 신들에 대한 신앙을 타파할 필요가 있었다. 그래서 교회는 고대 신앙을 축소하여 자신들의 가르침 안에 도입함으로써 고대 신들을 믿던 민중을 그리스도 교도로 개종시켰다. 원래 우상 숭배가 금지된 그리스도교에서 예수와 마리아상을 세우게 된 것도, 부활절에 수목을 이용하는 것도 이교적 신앙 의식을 도입한 여파이다. 유일신 외에 성인이라고 하는 존재에 대한 신앙도 이러한 이교적 문화의 흔적 중 하나였다. 성인은 각 지역마다 숭배하던 신들의 흔적 또는 민간 설화 등의 주인공이다. 그들에 대한 전승은 그리스도교적 훈화로 바꿔치기 당했으며 그 기적은 신의 힘이 초래한 것으로 변했다.

그리스도교적 가치관 속에서 성인은 순교자이며 훌륭한 행위와 기적을 체현한 인물이다. 기적을 일으킨 그들의 신성함은 사후에도 남아 유해는 썩지 않으며 유품인 성유물과 연고지에는 병의 치유와 소원성취의 힘이 있다고 여겨졌다. 또한 요일마다, 직업마다 성인이 있으며 직업 성인은 동업자 조합의 신앙회에 의해서 크게 숭배를 받았다. 중세는 성인 신앙이 폭발적으로 퍼진 시대이며 13세기 도미니코 수도회의 보라기네의 야코부스(1230년?~1298년)가 편찬한 성인열전 『황금전설』은 갈채를 받았다. 그 뜨거운 반응은 다수의 교회가 성인과 성유물을 날조 또는 쟁탈하는 지경에 이른다. 순례 붐으로 인해 유명한 성인의 유물을 보유하고 있는 교회와 수도원은 막대한 수익을 올릴 수 있기 때문이었다. 이런 과열된 분위기를 경계하던 로마 가톨릭 교회는 이교적 성인을 배제하고 성인 범람을 억제하기 위해서 기적의 유무에 따라 교황이 성인을 인정하는 시성제도를 마련하여 교회의 관리하에 두게 된다.

성인신앙의 탄생

성인이란?

그리스도교적 가치관 속에서 훌륭한 행위와 기적을 체현한 순교자들. 썩지 않는 유해와 소지품에 신성이 남아 있다고 여겨졌다.

이교의 신	이교의 성유물
민간 설화의 주인공	이교의 흔적

교리에 적극적으로 도입.

그리스도교 세력

· 예수, 마리아 우상화.
· 부활절 등의 수목 신앙 도입.
· 민간 설화를 그리스도교적 훈화화.
　　　　　　　　　　　　　　등등

성인신앙이 탄생!
· 성유물과 연고지에 치유력이 있다는 얘기에 순례가 유행.
· 요일마다, 직업마다 수호성인이 설정되어 동업자 조합 등에서 신앙을 가지게 된다.

과열되는 성인신앙

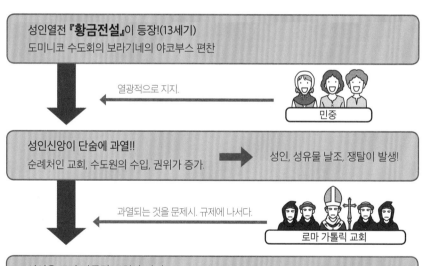

성인열전『**황금전설**』이 등장!(13세기)
도미니코 수도회의 보라기네의 야코부스 편찬

열광적으로 지지.

민중

성인신앙이 단숨에 과열!!
순례처인 교회, 수도원의 수입, 권위가 증가.

성인, 성유물 날조, 쟁탈이 발생!

과열되는 것을 문제시. 규제에 나서다.

로마 가톨릭 교회

성인을 로마 가톨릭 교회가 관리
· 이교적인 성인 배제.
· 기적 유무로 교황이 성인을 인정하는 시성제도를 마련한다.

순례

순례는 구원을 바라는 중세 세계의 사람들이 그 신앙심을 채우기 위해서 성지로 향하는 행위
다. 하지만 순례에는 언제나 고난이 뒤따랐다.

● 정열이 인도하는 고난의 여로

11세기 로마 교황 우르바노 2세(1042년~1099년)가 내린 예루살렘의 그리스도 분묘를 탈환
하라는 격문은 다수의 귀족과 민중의 마음을 사로잡아 종교적 열정을 자극하게 된다. 하지
만 성지라 불리는 장소로 떠나는 순례는 딱히 예루살렘만이 목적은 아니었다. 사람들은 다
수의 사적지와 성유물을 목표로 일상의 삶을 버리고 여행을 떠났다. 그 목적은 종교적 구
원 외에도 병 치료 등 현실적인 이익 기원, 덤으로 관광 목적도 있었다.

순례자는 교회법상으로 보호를 받는 「신의 빈민」으로 여겨졌다. 그들은 챙이 넓은 모자
에 옷자락이 긴 옷, 가리비 껍질로 만든 배지를 몸에 달고 여행을 떠난다. 손에는 물과 와
인을 넣은 표주박을 매달은 순례 지팡이를 들고 등에는 큰 주머니를 짊어진다. 큰 주머니
에는 노잣돈이 들어 있지만 그걸로 부족한 경우에는 교회법이 그들을 도왔다. 교회와 수도
원에 손님으로서 잠자리를 요청하는 것이 가능했기 때문이다. 당시에 도보로 하는 순례는
숙박비가 무료였기에 순례는 도보로 하는 경우가 많았다. 다만 그 여로는 결코 평탄치 않
았다. 병에 걸리는 경우도 있고, 도적들에게 습격을 당하거나 악질적인 마을 사람과 시민
에게 속아서 살해당하는 상황조차 있었다. 그 때문에 징벌로서 순례를 명하는 경우도 있었
다. 반대로 고난의 순례행을 무사히 끝낸 자는 사람들의 존경을 받았다.

순례자들의 목적지는 성지나 성유물을 모시고 있는 교회다. 가장 손꼽히는 곳은 예루살
렘으로 순례자들은 여기서 종려나무 가지를 얻어 돌아가는 것을 목적으로 삼았다. 다음으
로 유명한 곳이 사도들의 묘지인 로마 이베리아 반도의 북서, 갈리시아의 성 자크(대 야고보)
의 사적지인 산티아고 데 콤포스텔라다. 이 외에도 몽 생 미셸, 아시시, 마리아 신앙 관련
등이 알려져 있다. 이러한 순례지에는 안내서도 발행되어 있기에 미지의 토지를 여행하는
사람들에게 도움이 되었다.

순례의 시작

우르바노 2세 ※11세기 로마 교황

성지 예루살렘의
그리스도 분묘를 탈환하라!

종교적인 정열을 자극하다.

귀족　　　민중

성지 순례의 주요 동기
· 종교적인 구원을 바라고.
· 병 치료 등 현실적인 이익
　을 바라고.
· 종교적 벌칙으로서.
· 관광.

성지로 순례를 떠나는 것이 유행하게 된다!!

성지로 향하는 순례자들

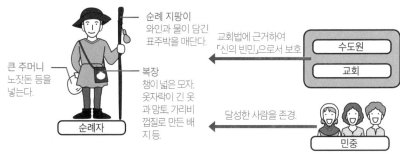

순례 지팡이
와인과 물이 담긴
표주박을 매단다.

큰 주머니
노잣돈 등을
넣는다.

복장
챙이 넓은 모자.
옷자락이 긴 옷
과 망토, 가리비
껍질로 만든 배
지 등.

순례자

교회법에 근거하여
「신의 빈민」으로서 보호

수도원

교회

달성한 사람을 존경.

민중

순례자들이 목표로 삼은 주요 성지(당시에는 안내서가 발간되었다)

몽 생 미셸 등
남프랑스의 성지

다수 사도들의 분묘
가 있는 로마

그 외 마리아
신앙의 성지

성 자크의 성지,
산티아고 데
콤포스텔라

그리스도의 분묘가
있는 예루살렘

관련 항목
● 중세의 교통 → No.019
● 가도의 여관 → No.073
● 교황 → No.077

이단

이단이란 정통파인 로마 가톨릭 교회와는 다른 주장을 펼치는 그리스도교 신자다. 그 바탕에는 교회에 대한 반발이 있었다.

● 교회 지배를 부정하는 적

중세 유럽에 있어서 이단이란 서유럽을 정신적으로 지배한 로마 가톨릭 교회의 교리와 다른 해석을 하는 것이었다.

예로부터 그리스도교는 제자와 신자들에 의해서 다양한 해석을 시도했던 종교이다. 로마가 공인한 이후에도 그노시스파처럼 독자적인 해석을 하는 파벌이 존재했고 그 정통성과 신앙에 대한 논의가 이루어졌다. 또한 교회 자체도 비잔티움 제국의 비호하에 있는 동방 정교회, 성 베드로 교회의 후예임을 자처하고 서방을 지배한 로마 가톨릭 교회 쌍방이 자신의 정통성을 주장하던 것이 현재에 이른다. 이단은 다수파인 그들의 관점에서 교리에 맞지 않는 주장을 하는 것에 대한 명칭에 지나지 않는다. 초기의 이단 종파 자체도 그리스도론에 대한 로직에 지나지 않았으며 학문적이었다.

그러나 로마 가톨릭 교회가 서유럽에서 권력을 쥐게 되자 이단은 학술적인 사상에서 민중의 분노를 표현하는 것으로 변질되어간다. 유일신의 대변자로서 성사를 독점하며 금전으로 얼룩진 교회를 부정하고, 청빈을 중시하며 누구나가 신을 논할 수 있고 성사를 내릴 수 있다는 사상이 나타난 것이다. 이 와중에 밀라노의 파타리아에서는 탁발과 스스로에게 채찍질을 행하는 사람들이 교회의 성직매매를 비판하는데 당시의 교황 그레고리오 7세(1020년 무렵~1085년)에게 회유되어 그레고리오 개혁에 도움을 준다. 하지만 12세기에 들어 교회는 이단자를 교회 권력에 흠집을 내는 적으로 인식한다. 리용에서 청빈을 중시하는 왈도파, 마니교의 영향을 받아 육체를 악으로 규정했던 남프랑스의 카타리파, 알비파의 존재는 교회에 위기감을 불러일으켜 이단이라 규정당하고 결국에는 알비주아 십자군에게 대학살을 당한다. 외부의 강력한 비판에 노출된 교회 내부에서는 한층 더 엄격하게 청빈한 삶을 목표로 하는 도미니코 수도회 등이 탄생하여 내부 개혁에 매진하게 된다. 하지만 그들은 동시에 이단 심문의 첨병이기도 했다.

이단의 탄생

이단이란?

서유럽을 정신적으로 지배했던
로마 가톨릭 교회의 교리와 다른 해석을 하는 것.

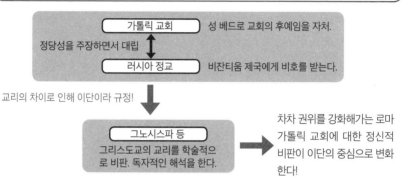

가톨릭 교회 ── 성 베드로 교회의 후예임을 자처.

정당성을 주장하면서 대립

러시아 정교 ── 비잔티움 제국에게 비호를 받는다.

교리의 차이로 인해 이단이라 규정!

그노시스파 등
그리스도교의 교리를 학술적으로 비판. 독자적인 해석을 한다.

차차 권위를 강화해가는 로마 가톨릭 교회에 대한 정신적 비판이 이단의 중심으로 변화한다!

주요 이단과 가톨릭 교회의 대응

파타리아

밀라노의 탁발. 채찍 수행을 하는 파벌. 성직매매를 비판.

회유. 그레고리오 개혁에 도움을 준다.

왈도파

남프랑스 리용의 청빈을 취지로 삼는 파벌.

카타리파

남프랑스 카타리의 마니교를 도입한 파벌

교회 권력에 흠집을 내는 자로 규정하여 알비주아 십자군에 의해 대학살.

알비파

남프랑스 알비의 마니교를 도입한 파벌

가톨릭 교회

부패를 비난!

도미니코파 수도회

한층 더 엄격한 청빈을 목표로 하는 가톨릭 교회 내의 파벌. 후에 이단 심문의 첨병화.

관련 항목

● 신앙과 삶 → No.005

● 교황 → No.077

죄와 면죄

그리스도교는 죄와 용서의 종교이다. 교회는 죄에 대한 공포로 사람들을 다루고 용서를 해줌
으로써 그들을 달래주었다.

● 죄에 대한 공포와 면죄

중세 세계에 있어서 사상의 중핵이 되는 그리스도교에서 인간은 탄생하는 순간부터 죄
를 짊어지는 존재였다. 인간의 죄에 대해서는 아담과 이브의 낙원 추방까지 거슬러 올라간
다. 유혹에 넘어가서 신과 이어지는 영혼을 악덕과 욕망의 상징인 육체에 사로잡힌 그들은
죽어야만 하는 숙명을 짊어진다. 하지만 신성을 완전히 잃어버린 것은 아니다. 신은 사후
에 인간의 죄를 심판하고 자신의 낙원에 어울리는 자들을 구원한다. 그렇기에 인간은 욕망
과 그에 따른 죄와 싸워서 승리해야만 했던 것이다. 이러한 원죄 사상 그리고 죄에 대한 공
포는 그리스도 교회가 민중을 지배하는 강력한 무기였다. 그 때문에 13세기에 들어서 사
제들은 모두 죄와 속죄를 언급하며 공포와 회한으로 사람들의 의식을 컨트롤한다.

교회와 수도원에는 반드시 청죄사제가 있었으며 사람들은(성직자라 하여도) 자신의 죄를 고
백하는 것이 일반적이었다. 죄를 정의하는『속죄규정서』는 5세기에 이미 존재했지만 본격
적으로 정의되어 의식화된 것은 12세기 이후이다. 죄는 보상할 수 있는 소죄, 치명적인 대
죄 두 가지로 나누어지며 다양한 죄와 그 속죄 방식이 교회에 의해 정해졌다. 그러나 교회
의 재판은 어디까지나 정신적인 재판이다. 따라서 영주들이 정한 형벌처럼 사형을 내리거
나 육체에 벌을 주는 것이 아니라 신에 대한 복종을 표하는 활동이 추구되었다. 예를 들어
사람을 죽인 자는 수도원에 들어가든가 1년에 한 번 40일 동안 물과 빵만으로 살아가는
단식을 행하며 이를 7년 동안 해야만 한다. 도둑질 초범은 금요일마다 세 번 빵과 물만으
로 단식을 한다. 이러한 처벌은『속죄규정서』와 대조하여 사제의 재량으로 판단하였다.
14세기에 들어 이러한 죄는 면죄부를 구입함으로써 용서를 받을 수 있게 된다. 면죄부 매
매는 교회의 커다란 재원이 되었지만 당연히 부패의 근원도 되었다.

태어나면서부터 짊어지는 원죄

죄의 인식

그리스도교에 있어서 유혹에 넘어가 낙원을 추방당한 아담과 이브의 자손인 인간은 태어나면서부터 죄(원죄)를 짊어진 존재라 여겼다.

유혹에 넘어가 육체에 사로잡힌 존재로서 죽을 숙명으로.

사후, 천국에 어울리는 자는 구원을 받는다.

신 → 낙원 추방 → 인간

그러나 아직 신성을 잃은 건 아니다.

인간

13세기 들어 원죄의 개념을 사제들이 적극적으로 이용하기 시작한다!

원죄에 대한 공포와 천국에 대한 갈망을 이용하여 신도를 컨트롤.

교회 ← 신도

교회에 복종하며 욕망과 죄와 싸운다.

속죄와 면죄

속죄 방법

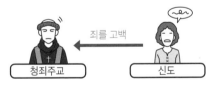

죄를 고백

청죄주교 ← 신도

주교가 5세기부터 존재하는 『속죄규정서』와 대조하여 죄와 벌을 정한다.

단식과 신에 대한 복종을 촉구. 주로 정신적인 벌이 내려진다.

속죄 성립!

면죄부

교회

14세기 들어, 구입함으로써 죄를 사해주는 면죄부 개념이 탄생한다.

면죄부는 교회의 커다란 재원이 되지만 동시에 금전적인 부패도 탄생시킨다.

관련 항목

연옥

중세 신학의 발전에 의해 알려진 연옥은 천국에도 지옥에도 갈 수 없는 영혼이 불꽃에 의해서 죄과를 씻어내는 장이다.

● 정화와 희망을 안겨주는 고통의 불꽃

로마 가톨릭 교회가 유럽을 지배했던 중세는 다수의 신학자들이 세계와 사상의 모순을 해명하기 위해서 다양한 연구와 해석을 하던 시대이기도 하다. 천국와 지옥 사이에 있다고 일컬어지는 연옥도 그러한 신학자의 몽상에 의해 태어난 새로운 세계였다.

애초에 그리스도교에 있어서 사후 세계는 신에게 축복받은 천국과 생전에 저지른 죄에 대해 벌을 받는 지옥밖에 없었다. 그곳에 다다르는 길은 절대적이며 죄를 범한 자가 구원받을 여지는 없다. 그래서 생각해낸 것이 연옥이었다. 연옥은 천국과 지옥 사이에 있으며 죄를 지은 자가 교회를 통해 중재받은 영혼이 보내지는 곳 또는 그 상태이다. 그들은 이 새로운 구원의 장에서 죄를 속죄하기 위해서 정화의 불꽃으로 태워졌다. 이는 죄를 지었기에 내리는 벌이기도 하고 그들을 정화해주는 구원이기도 하다. 연옥에 머무는 시간은 영혼이 생전에 참회와 경건한 행위를 했는지의 여부에 따라서 경감되었다.

연옥(푸르가토리오)라는 단어는 중세 이전부터 형용사로서 존재했다. 성 아우구스티누스(354년~430년)도 천국에 다다르기 위한 정화의 불에 대해서 언급하고 있다. 본격적으로 연옥이라는 장이 탄생한 시기는 12세기부터 13세기 사이였다. 1274년 제2회 리용 공의회에서 공인된 연옥은 성직자의 강론으로 전파된 것 외에 『황금전설』과 『신곡』 등의 문학 작품에도 인용되어 폭넓게 민중에게 침투했다.

연옥의 존재는 신의 심판을 두려워하며 살아가는 사람들에게 커다란 구원을 가져왔다. 그리스도교적으로 죄인 취급을 받는 고리대금업조차 생전의 선행에 따라서 정화를 받을 수 있다는 희망을 안겨준 것이다. 또한 당연하게도 죄를 씻고 연옥에 들어가도록 중개해주는 성직자들의 지배력이 강화되었으며, 수입 또한 증가하게 되었다.

연옥이라고 불리는 구원의 장

연옥이란?

천국과 지옥 사이에 존재한다고 여겨지는 혼을 정화하는 장소.
교회의 중개를 받은 영혼이 보내진다.

초기 그리스도교에서는……

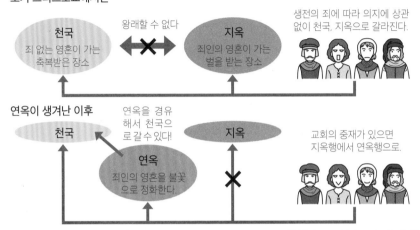

천국
죄 없는 영혼이 가는
축복받은 장소

왕래할 수 없다 ❌

지옥
죄인의 영혼이 가는
벌을 받는 장소

생전의 죄에 따라 의지에 상관
없이 천국, 지옥으로 갈라진다.

연옥이 생겨난 이후

천국

연옥을 경유
해서 천국으
로 갈 수 있다!

지옥

연옥
죄인의 영혼을 불꽃
으로 정화한다.

❌

교회의 중재가 있으면
지옥행에서 연옥행으로.

연옥의 탄생과 교회 권력

4세기 무렵
· 성 아우구스티누스 등이 언급

12~13세기 무렵
· 제2회 리옹 공의회(1274년)에서 존재를 인정!
· 『황금전설』 『신곡』 등 문학작품으로 인지도가 넓어진다.

● 그 결과……

교회

중재를 요청한다

신의 심판이
두렵다!

민중

교회의
지배력
경제력
이 중세를 통해 증대한다!!

관련 항목
● 신앙과 삶 → No.005
● 성직자 → No.079
● 영주 → No.091

악마와 신앙

그리스도교에서 신은 모든 것을 창조해낸 위대하고도 선한 존재다. 그럼에도 불구하고 세계에는 수많은 부조리함과 악의가 만연해 있다. 사람들은 자신들에게 달려드는 고통을 신이 자신들에게 내린 원죄에 대한 벌이라고 생각하여 그 모순을 해소하려 했다. 그러나 신의 창조물인 인간은 악의로 가득하고 죄를 저지르는 자가 사라지지 않는다. 이윽고 사람들은 이 세상의 악을 짊어져야 하는 존재를 몽상하기에 이른다. 그것이 바로 악마였다.

그리스도교에 있어서 악마는 인간을 유혹하여 계약을 맺고 악행을 저질러서 영혼을 타락시키거나 또는 계약의 대가로 빼앗아서 지옥으로 떨구는 존재이다. 이러한 악마의 유혹은 약간의 게으름부터 범죄 유도에 이르기까지 폭넓다. 또한 다양한 자연재해와 전염병도 종종 신의 분노가 아니라 악마의 소행으로 여겼다. 심한 악마의 경우 당돌하게 성인과 악인 앞에 나타나서 후려갈기는 경우도 있다. 어째서 그러한 짓을 하는지에 대한 이유는 애매하여 타천사이므로 신을 증오하기 때문이라고도, 인간을 시험하여 유혹에 진 자를 괴롭히는 신의 옥졸이라고도 여겼다. 일반적으로 악마는 뿔과 박쥐 날개, 뾰족한 꼬리가 달린 새카만 나체 형태로 표현하는 경우가 많다. 또한 어떤 생물로도 변신할 수 있다고 여겼다. 변신은 매우 교묘하여 개중에는 예수로 변해서 성직자를 속였다는 전승조차 남아 있다. 이 힘을 통해 악마는 아무 장소에 나타나고 어디에나 잠입할 수 있었다. 활동기간은 밤인 경우가 많지만 낮에도 아무렇지 않게 나타난다.

천국의 구원을 바라는 사람들은 지옥의 사자인 악마를 두려워했지만 중세 시절에는 근세의 마녀사냥 정도로 사회적 히스테리를 일으키는 부류는 아니었다. 전승되는 얘기도 괴이담과 성인 전승의 양념 같은 수준이다. 그러나 악마 그리고 지옥에 대한 공포는 인격이 갑자기 바뀌어서 날뛰는 악마빙의라고 불리는 현상을 종종 일으키고 있다. 현대 시점에서 보자면 히스테리와 정신 착란 부류라 생각되지만 당시 사람들은 악마의 소행이라고 생각했다. 이를 치료하는 것은 성직자의 역할로 성서 낭독과 성수 뿌리기, 향초 피우기 같은 대처법을 취했다. 보통은 하위 성직자인 제마사, 흔히 말하는 엑소시스트가 행하지만 사제 등이 참가하는 경우도 있었다. 악마 퇴치는 어디까지나 의식에 지나지 않지만 정신적인 안정을 주어 실제로 효과도 봤다.

이 정도까지는 아니지만 사람들은 악마와 종종 조우하고 있다. 악마와의 조우는 밤중에 피해자가 깊이 잠들어 있는 동안과 잠에서 깨어나는 순간에 일어나고 있는데, 수면 중에 꾸는 악몽을 악마와 연결지은 것으로 파악된다. 악마가 주로 밤에 활동한다고 알려진 것도 이러한 악몽에서 기인한 것일 터이다. 그 외에도 일상 속에서 흔히 일어나는 불운과 사고를 악마와 연관 짓는 경우도 있다. 또한 악마의 입장에서는 누명이라고 할 만한 것이, 수면 중의 음란한 꿈과 불륜 결과를, 꿈속에서 인간과 성행위를 하는 악마의 일종, 악마의 소행으로 떠넘기는 경우도 많았다.

제5장
왕궁과 성채

성의 주민

성이라고 하는 하나의 커뮤니티를 운용하기 위해서는 다수의 인재를 필요로 했다. 그 모습은 실로 하나의 국가라 해도 과언이 아니다.

● 성을 유지하는 사람들

영주들이 영지 지배와 전투를 위해서 거점으로 삼는 성. 이를 유지하기 위해서는 다수의 인재를 필요로 했다. 우선 들 수 있는 것이 성의 주인인 영주 가족이다.

그 밑에는 하급 관리를 부려서 영지를 관리하고 성내의 일상생활을 처리하는 집사장, 성주의 시중을 드는 시종과 하녀 등이 있다. 또한 집사장은 나중에 영지 관리를 전문으로 하는 자와, 생활을 관리하는 자로 나누어 고용하게 된다. 영토 관리를 하는 집사장은 직무의 중요성 탓에 기사 계급과 주교 등이 많다. 회계 등의 전문지식을 요구하는 집사장은 그 능력 덕분에 높은 지위와 특별한 의상이 내려졌으며 혜택도 많았다.

집사장들이 관리했던 것이 요리사, 집사 등 창고와 특별한 방의 관리인, 석공과 목공, 대장장이, 마구간지기 같은 사람들로 그 외에도 다수의 시종과 청소, 세탁을 하는 하인들이 따르고 있다. 이 중에 미용사는 영주들의 몸단장을 거들 뿐 아니라 치료 활동에도 종사했다.

미사를 집전하는 예배당의 사제들도 중요한 존재였다. 그들은 미사를 집전하고 공문장 작성과 가난한 자들에 대한 구제 활동을 감독한다.

연락 수단이 빈약했던 중세 유럽에서는 영주 전문의 전령도 중요한 인재였다. 그들은 기사 정도는 아니지만 높은 급료와 의류, 신발을 지급 받는다. 그러나 금품과 중요 서류를 전하고 귀인을 면회하는 전령은 위험도 커서 강도를 만나거나 귀인의 분노를 사서 부당한 처벌을 받는 경우도 있었다. 이 일은 문장으로 피아를 식별하는 문장관이 겸직하는 경우도 있다.

한편 전투 면에서는 영주의 부하와 금전으로 고용된 기사와 휘하에 있는 견습 기사가 중심이 된다. 그들 밑에는 영토에서 징병한 병사, 문지기와 보초, 용병 등이 있다. 그들은 일상 또는 교대로 성을 경비하거나 훈련을 하면서 시간을 보낸다. 또한 사냥을 하게 되면 전문 사냥꾼과 함께 훈련을 겸해서 사냥감을 쫓았다.

성에서의 생활과 이를 유지하는 사람들

성주 일가

집사장	주요 업무	※주로 기사 계급, 성직자 출신.
	·영지 관리	회계 등의 지식이 필요.
	·하인들 관리	시대가 흐름에 따라 업무별로 따로 고용했다.
		이득이 많다.

봉사 ↑   ↓ 통제

잡무 담당
시종 하녀
·성주 가족에 대한 시중.
·손님 접대.

기술자

석공
목공
대장장이
·건축.
·생활 필수품 공급.

정보전달
전령
· 귀인에게 보내는 편지,
  물품 운반.
※대외적 업무인 관계로 의
  료품은 지급. 위험한 일.

위생

미용사
·성 주민의 이발
·치료 행위도 담당.

전문직
집사
·와인 등을 관리.
요리사
·음식 조리 및 관리.
마구간지기
·말, 마구 관리.

종교
사제
·미사 집전.
·공문서 작성.
·빈민 구제.

성과 군인들

성에서의 쾌적한 삶을 유지하기 위해서는
군사력도 필요불가결!

기사 견습 기사	영주의 가신 또는 금전으로 고용된 사관.

 통제.

병사 문지기 보초	영주 등에게서 징용된 일반 신분의 병사들.
용병	금전으로 고용된 부대.

주요 업무
· 성주에 의한 군사 활
  동에 참가.
· 성의 경비.
· 군사 훈련.
· 성주의 사냥에 훈련
  을 겸해서 참가.

영주

봉건 사회의 속세에서 정점에 위치하는 영주들. 그들은 무장집단의 장이며 그 무력과 재력을
배경으로 영민들을 지배했다.

● 서유럽에 퍼진 새로운 지배자

영주는 중세 세계 권력의 정점에 위치하는 자들이다. 영주의 종류는 황제, 왕 같은 국가
의 정점부터 다수의 부하와 영토를 소유하는 제후, 성직자인 성직자 제후, 제후를 섬기는
기사까지 다양한 계층이 포함된다.

국왕, 황제는 봉건사회의 톱이며 최고위 봉토 소유자, 군권 소유자, 그리고 재판관이었
다. 그들은 관직과 특권을 부여하는 권한을 지녔으며 가신과 영민에 대한 재판권도 소유한
다. 또한 화폐 주조, 시장 개설, 성채 구축권, 광산 채굴권 그 외 여러 징세권을 포함한 국가
권력을 소유하는 지배자였다. 애초에 그 지배력은 절대적인 것이 아니며 신성 로마제국에
서는 다수의 제후와 성직자 제후가 국가 권력을 부분적으로 양도받아 그 권한을 행사하는
연방 지배를 하였다. 한편 프랑스에서는 대소 영주가 성을 중심 삼아 무력으로 주변 지역
을 실질적으로 지배하여 징세권과 재판권을 행사하는 반(Bann) 영주의 지배가 있었지만 세
습 단절과 영토 몰수 등을 통한 국왕의 중앙집권화가 이루어졌다.

제후라 불리는 영주들은 변경백, 백작이라고 하는 관직을 지닌 자들이다. 그들은 원래 고
귀한 출신으로 국왕에게 관직을 받았지만 레헨제도를 통한 권력 세습화 덕분에 한층 더
실효적인 지배력을 획득한다. 그중에서도 군사력과 경제력으로 지방에서 지도적 지위를
획득한 자는 대공이 되어 국가에서 커다란 힘을 지닌 존재가 되었다. 또한 왕의 가신과 대
주교 등의 성직자 제후도 막대한 권력을 지니고 있으며 제후와 마찬가지로 고급 귀족 취
급을 받았다.

이렇게 권한이 강력한 고급 귀족 밑에는 고급 귀족들에게 봉토를 하사받은 중급 귀족들,
그리고 그들의 신하인 소영주와 성에 거주하는 기사들로 이루어진 하급 귀족들이 있다. 애
초에 기사는 혈통으로 이루어진 귀족 계급이 아니라 어디까지나 직무에 의해 귀족 계급으
로 편입된 존재에 지나지 않았다.

황제, 국왕과 그 지배

황제, 국왕

· 최고위 봉토 소유자.
· 군권 소유자.
· 최고위 재판관.
· 국가 권력을 보유한다.

국가 권력이란 화폐 주조와 광산 채굴, 성채 구축 등 군주만이 인정할 수 있는 권리.

그러나 그 권력은 절대적이지 않고 다양한 지배 체제가 있었다.

연방 지배(신성 로마 제국)

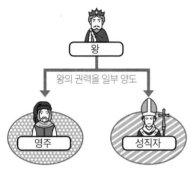

왕

왕의 권력을 일부 양도

영주   성직자

자신의 영지에서 각각 권리를 행사.

반 지배(프랑스)

권력을 세습제!

영주

영주

영주

주변을 무력으로 실질 지배. 징세권, 재판권을 행사한다.

그러나 세습 단절과 영지 몰수에 의해서 중앙집권화!

영주 종류

고급 귀족

제후
· 왕에게 임명된 관직 보유자.
· 세습으로 권력 강화.
· 그중에서도 지방에서 힘을 가진 제후는 대공으로서 커다란 힘을 보유한다.

성직자
· 대주교 등 영지를 지닌 성직자는 고급 귀족으로 취급되었다.

중급 귀족

중급 귀족
· 고급 귀족으로부터 영토를 하사받은 영주.

하급 귀족

소영주
· 중급 귀족의 신하.

기사
· 성에 근무하면서 신분을 상승시킨 귀족 외의 병사.

관련 항목
● 봉건제도 → No.003
● 영토와 소교구 → No.004
● 시장 → No.066
● 주교 → No.078
● 기사 → No.092

기사

주군에게 충성을 맹세하는 말을 타는 전사들. 그들의 프라이드와 규율은 독자적인 문화를 자아내어 기사라고 하는 새로운 계층으로 개화한다.

● 애마와 함께 싸우는 전사

기사 계급이라고 불리는 싸움을 전문으로 하는 전사 계급은 최소한 고대 그리스·로마 시대부터 존재했다. 그러나 중세 유럽 기사의 원류는 게르만 사회, 특히 노르만인과 프랑크 왕국의 종사들이다. 그들은 왕과 귀족을 섬기는 전투집단이며 주군에게 신하로서 충성을 맹세함으로써 특별한 비호를 받았다. 이 충성, 봉사 사상은 봉건사회 확립 후에도 계승되어 충성을 표하는 전사에게 봉토와 징세권을 부여하고 그 대가로 의무를 다하게 하는 레헨제도로 발전해나간다. 대가가 되는 의무는 「조언과 원조」라 불리며 주군에게 해를 끼치지 않을 것, 기병 전력의 공출을 골자로 하는 군역, 재판 참가, 주군 저택의 방문과 주군에 대한 조언과 봉사, 금전적인 원조 등으로 이루어진다. 이러한 종사들은 이윽고 그러한 소임 때문에 오래된 영어로 종을 뜻하는 「Knight」, 프랑스어, 독일어에서는 각각 기승을 의미하는 「Chevalier」, 「Ritter」, 즉 기사라 불리게 된다.

서로마 제국 붕괴 후 영주들은 많은 기사를 가신으로 삼게 되어 기사는 일종의 귀족적 계급을 형성하게 된다. 그러나 기사=귀족인 것은 아니며 무공과 재력이 있는 농민과 상인이 기사로 임명되는 경우도, 왕과 대영주가 기사를 자칭하는 경우도 있다. 전투를 생업으로 하는 기사는 예로부터 게르만처럼 무력을 숭상하는 집단이었다. 그러나 십자군 운동에서 교회가 주도하는 그리스도교를 섬기는 전사라고 하는 개념은 주군에 대한 충성, 그리스도교에 대한 충성, 여성에 대한 봉사라고 하는 이상을 자아낸다. 이 이상은 『롤라의 노래』와 아더왕 전설 같은 서사시로 수없이 언급되어 기사도라고 하는 독자적인 기풍을 만들어 냈다.

기사는 통상적으로 주군의 성에서 견습 기사를 부리면서 봉사와 군역의 의무를 다한다. 또한 영토를 가지는 자는 장원의 저택에서 영토 경영을 하며 소집에 응하여 주군 아래서 싸웠다. 하지만 중세 후기에 들어서면서 기사들은 무예보다 궁정 예법을 익히게 된다.

기사 계급의 탄생

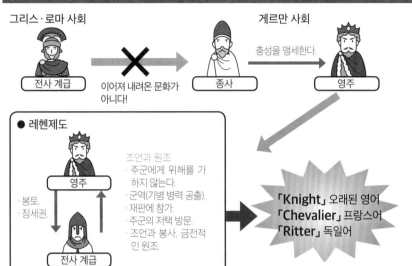

그리스·로마 사회

전사 계급

이어져 내려온 문화가
아니다!

게르만 사회

종사

충성을 맹세한다.

영주

● 레헨제도

영주

·봉토.
·징세권.

전사 계급

조언과 원조
· 주군에게 위해를 가
  하지 않는다.
· 군역(기병 병력 공출).
· 재판에 참가.
· 주군의 저택 방문.
· 조언과 봉사. 금전적
  인 원조.

「Knight」 오래된 영어
「Chevalier」 프랑스어
「Ritter」 독일어

기사가 탄생!

기사 계급의 변질

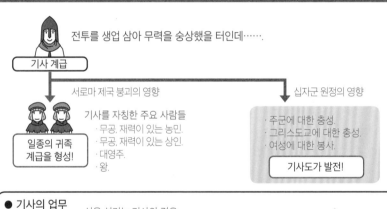

전투를 생업 삼아 무력을 숭상했을 터인데…….

기사 계급

서로마 제국 붕괴의 영향

일종의 귀족
계급을 형성!

기사를 자칭한 주요 사람들
· 무공. 재력이 있는 농민.
· 무공. 재력이 있는 상인.
· 대영주.
· 왕.

십자군 원정의 영향

· 주군에 대한 충성.
· 그리스도교에 대한 충성.
· 여성에 대한 봉사.

기사도가 발전!

● 기사의 업무

기사 계급

성을 섬기는 기사의 경우
· 견습 기사를 이끌며 군역을 다한다.

성을 지닌 기사의 경우
· 영토 경영.
· 소집에 응하여 급히 달려간다.

그러나 시대가
흐르자……

무예를 단련하기보다는
궁정 예법을 익히는
상황으로!

관련 항목

- 봉건제도 → No.003
- 농민 → No.025
- 상인 → No.051
- 견습 기사와 시동 → No.093
- 말 → No.109

견습 기사와 시동

「방패를 든 자」라 불리는 견습 기사들은 기사를 받드는 부하이다. 그리고 시동은 언젠가 기사가 되는 견습 전사이기도 했다.

● 기사를 받드는 전사들

중세 세계에서 기사는 전사의 꽃이다. 그러나 기사는 주변의 잡무를 처리하고 함께 싸우는 존재가 필요했다. 견습 기사(스콰이어) 또는 종자(서번트)라 불리던 그들은 기사 직속의 전력으로서 기사를 보좌하고 병사를 지휘한다. 그 신분은 기사 다음가는 존재라 여겨졌다.

스콰이어라는 명칭은 프랑스어로 「방패를 든 자」를 의미하며 전장에서 기사를 뒷바라지하는 종자였다. 그들은 이름 그대로 주인의 무구를 운반하여 무장하는 것을 돕고, 예비 말의 고삐를 잡거나 낙마한 주인을 구출한다. 견습 기사의 출신은 다양하여 영내의 농민, 시민, 농노 중에서 재능이 있는 자, 용감한 자를 고용했다. 하지만 기사 신분이 확립되고 다양한 규칙이 생기자, 견습 기사는 기사의 자식의 지위이거나 또는 병사를 통솔하는 하급 사관 같은 존재가 되어간다. 전사로서의 견습 기사는 주인 정도는 아니어도 무장을 하고 자신의 말도 소유하고 있다.

기사의 자식은 7세 정도가 되면 우선 시동이 되어 다른 가문에 수행 견습으로 파견되었다. 그들은 거기서 예의범절과 연석에서 고기를 자르는 방법 등 기사로서 필요한 지식을 배운다. 그리고 14세 정도의 젊은이로 성장하면 견습 기사가 돼서 전사로서의 기술을 배웠다. 이렇게 심신을 단련한 견습 기사는 이윽고 기사 서임을 받아 정식 기사가 되었다. 서임을 받게 되면 견습 기사는 예배당에서 철야로 기도를 바친다. 그리고 날이 밝으면 미사와 연회가 벌어지며 새로운 무구와 박차를 수여받았다. 그때에 그의 주군은 손바닥이나 검으로 이 새로운 기사의 뺨과 어깨를 강하게 두드린다. 그 후에 새로운 기사는 신분에 어울리는 기량을 승마와 과녁 맞히기 등으로 증명하지 않으면 안되었다. 또한 기사로 발탁하는 것은 기사의 자식뿐 아니라 유능한 견습 기사에게도 기회를 부여했다. 그리고 기사 서임식에는 많은 비용이 들어가므로 가난한 자는 평생을 견습 기사로 끝내는 자도 있었다.

기사에 종사하는 사람들

견습 기사, 종자란?

· 기사 직속의 전력으로 기사를 받는 종자. 나중에 기사 견습의 간부 후보생이 된다.
· 스콰이어는 프랑스어로 「방패를 든 자」를 의미.

견습 기사, 종자의 주요 업무
· 주인의 무구 운반과 무장 보조.
· 예비 말 관리.
· 낙마한 주인 구출.
· 하사관으로서 병사를 지휘(지위는 기사 다음가는 취급).

채용 방법
· 농민, 시민, 농노 중에서 유능하고 용감한 자를 채용. 기사 신분이 확립되면서 귀족 자제 중에서도 채용.

시동이란?

· 기사의 뒷바라지를 하는 젊은이.

시동의 주요 업무
· 기사의 뒷바라지와 연회의 시중 등. 여기서 기사에게 필요한 예의범절을 배운다.

채용 방법
· 7세가 된 귀족 자제가 수행 견습으로 다른 가문에 보내진다.

기사 서임까지의 여정

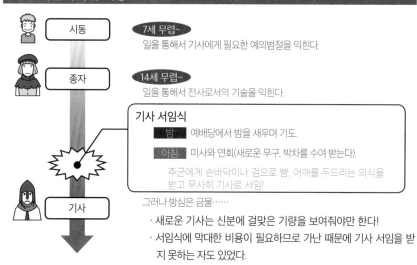

시동

7세 무렵~
일을 통해서 기사에게 필요한 예의범절을 익힌다.

종자

14세 무렵~
일을 통해서 전사로서의 기술을 익힌다.

기사 서임식

밤 예배당에서 밤을 새우며 기도.

아침 미사와 연회(새로운 무구, 박차를 수여 받는다).

주군에게 손바닥이나 검으로 뺨, 어깨를 두드리는 의식을 받고 무사히 기사로 서임!

기사

그러나 방심은 금물……

· 새로운 기사는 신분에 걸맞은 기량을 보여줘야만 한다!
· 서임식에 막대한 비용이 필요하므로 가난 때문에 기사 서임을 받지 못하는 자도 있었다.

관련 항목

● 농민 → No.025
● 농노 → No.026
● 기사 → No.092

● 무구 → No.107
● 말 → No.109

마님과 아씨

성을 장식하는 화려한 귀부인들. 그녀들은 남편과 주군의 관리하에 있었지만 결코 벽을 장식할 뿐인 꽃은 아니었다.

● 영주를 내조하는 귀부인들

중세 기사도 이야기를 수놓는 아름다운 공주, 성주를 내조하는 엄격한 마님. 중세의 성을 둘러싼 여성들에게는 화려하고 세상과 동떨어진 이미지가 있다. 그러나 그녀들 또한 자신의 의지로 살고 다양한 활동을 했다.

영주의 아내인 마님은 그저 자리만 지키고 자식만을 낳아주는 존재가 아니라 평상시에 남편의 일을 돕는 중요한 파트너다. 그녀는 성내의 하인과 유모들에게 지시를 내리고 손님 접대 등도 한다. 가사뿐만이 아니라 영내 정치에도 통달해 있으며 남편이 무능하거나 전쟁으로 인해 부재중일 때에는 솔선해서 이러한 업무들을 처리했다. 무장하고 스스로 성을 지킨 여걸에 대한 일화도 전해지고 있다. 또한 마님들은 교양 있는 문화 후원자이기도 하며 시인 등을 초빙하여 살롱을 개최하거나 스스로 예술 활동을 하는 경우도 있었다.

마님의 딸인 아씨들은 영주의 아들들이 조기에 훈련을 나가는 것과 마찬가지로 어렸을 적부터 가사와 자수 등의 기술을 익혔다. 또한 당시의 중요한 지식이었던 라틴어 읽고 쓰기, 시와 이야기 만드는 방식과 노래하는 방법도 배웠다. 이때 그녀들은 다른 귀족 밑에서 교육을 받거나 수도원에 들어가는 경우도 있었다. 수도원에 들어간 아씨들은 결혼 상대를 찾지 못하면 그곳에서 평생을 보내게 된다.

하지만 귀부인들의 권리가 전부 인정받은 것은 아니다. 대부분의 경우 그녀들의 재산은 부모와 남편의 관리하에 있었다. 시집을 갈 때는 지참금을 준비해야 했고 부모에게서 받은 재산의 관리 권한은 남편에게 있다. 대신 남편은 재산의 3분의 1을 사후에 상속받을 권리를 주었다. 결혼 후, 친척이 없으면 주군이나 사이가 가까운 유력자의 피보호자로서 상속받아야 할 재산을 관리받는다. 결혼과 재혼도 자신의 의지를 관철하는 경우는 극히 적고, 부모와 보호자가 자신에게 유리한 상대를 선택하는 것이 보통이었다.

귀부인들의 일상

● 세상 물정 모르고 자유의지가 없다고 생각하기 십상인 귀부인들.
그러나 다양한 활동을 하며 역할을 완수했다!

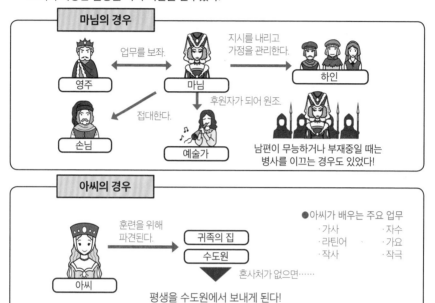

귀부인들의 권리

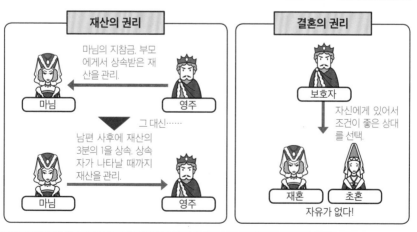

용병

중세 말기에 그때까지의 제도와 전술이 무너지자 전사로서의 기사들은 유명무실해졌다. 이를 대신하여 돈으로 전력이 되어주는 용병이 탄생한다.

● 돈으로 목숨과 전력을 제공하는 전사

중세 말기, 전사 계급이었던 기사들은 화폐경제의 발전과 페스트 전염에 의해 영지 수입이 감소함으로써 전쟁을 위한 자금과 기개를 잃어버렸다. 또한 신흥 도시에서도 시민을 희생하지 않는 전력을 추구하게 된다. 그러한 요구에 응하여 대두된 것이 용병이다.

12세기 무렵의 용병은 빈털터리가 된 기사와 견습 기사, 직장이 없는 농민과 기술자의 개인적인 일거리에 지나지 않았다. 그러나 14세기 이후 보다 조직화된 용병단이 탄생한다. 특히 유명한 것이 장창병으로 잘 알려져 있는 스위스 용병, 석궁을 능숙하게 사용하는 제노바 용병, 괴상한 풍채와 용맹함을 자랑하는 독일의 란츠크네히트일 것이다. 그들의 집단 전술은 기병 중심이었던 전쟁을 크게 바꾸어버린다.

용병들의 조직과 대우는 한마디로 정리하기는 힘들다. 영국인 용병인 존 호크우드(1320년~1394년)가 이끄는 「하얀 군단」은 2명의 기사와 1명의 견습 기사로 구성된 「랜스」를 최소 단위로 하는 고도로 조직화된 군대였다. 또한 독자적인 첩보 부대도 갖추고 있다. 15세기의 란츠크네히트는 소속하는 용병에 대한 군사재판권을 지닌 용병 대장 밑에 몇 개의 연대를 거느리는 거대 집단이었다. 병사 모집은 중대장이 피리와 북을 울리면서 도시와 촌락을 순회한다. 장비와 식료는 봉급에서 각자 부담하기에 란츠크네히트는 종군 상인과 위안을 위한 창부, 병사의 처자식을 데리고 이동했다.

용병단은 고용주에게 정해진 기간 동안 고용되며 그때에 계약금을 받는다. 또한 전장에서 잡은 인질의 몸값, 그리고 전장에서 약탈할 권리도 받았다. 약탈에는 일정한 룰이 있으며 약탈 대상은 무기와 방어구, 말을 중심으로 하고 있다. 빈민에게서 식료와 가산 약탈 및 폭행은 경시하는 행위였지만 실제로는 마구잡이로 약탈하는 경우도 많다. 전쟁 시 소모하는 무구는 고용주가 보전해주지만 소속하는 부대와 계급에 따라서는 제한을 받았다.

용병단의 등장

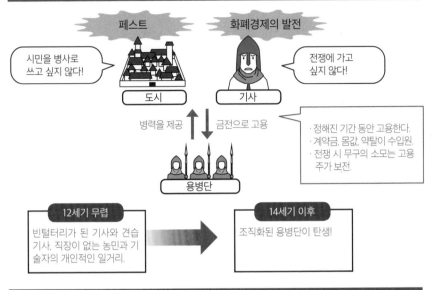

페스트

화폐경제의 발전

시민을 병사로
쓰고 싶지 않다!

도시

전쟁에 가고
싶지 않다!

기사

병력을 제공 ↑↓ 금전으로 고용

·정해진 기간 동안 고용한다.
·계약금, 몸값, 약탈이 수입원.
·전쟁 시 무구의 소모는 고용
주가 보전.

용병단

12세기 무렵

빈털터리가 된 기사와 견습
기사, 직장이 없는 농민과 기
술자의 개인적인 일거리.

14세기 이후

조직화된 용병단이 탄생!

다양한 용병단

● **하얀 군단(영국)** 고도의 군사조직을 자랑하는 용병단

랜스(부대 최소단위)

기사   기사

견습 기사

연계.

실행부대 ↔ 첩보부대

● **란츠크네히트(독일)** 괴상한 풍채와 용맹함을 자랑하는 용병단

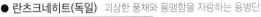

용병대장

군사재판권을
지닌다.

연대   연대

급료에서 필요한 것을 조달한다.

종군 상인

창부

가족

● **그 외 용병들**

스위스 용병 장창병으로 유명.

제노바 용병 석궁이 특기인 용병.

란츠크네히트의 모병은
중대장이 뿔피리와 북을
울리면서 도시와 촌락을
순회하였다.

관련 항목

● 농민 → No.025
● 기술자 → No.052
● 창부 → No.054
● 화폐제도와 환전 → No.072
● 기사 → No.092
● 견습 기사와 시동 → No.093

음유시인과 광대

음유시인과 광대, 방랑 예인은 여러 국가를 여행하면서 오락을 제공하는 사람들이다. 그들은 비천한 취급을 당하면서도 언어와 예술이라고 하는 자유를 가지고 있었다.

● 오락을 통해 정보를 지배한 자들

음유시인이나 궁정 가인이라 불리는 사람들은 주로 권력자를 섬기면서 시를 만들고 궁정 음악으로 노래 부르는 일을 했다. 그들은 견습 기사와 시동과 동격으로 취급받으며 실제로 고귀한 출신인 자도 적지 않다. 악사는 음유시인을 섬기면서 그들이 작사, 작곡한 노래를 부르고 연주하는 역할을 지닌다. 출신은 영민이나 시민이며 시인을 섬기지 않고 방랑 예인으로서 살아가는 자도 많다. 그들은 연주가지만 이따금 주인과 마찬가지로 시와 곡을 제공한다. 악사의 법적 입장은 지켜지지 않았으며 다른 예인들과 마찬가지로 불명예적인 존재로 여겼다. 그 때문에 악사에게 민중이 폭력을 행사해도 벌을 받지 않으며 이에 그들은 크게 한탄하였다. 하지만 한편으로 정보 전달자인 시인과 악사는 왕과 영주를 공공연히 비난할 수 있는 고대 시인의 계보를 잇고 있으며 지배당하는 존재인 영민들로서는 상상도 할 수 없는 자유를 가지고 있다.

광대는 익살스러운 몸짓과 기묘한 발언으로 사람들을 웃기는 직업이다. 당나귀의 귀와 방울이 달린 두건을 쓰고 소의 방광 등을 달은 석장을 들며 허리에는 목검이나 채찍을 달고 있는 모습이 일반적이다. 광대는, 태어나면서부터 핸디캡을 안고 있는 인간을 왕과 영주가 소유물로 삼은 경우와, 그들의 몸짓과 언동을 흉내 내는 직업 광대가 있다. 광대는 멍청하다는 인식이 있기에 왕이라 해도 무례한 발언이나 비판이 허락되었다. 그러나 도가 지나치면 벌을 받았다. 또한 교회는 순진무구를 가장하여 저속한 기예를 하는 직업 광대를 악덕한 존재로 치부한다.

방랑 예인은 여러 나라를 떠돌며 재주를 부리는 사람들로 한곳에 정착하지 않는 탓에 의혹의 시선을 받았다. 예인이라 부르기는 해도 다양한 종류가 있으며 악사와 광대 외에 곡예사, 마술사, 댄서, 곰 조련사와 산양 조련사 등이 있다. 마찬가지로 떠도는 삶을 보내는 집시도 방랑 예인으로 잘 알려져 있으며 특히 바이올린 등의 악기연주와 동물 부리기에 정평이 있다.

음유시인과 악사

음유시인이란?

음유시인은 유력자를 섬기며 시와 음악을 제공하는 예술가. 견습 기사와 시동에 준하는 지위를 가지며 고귀한 출신인 경우도 적지 않다.

악사란?

음유시인이 만든 노래와 음악을 연주하는 연주가. 음유시인을 섬기거나 방랑 예인으로서도 활동한다.

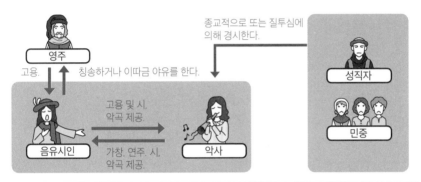

종교적으로 또는 질투심에 의해 경시한다.

영주

성직자

고용.　　　칭송하거나 이따금 야유를 한다.

민중

고용 및 시, 악곡 제공.

음유시인

가창, 연주, 시, 악곡 제공.

악사

광대와 방랑 예인

광대란?

기묘한 몸짓과 언동으로 사람들을 웃기는 예인. 핸디캡을 타고난 사람과 이를 흉내 내는 직업 광대가 있다.

방랑 예인이란?

각지에서 재주를 부려서 수입을 얻는 떠돌이 예인. 한곳에 정착하지 않는 탓에 의혹의 시선을 받았다.

머리에는 방울과 당나귀 귀가 달린 모자를 쓴다.

손에는 소의 방광을 달은 석장을 든다.

허리에는 목검과 채찍을 꽂는 경우도 있다.

광대 스타일

● 주요 방랑 예인

· 악사　　　　· 댄서
· 광대　　　　· 곰 조련사
· 곡예사　　　· 산양 조련사

※집시도 방랑 예인으로 알려져 있으며 악기연주와 동물 부리기로 정평이 있다.

관련 항목

● 집시 → No.055
● 영주 → No.091
● 견습 기사와 시동 → No.093
● 성의 오락 → No.103

종교 기사단

종교 기사단은 기사 수도회라고도 불리며 성직자로 이루어진 무장조직이다. 신을 섬기는 몸
이면서도 싸우는 그들은 기부를 배경으로 강한 권력을 얻었다.

● 막대한 재화를 얻은 순례자의 수호자

　종교 기사단은 성직자의 자격을 가지면서도 기사로서 전사의 역할을 수행하는 집단이
다. 그들은 당시 유럽을 석권했던 십자군 열풍으로 탄생하였으며 순례 보호와 구호를 임무
삼아 그 세력을 늘려나갔다.

　최초로 등장한 종교 기사단은 성 요한 기사단이다. 호스피탈 기사단이라고도 불리는 그
들은 1070년 무렵에 이탈리아 상인이 성묘 교회 근처에 만든 구호소에서 발단된 종교적
인 구제 조직이었다. 당초 이 수도회는 베네딕토회의 영향하에 있었지만 다수의 기부에 의
해 세력을 확장하며 이윽고 교황 직속의 수도회로서 독립한다. 그후 회칙에 순례자에 대한
무력 보호 조항을 추가한 이 수도회는 무력집단으로서의 길을 걷기 시작한다. 그들은 나중
에 수많은 소란에 말려들며 거점도 로도스섬, 몰타섬으로 바뀌었지만 현재도 몰타 기사단
으로서 존속하고 있다.

　성전 기사단은 순례자 호위와 성당 수호를 목적으로 1119년에 탄생했다. 「그리스도교의
가난한 기사」를 칭한 그들은 이름 그대로 말 하나에 두 사람이 기승하는 약소 조직이었지
만 솔로몬 신전에 거점을 둔 후로 단숨에 발전. 명칭도 성전 기사단으로 고친다. 성전 기사
단은 비밀 의식 같은 독자적인 회칙하에 강한 결속을 다졌으며 하얀 망토와 붉은 십자가
복장을 몸에 두른 정예였다. 또한 교황 직속인 그들은 면세권을 부여받았으며 기부로 얻은
재화를 통해 금융업을 운영하여 막대한 이문을 남겼다. 그러나 그 재화 때문에 당시 프랑
스 국왕의 이목을 받아 이단으로서 처단되고 재산을 몰수당하는 쓰라린 경험을 맛본다.

　그 외의 종교 기사단이라면 앞의 두 집단과 함께 3대 기사단으로 불리며 프로이센 개척
등 주로 유럽에서 활동했던 튜튼 기사단, 세속 기사의 요청으로 탄생한 반성반세속의 성묘
기사단 등이 유명하다.

종교 기사단의 시작

종교 기사단이란?

성직자 자격을 지니면서 기사로서 전사의 역할을 수행한 집단. 순례 보호와 구호를 임무 삼으며 십자군 원정의 주력이 되었다.

● 1070년, 성 요한 기사단(예루살렘·성 요한 구호 기사 수도회) 발족
 · 이탈리아 상인에 의한 구호소로서 시작한다.
 · 주 목적은 종교적 구제.
 · 각지에 병원을 설립(호스피탈 기사단이라는 이명의 유래).

발족 당초

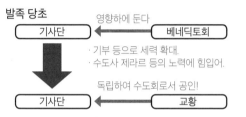

영향하에 둔다

기사단 ◀ 베네딕토회

 · 기부 등으로 세력 확대.
 · 수도사 제라르 등의 노력에 힘입어.

독립하여 수도회로서 공인!

기사단 ◀ 교황

요한 기사단의 본거지 변천사

성묘 교회 주변
몰타섬 키프로스섬
로도스섬

회칙에 순례자에 대한 무력 보호 조항을 추가하여 무력집단화!

그 외 유명한 기사단

성전 기사단

 · 1119년 순례자 호위와 성당 수호를 목적으로 하는
 「그리스도교의 가난한 기사」로서 발족.
 · 한 마리의 말에 두 사람이 기승할 정도로 빈곤.

 솔로몬 신전으로 거점을 옮긴다!

 · 「성전 기사단」으로 개명.
 · 하얀 망토에 붉은 십자가 복장.
 · 교황 직속으로 면세권을 지닌다.
 · 금융업으로 막대한 부를 얻는다.

 그 부 때문에……

프랑스 국왕에게 이단으로 처단되고 재산 몰수, 괴멸!

튜튼 기사단

 · 3대 기사단 중 하나.
 · 프로이센 개척에 매진.

성묘 기사단

 · 속세 기사의 요청에 부응하여 발족.
 · 반성반속세 기사단.

관련 항목
 ● 교황 → No.077
 ● 순례 → No.086
 ● 이단 → No.087

성채와 왕궁

성과 왕궁, 양쪽 다 화려하고 호사스러운 이미지가 있는 시설이다. 그러나 중세에서는 군사 거점과 정치를 위한 시설이었다.

● 무장화한 군사시설과 왕의 거점

국왕과 영주들의 생활공간이라는 이미지가 있는 성채와 왕궁. 하지만 양자 사이에는 명확한 구분이 존재한다. 중세에 있어서 성채는 단순한 생활공간이 아니라 탑과 해자, 성벽, 성문 등을 갖춘 군사시설이며 이를 소유하는 영주의 지배지역의 중심이 되는 시설이었다.

한편 왕궁은 국왕의 국내통치 거점이다. 메로빙거 왕조 그리고 그 후예인 카롤루스 왕조, 이어서 신성 로마 제국은 순행 왕권이라 불리는 통치체제를 바탕에 두고 있다. 이는 국왕 또는 황제가 영토 내를 순찰하면서 행정, 군사, 재판, 각 영주 간의 조정 등을 행하는 것이다. 그 메리트는 왕의 위광을 추구하는 신하와 영민들과 직접 소통할 수 있다는 것으로 그들의 지지를 얻으면서 동시에 왕국령의 물자를 산지에서 직접 소비할 수 있다는 점도 있다.

당시 유럽은 정보 통신망과 운송 수단이 발달하지 않았으며 식료와 물자를 운반하는 것보다 생산지에서 소비하는 것이 편리했다. 그 때문에 이들 국가는 국내 각지에 왕과 조정 신료가 기거할 수 있는 왕궁이 존재했다. 왕궁은 국왕과 조정 신료가 머무르는 거주지 역할 외에 넓은 홀과 예배당을 갖추고 있으며, 정무 외에도 궁정 회의와 재판, 축제 식전을 행할 수 있다. 또한 국왕 선거와 통상 수도원과 교회에서 행해지는 대관식도 종종 왕궁 내에서 거행되었다. 이러한 왕궁은 국왕의 권위를 보여주기 위해 장대하고 멋지게 지어지며 방어 시설을 갖추거나 성채 그 자체를 그대로 사용하는 경우도 있다. 신성 로마 제국은 아헨, 마그데부르크, 크베들린부르크 등 시대마다 많은 왕궁을 보유했다. 애초에 순행 왕권에 의한 국내 순회는 혼란기의 신성 로마 제국처럼 지방 분권화된 국가 특유의 정치 형태다. 중앙집권화가 이루어진 국가에서는 카페 왕조 프랑스의 시테 궁전, 루브르 궁전같이 소정의 왕궁을 수도에 두고 상황에 따라서 궁을 이전하는 스타일이 확립되었다.

왕궁과 성채의 차이

● 성채

● 왕궁

· 영주의 지배 지역 거점.
· 방어 기능을 갖춘 군사시설.

· 국왕의 국내통치 거점.
· 권위를 보여주기 위해서 장엄하고 멋짐.

방어시설을 갖추고 있다. 성채를 그대로
사용하는 경우도.

· 넓은 홀, 예배당 완비.

궁정 회의와 재판, 축제 식전, 추가로 대관
식도 가능.

정치의 장으로서의 왕궁

● 순행 왕권의 경우

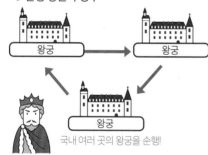

국내 여러 곳의 왕궁을 순행!

메리트
· 신하, 영민과 직접 소통.
· 현지 물자를 운송하지 않고 직접 소비할 수 있다.

※정보망과 운송이 발달하지 못한 시대.
지방 분권화가 진행된 국가 등에 많다.

● 중앙집권 국가의 경우

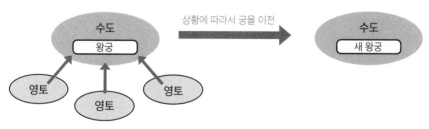

상황에 따라서 궁을 이전

관련 항목
● 중세의 법제도 → No.011   ● 중세의 교통 → No.019

성의 삶

중세의 성내는 그 자체가 하나의 조직이다. 영주 휘하에 있는 자들은 각자가 주어진 업무에 충실히 종사했다.

● 그 자체가 하나의 조직인 성내

중세시대에 성의 주민들은 하나의 조직으로서 삶을 보냈다. 그들의 삶은 지위와 역할에 따라서 크게 달라진다. 영주와 그 가족은 아침에 일어나서 우선 목욕과 머리를 감아 몸단장을 했다. 그후 아침 미사에 참가한다. 이때에 간단하게 조식을 먹는 경우도 있다. 물론 이에 관련된 사람들은 영주보다 일찍 일어나서 일을 하지 않으면 안되었다. 점심은 호화로우며 양이 많고, 저녁은 매우 늦은 시간에 담백한 것을 먹었다.

영주는 성과 영토의 관리자로서 이를 감독하는 것이 일이다. 그는 영토 통치와 성내 하인 관리와 가계를 처리하는 여러 명의 집사장, 대관들과 회의를 하여 운영방침을 정한다. 집사장들은 각각의 부하를 통해서 성내의 고용인과 부역에 종사하는 농민이 일에 매진하도록 했다. 영내 범죄에 관한 재판, 외적에 대한 조치도 영주의 중대 업무다. 결제와 판례에 필요한 공문장 작성은 예배당에 부속되어 있는 사제들이 담당했다. 딱히 문제가 없거나 혹은 손님이 있는 경우 영주는 연회와 사냥으로 남는 시간을 보낸다.

마님은 하인에게 지시를 내려 청소와 세탁, 육아 등의 가사, 자수와 베틀로 천짜기를 한다. 그리고 손님 환대도 마님의 일이었다. 남는 시간에는 하녀들과 대화를 즐기거나 살롱에서 음유시인들의 노래를 들으며 보낸다. 덤으로 시, 노래와 라틴어 공부를 하는 경우도 있었다.

기사와 견습 기사는 성의 경비에 종사하거나 무예와 궁술, 마장술 훈련에 매진했다. 또한 사냥을 하게 되면 영주를 따라나선다. 문지기, 파수꾼 같은 감시 인원은 각각의 담당 구역에서 외적을 경계했다.

시동들은 식사할 때에 영주와 마님의 시중을 드는 것이 업무지만, 일이 끝나면 무예를 연마하거나 영주의 자식들과 마찬가지로 예배당에 부속하는 사제에게서 학문을 배운다. 영주의 자식들은 공부가 끝나면 자유로이 놀았다.

공사다망한 성주의 생활

● 성주의 삶

성주는 성의 책임자로서 영지와 부하를 관리한다.

주요 업무
· 성내 운영 파악. 지시.
· 재판.
· 영토 방어와 군사 활동 지시.

한가하면 연회와 사냥 등의 오락을 즐긴다.

공문장의 서류 작성을 지시.

사제

영주

운영방침을 상담. 지시.

집사장(영토 관리)

농민, 고용인들의 작업을 지시.

집사장(성내 관리)

군사 활동을 지시.

기사

성의 그 외 사람들의 삶

● 마님의 삶

주요 업무
· 고용인에게 가사 지시.
· 손님 접대.
· 자수와 베짜기.

한가하면 시인의 노래를 듣거나 수다와 공부를 하면서 지낸다.

접대.

마님

가사를 지시.

손님

고용인

● 시동의 삶

주요 업무
· 귀인 시중.
· 무예 훈련.
· 공부.

영주

시중.

시동

● 기사 · 견습 기사의 삶

주요 업무
· 성내 경비.
· 군사 활동.
· 훈련.

영주의 사냥 등에도 동행.

기사

● 입욕 · 식사

· 몸단장을 하기 위해서 영주들은 아침 일찍 입욕 또는 머리를 감는다.
· 식사는 하루 두 번으로 낮에는 호화로운 정찬. 밤에는 가벼운 오찬이었다.

성의 시설

성은 중세에 있어서 영주의 저택이며 군사 거점이다. 그들은 민중과 동떨어진 세계에서 주변 농촌과 장원을 지배했다.

● 군사 거점이자 고립된 공간

성은 중세에 있어서 영주와 기사들이 머무르는 군사 기지이며 생활의 장이었다. 그 규모와 형태는 당연히 소유자의 권력과 지위, 준비할 수 있는 건축 자재 등에 따라 크게 다르다. 그러나 시대와 건축기술의 발전 등을 근거로 몇 가지 형태로 구분하는 것은 가능하다.

중세 초기 동란 중에 많이 사용했던 것은 노르만인식의 모트 앤 베일리라 불리는 간소한 성이었다. 이는 영주관이 되는 목조 내성을 갖춘 모트(언덕)와 말뚝을 박아서 방어한 베일리(앞뜰)를 지닌 성이다. 석조가 아닌 만큼 간단히 만들 수 있었다. 한편 로마식 성채의 재연구도 활발하게 이루어져서 프랑스에서는 석조 렉탄귤러 킵의 성채도 사용하고 있다. 이는 직사각형 형태의 킵(내성)이 있는 성이었다. 석조 망루는 노르만식 축성에도 도입되어 쉘 킵이라 불리는 타입의 성채를 만들어낸다. 축성 기술에 혁신이 도래한 시기는 십자군을 통해 중동 문화를 접하면서부터였다. 로마와 비잔티움 기술을 탐욕스럽게 도입한 중동의 축성 기술은 서유럽에 이중성벽과 킵 그리고 성문이 일체화된 킵 게이트 하우스, 도개교, 내리닫이 창살 등의 설치를 불러왔으며, 오늘날 알려져 있는 전형적인 서양식 성채의 형태를 탄생시키게 되었다.

이러한 성채에는 당연한 얘기지만 성주와 그 가족들, 신하가 머무는 공간이 있다. 거주 공간이 되는 것은 킵으로 1층 부분이 저장고, 2층은 커다란 홀이 설치되는 경우가 많다. 초기에 성 주민은 이 커다란 홀에서 전원이 숙식을 함께 했지만 건축기술이 발전하자 성주들은 상층부에 침실을 보유하게 된다. 또한 성의 주민들을 위한 예배당과 도서실 등도 병설된다. 조리장과 작업장, 가축 축사는 대체적으로 앞뜰에 배치되며 그곳에 사는 사람들과 함께 작은 마을의 양상을 띠게 된다.

다양한 성의 형식

성이란?

영주와 기사들의 군사거점 겸 생활의 장. 규모와 형태는 소유자의 권력과 재력, 지위, 입수 가능한 건축 자재 그리고 시대에 따라서 다르다.

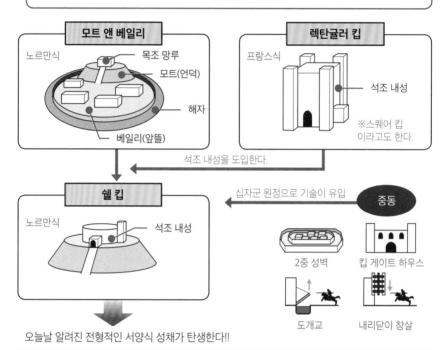

모트 앤 베일리

노르만식
- 목조 망루
- 모트(언덕)
- 해자
- 베일리(앞뜰)

렉탄귤러 킵

프랑스식
- 석조 내성

※스퀘어 킵 이라고도 한다.

석조 내성을 도입한다.

쉘 킵

노르만식
- 석조 내성

십자군 원정으로 기술이 유입

중동

2중 성벽

킵 게이트 하우스

도개교

내리닫이 창살

오늘날 알려진 전형적인 서양식 성채가 탄생한다!!

거주지로서의 성

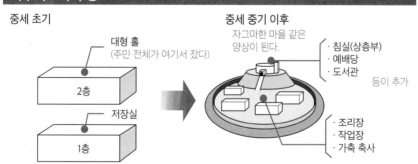

중세 초기

대형 홀
(주민 전체가 여기서 잤다)

2층

저장실

1층

중세 중기 이후

자그마한 마을 같은 양상이 된다.

· 침실(상층부)
· 예배당
· 도서관

등이 추가

· 조리장
· 작업장
· 가축 축사

관련 항목
● 영주 → No.091
● 기사 → No.092

성의 식사

지배 계급인 영주들의 식사는 매우 호화로웠다. 수많은 육류는 말할 것도 없고 벌꿀과 과일도 식탁을 수놓는다.

● 고기 위주의 호화로운 식사

성의 주인인 영주와 그 손님들이 즐기는 성에서의 식사는 일반적인 시민과 농민에 비해 매우 호화로운 것이었다.

식사는 한낮의 정찬과 저녁나절의 가벼운 오찬으로 나누어진다. 오찬은 담백한 요리와 빵, 치즈 등이며 정찬은 큰 홀에서 호화롭게 먹었다. 간단한 조식과 야식을 취하는 경우도 있다. 의자와 테이블은 접이식, 술잔, 접시, 조미료 등은 공용이다. 포크는 없고 자신의 나이프로 요리를 칼질하여 손으로 먹는다. 더러워진 손은 보울로 씻고 테이블 보로 닦았다.

정찬 메뉴는 몇 가지 코스로 나누어져 있으며 2시간 정도에 걸쳐서 제공된다. 육류는 로스트로 하고 스튜와 수프, 이따금 파테처럼 갈아서 가공하거나, 파이로 싸는 경우도 있었다. 이러한 식사는 무척 화려하게 장식하였으며 맛도 허브와 와인, 향신료, 머스터드 등을 넣은 자극적인 것들이었다. 돼지, 소, 양, 집짐승이 주를 이루었으며 사냥에서 얻은 사냥감도 귀중한 육류로서 식탁에 올라왔다. 고기 요리는 식기 대신 두껍게 썬 빵에 얹었고 식후에는 하인들에게 물려주었다. 단식일과 사순절 같이 특별한 기간에는 육류 대신에 생선을 먹는다. 다만 생선은 의외로 귀중품이라 양식지를 소유한 영주들과 항구 근처에 사는 시민 정도밖에 먹을 수 없는 진수성찬이었다. 청어와 대구가 일반적이지만 가자미 등도 즐겨 먹었다. 또한 고래와 돌고래, 철갑상어는 왕이 먹는 생선으로 취급했다. 빵은 하얗고 부드러운 먼치트를 최상품으로 쳐주고 케이크는 귀중한 벌꿀과 아몬드 등으로 맛을 냈다. 채소는 콩류가 메인이며 사프란 등으로 맛을 내서 먹는다. 봄여름에는 계절 채소로 식탁을 장식했다. 과일은 포도와 자두, 배, 복숭아 등을 먹었다. 추가로 석류, 무화과 등을 수입하는 경우도 있다. 음료는 와인, 시드르를 선호하였고 에일은 고용인들의 것이었다.

성의 식사

성에서는 낮에 먹는 정찬과 저녁에 먹는 오찬으로 두 번 식사한다.
식사는 홀에서 가족과 가신, 손님들이 모두 함께 먹었다.

성의 식사는 일반적인 시민과 농민에 비해 매우 호화롭다.

포크는 없으며 손으로 집어 먹는다.

자신의 나이프로 요리를 자른다.

손은 핑거 보울로 씻고 테이블 보로 닦는다.

술잔과 식기 등은 공용.

정찬은 2시간에 걸쳐 나오는 풀코스 메뉴. 오찬은 빵과 치즈 등으로 가볍게 식사.

고기 요리 밑에는 접시 대신 빵을 깔아둔다. 이를 식후에 하인에게 준다.

테이블과 의자는 접이식.

성의 식사 메뉴와 식자재

● 육류
· 소, 돼지, 양
· 집짐승
· 사냥감
⇒ · 로스트
· 스튜와 수프
· 파이에 쌈
· 갈은 것

● 생선류
· 청어, 대구
· 가자미
· 고래, 돌고래, 철갑상어
⇒ · 단식일의 메인디쉬

● 빵·케이크
· 먼치트
· 벌꿀과 아몬드로 맛을 낸 케이크

● 채소·과일
· 콩류
· 계절 채소
· 포도, 복숭아, 배, 자두, 무화과

● 주류
· 와인, 시드르, 에일

● 조미료
· 허브, 향신료, 머스터드 등

관련 항목
● 가축 → No.034
● 삼림과 사냥 → No.045
● 영주 → No.091

성의 의복

성에서 입는 의상은 호화롭다. 귀족들은 선진 패션을 이끄는 존재였으며 그 소재와 형태는 당시의 최신예이기도 했다.

● 시대에 따라서 변하는 패션

중세라고 하는 오랜 기간 동안 귀족 계급의 의상은 복잡하게 변화했다. 소재도 명주와 라샤, 흰 담비, 검은 담비, 은색 다람쥐의 모피와 고급 소재를 사용했다.

중세 초기 시대의 귀족층은 고대 로마와 비잔티움의 흐름을 답습, 토가와 달마티카를 예복으로 선호하였다. 프랑스를 중심으로 보면 11세기 남성은 숑스라고 하는 안에 입는 튜닉에, 장식을 한 블리요라고 하는 긴 튜닉을 겹쳐 입었다. 발에는 바지인 브레와 양말인 쇼스를 신은 다음에 신발을 신는다. 신발은 끝이 뾰족한 것을 선호하여 시대 흐름에 따라 발끝이 길어졌다. 외투는 모피를 가장자리에 붙이거나 또는 뒤에 받치는 망토를 착용했다. 12세기에 들어 블리요는 기장이 긴 것이 주류가 되며 모피를 2장의 천 사이에 끼어 가장자리에 털이 보이도록 만든 상의 플리손도 입었다. 13세기에는 모직 튜닉인 코트와 소매가 없는 서코트가 등장. 좌우를 각자 다른 색의 천으로 만드는 파티 컬러가 유행했다. 이는 문장 디자인을 도입한 것이다 14세기에 들어 의복은 신체에 밀착하는 형태가 되었다. 코트는 짧은 푸르푸앵이라 불리는 단추로 잠그는 상의가 되었고 쇼스도 긴 하반신을 덮어주는 타이츠 형태로 변화한다.

11세기 여성도 숑스와 빌리요를 겹쳐 입었다. 여성의 빌리요는 허리를 옥죄는 디자인으로 소매는 소맷부리를 향해서 펼쳐진다. 12세기에는 숑스와 빌리요 사이에 플리손을 입고 코사쥬로 허리를 조인다. 13세기 그리고 14세기에는 의상이 한층 신체에 밀착하는 형태가 된다. 또한 상의로서 코트와 소매가 긴 서코트, 동체에 입는 코타르디, 외투로는 모피가 호화로운 클로크 등을 입었다. 젊은 여성 외에는 두부를 드러내지 않고 윔플과 베일, 원통형 모자와 바베트라고 하는 끈이 달린 여성용 코이프 등을 걸치고 있다.

성의 의복

중세 귀족의 의복은 시대에 따라 크게 달라진다.

귀족옷의 소재 사례　**옷감**　·명주 ·라샤

　　　　　　　　　　피혁　·검은 담비 ·흰 담비 ·은색 다람쥐

● 11세기의 의복

남녀 둘 다 빌리요라고 하는 상의를 입는다.

빌리요 속에는 숑스라고 하는 튜닉을 받쳐 입는다.

윔플　　코이프

젊은 여성 외에는 머리에 윔플이나 코이프 등을 쓰고 있다.

● 12세기 의복

빌리요에 맞춰서 모피를 천 사이에 끼운 상의 플리손을 사용하게 된다.

코사쥬로 동체를 묶어 올린다.

남성의 빌리요는 기장이 길어졌다.

● 13세기 의복

모직으로 만든 상의 코트와 소매가 없는 서코트를 입게 된다.

색이 다른 천을 이어붙인 파티 컬러도 유행했다.

● 14세기 의복

남녀 모두 몸에 딱 달라붙는 옷을 입게 된다.

소매 장식으로 달린 코트하디.

단추가 달려있는 푸르푸앵을 입는다.

다리에는 타이츠 형태의 쇼스를 입는다.

관련 항목

● 농촌의 의복 → No.037　　　　　　　● 도시의 의복 → No.063

성의 오락

견고한 성벽과 자연지형으로 인해 하계와 동떨어진 성은 자극이 부족한 감옥이기도 했다. 그 때문에 주민들은 다양한 오락거리를 추구하였다.

● 따분한 일상을 달래기 위한 수단

성이라고 하는 시설은 그 목적상 약간 높은 산 정상이나 깎아지른 낭떠러지 끝 등 교역로와 도시와는 격리된 지역에 있는 경우가 많다. 그 때문에 성에 사는 영주들의 생활도 일반적인 경우와는 동떨어진 장소에 고립된 형태로 이루어져 있다. 그런 만큼 성에서의 오락은 따분한 일상을 잊게 해주는 중요한 요소였다.

축제와 혼례가 있으면 영주들은 대량의 소와 공작 등 신기한 동물을 준비하여 특별한 요리를 만들어 손님에게 대접했다. 그때에 다수의 음악가와 가수가 음악을 연주하여 연석의 흥을 돋운다. 그 음악인들은 일상의 식사와 식후 잠시 댄스를 출 때 등에 실력을 선보였다.

영주와 기사가 시를 짓거나 마님과 아씨가 살롱에 초대한 시인들이 음악가의 반주에 맞춰서 작품을 선보이는 경우도 있다. 그들이 자아내는 것은 사랑 노래처럼 우아한 것부터 정치와 토론 혹은 익살스러운 노래에 이르기까지 폭넓다. 방랑 음유시인이 성을 방문하면 영주들은 무척 기뻐하면서 그들을 맞이했다. 방랑 시인들은 외부 정세와 다른 성의 상황 등을 전해주는 정보 전달자이며 그들을 후하게 대접하면 이러한 점을 외부에 선전해주기 때문이다. 마찬가지로 노상 예인과 광대도 성에 장기간 체류하는 경우가 많았다.

게임과 거기에 따라오는 내기도 영주들을 열광시켰다. 주요 게임은 체스와 쌍륙 또는 주사위 놀이이며 15세기 무렵까지 카드는 주류가 아니었다. 볼링과 술래잡기도 인기가 있었으며 어른들도 즐겼다.

스포츠는 구기 종목이 인기로 프랑스에서는 스르, 영국에서는 크리켓 등을 즐겼다. 이러한 놀이는 성의 주민뿐 아니라 영토의 농민들도 초대해서 벌였다. 그러나 야외 오락 중에 가장 인기 있던 것은 토너먼트 같은 무예시합과 전쟁 훈련도 되고 식량도 얻을 수 있는 사냥이다. 특히 사냥은 남성뿐만 아니라 여성도 적극적으로 참가했다.

성에서의 생활에서 빠질 수 없는 오락

지리적인 조건 탓에 성에서의 생활은 외부와 단절되기 십상.

그래서……

다양한 오락으로
따분함을 달래고 싶다!

영주

● 축제, 혼례

연회를 벌이기 위한 좋은 구실.

후하게 접대한다.

영주 → 손님

주요 접대 내용
· 소, 공작 등으로 만든
  호화 요리.
· 악사, 가수에 의한 연주.
· 예인의 퍼포먼스.
                    등등

● 시와 노래 발표

영주, 기사, 살롱의 사람들이 행한다.
방랑 음유시인은 중요한 외부 정보 전달자.

후하게 대접한다.

성, 영주를 타국
에서 선전!

영주 → 음유시인

주요 시의 내용
· 사랑 노래.
· 정치, 토론.
· 익살스러운 노래.
                    등등

● 게임, 도박, 유희

영주들을 열광시킨 오락.
카드 게임 등장은 15세기 이후.

주요 게임, 도박류
· 체스.
· 쌍륙.
· 주사위 놀이.

주요 유희류
· 볼링.
· 술래잡기.

● 스포츠

오락뿐만이 아니라 군사훈련에도 도움이 되었다.

주요 구기
· 스르(프랑스).
· 크리켓(영국).

※영주들은 귀족뿐만이 아니라
서민도 선뜻 참가시켰다.

그 외 주요 야외 오락
· 토너먼트.
· 무예 시합.
· 사냥.

※사냥은 여성들도 적극적으로 참가.
식량 조달도 겸했다.

관련 항목
● 농촌의 축제와 오락 → No.038
● 영주 → No.091
● 기사 → No.092
● 마님과 아씨 → No.094
● 음유시인과 광대 → No.096
● 훈련과 토너먼트 → No.106

문장학

11세기, 완전무장한 기사들은 자신들의 존재를 알려주는 표식을 만들 필요가 있었다. 문장학은 그러한 기사들의 인장을 익히기 위한 학문이다.

● 기사를 식별하기 위한 학문

문장학(헤럴드리)은 중세에서 기사 세계를 논할 때 매우 중요한 사항이다. 그 이름은 문장을 파악하여 다양한 교섭과 선고를 행하는 문장관(헤럴드)에서 유래한다.

11세기에 들어 무장과 전술이 발전한 결과 영주와 기사는 투구와 사슬 갑옷으로 무장하는 집단전을 행하게 되었다. 그러나 비슷비슷한 무장은 지휘관과 피아 식별을 힘들게 만들었다. 그 때문에 지휘관의 방패와 부대 깃발에 표시가 되는 부호를 다는 것이 일반적이 되었다. 이것이 문장의 시작이다. 12세기에 들어 문장은 부모에게서 자식으로 계승되는 가계도 같은 의미가 되었다. 13세기에는 문장이 고도로 의장화되어 다양한 규칙이 생겨난다. 또한 기사가 몸에 두르는 서코트에 문장이 그려지게 되었다.

개인 식별을 위해서 탄생한 문장은 소유자의 고유물이며 같은 도안을 다른 사람이 사용하는 것은 허락되지 않는다. 색채와 문양에도 규칙이 있는데 색채는 금속색, 원색, 모피색을 사용한다. 문양에는 현실에 존재하는 도구와 동물 혹은 환상 동물, 그 외에 단순한 도형 등도 사용되었다. 또한 바탕과 문양은 다른 계통의 색채를 사용하지 않으면 안된다. 문양을 계승하는 경우 형제가 각각의 지위에 맞는 문양을 추가했다. 혼인 등으로 인해 복수의 문장을 계승하는 경우 문장의 면을 분할하여 각각의 문양을 가문에 맞춰서 배치한다. 분할하는 선도 정해진 형식이 있었다.

문장관은 이러한 문장학을 숙지하여 기사를 판별해내는 전문가이다. 그들은 문장을 보고 전장에서 적을 파악했으며 죽은 자의 판별 등도 했다. 그들은 주인의 가문을 나타내는 색으로 물들인 전용 의상을 입었으며 전투에 참여하지 않고 공격도 받지 않는다. 이 때문에 선전포고와 화평교섭 등의 사자도 역임했다. 또한 기사들도 그들을 신용하여 유언장 등을 남겼다.

문장의 발전

문장학이란?

문장의 기원, 그림의 의미, 전래, 계보 등을 해명하는 학문. 중세 유럽에서는 개인을 식별하는 지표로서 전문지식을 지닌 문장관이 존재했다.

11세기 무렵

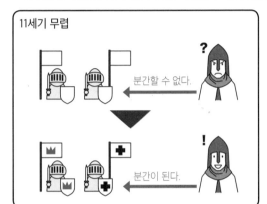

분간할 수 없다.

분간이 된다.

12세기 무렵
부모에게서 자식으로 계승되는 가계도로서 기능!

13세기 무렵
고도로 의장화. 룰이 정해진다. 서코트에 그려진다.

문장관의 업무
· 적 판별.
· 죽은 자 판별.
· 각종 교섭.
· 유언 기록.

주인 가문의 색으로 물들인 의상을 두르고 비전투원으로서 종군한다!

문장의 룰

● 문장의 색

금속색	·금 ·은	
원색	·적색 ·보라색 ·청색	·주황색 ·녹색 ·진홍색
모피색		

·어민

·카운터

·베어

·포텐트

문장의 바탕과 모양은 다른 계통이 기본.
원색+원색이나 금속색+금속색은 허락되지 않는다.

● 문장의 모양

구체적 모양
현실, 공상 속의 동식물. 천체, 무기, 도구 등.

도형
분간하기 쉬운 단순한 것.

● 가계를 표시하는 룰(사례)

상위 ───────────────→ 하위

두 집안을
계승하는 경우

세 집안을
계승하는 경우

네 집안을
계승하는 경우

형제 간의 지위를 나타내는 문양(방패 문장 위에 붙는다)

장남　둘째　셋째　넷째　다섯째　여섯째

관련 항목
● 영주 → No.091
● 기사 → No.092
● 무구 → No.107

전쟁

싸우는 사람들이야말로 권력자였던 사회에 있어서 전쟁은 일상이었다. 그러나 현대에서 보는 국가 간의 섬멸전은 좀처럼 일어나지 않았다.

● 피비린내 나는 기사의 꽃무대

중세 전쟁은 대부분이 소규모였다. 페데(사적 전투)라 불리는 복수권을 방패로 삼는 약탈은 많은 금지령에도 불구하고 중세시대를 관통하는 경제 활동으로서 행해졌다. 하지만 국가라는 틀이 강해지자 십자군 등의 종교 전쟁, 국내외의 주권 분쟁도 벌어지게 된다.

군대는 영주와 그를 섬기는 기사 그리고 그 밑의 부하를 중심으로 편성된다. 기사들은 당연히 중장기병으로서 참가하지만 부하인 견습 기사는 경장기병 또는 보병으로서 뒤따른다. 거기에 농민과 시민으로 이루어진 징집병을 고용하여 보병과 석궁병, 궁병, 잡병으로 나누었다. 다만 징집한 민병에 의지하는 것은 불명예로 여겼다. 13세기에 이르러 전문 용병을 고용하여 전력으로 삼게 된다. 기사와 견습 기사는 직속 상사는 잘 따르지만 지휘관의 명령은 반드시 따르는 것은 아니었다. 보급에 관해서도 중히 여기지 않아 식량이 떨어지면 퇴각하든가 약탈을 했다.

이문화권과 이단에 대한 공격을 제외하면 전쟁은 유희적인 면도 보였다. 야전이라면 회전(會戰)할 지역과 시간을 지정하여 상대하고 일몰이 되면 자신의 진지로 물러났다. 또한 몸값을 받을 수가 있기에 전투 중에 사망한 것만 아니라면 기사는 산 채로 생포됐다. 그러는 한편으로 가치가 없는 상대라고 판단되면 사정없이 위해를 가하거나 갖은 굴욕을 받은 후에 죽임당했다.

경기같은 느낌이 나는 야전에 반해 농성전은 지혜와 무력을 집중하는 총력전이 된다. 식량 문제 때문에 농성은 적을 물리치는 데 유효했다. 야전에서는 나서는 일이 적은 징집병도 성벽의 비호하에 화살과 바위를 적에게 날리면서 활약했다. 공격 측은 포위하여 상대의 항복을 기다리거나 공성 병기로 방어를 깨고 내부의 병사를 물리쳐야 한다. 방어 측이 무조건 항복을 하면 수비 측은 목숨을 구하는 경우가 많다. 그러나 만약 전투에서 패하여 성이 함락된다면 약탈과 살육을 피할 수 없었다.

전쟁과 병사들

중세 초기의 전쟁

자신의 영토

↓

대상

경제 활동으로서 복수권을 행사. 사적 전투(페데)라고 한다.

국가라는 틀에 대한 의식이 발전. →

중세 중기 이후의 전쟁

자신의 영토

↓ ↓ 세력투쟁으로

타 종교국 | 적대 세력

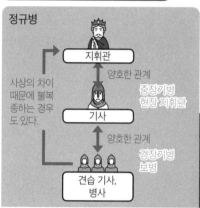
정규병

지휘관

↑ 양호한 관계

사상의 차이 때문에 불복종하는 경우도 있다.

중장기병 현장 지휘관

기사

↕ 양호한 관계

경장기병 보병

견습 기사, 병사

· 용병은 13세기 무렵부터 발달.
  그때까지 비정규군을 의지하는 것은 불명예였다.

· 물자 보급 등의 병참은 미발달.
  가져온 물자가 바닥나면 현지 조달이 기본.

비정규병

석궁병 궁병 잡병

민병 | 용병

야전과 농성전

야전

아군

회전 장소, 시간을 지정. 일몰 시에는 정전.

의식적, 유희적인 부분이 있다!

적군

포로

몸값을 지불하면 반환.

농성전

공격측

공성병기 등으로 성내 침입을 노린다.

물자부족 등으로 적의 퇴각을 기다린다. 성벽 등 덕분에 민병도 활약!

수비측

성이 함락되면 살육과 약탈이라는 비참한 상황에.

관련 항목

● 봉건제도 → No.003
● 이단 → No.087
● 영주 → No.091

● 기사 → No.092
● 견습 기사와 시동 → No.093
● 용병 → No.095

훈련과 토너먼트

싸움 기술을 익히기 위한 유사 투쟁. 야만적인 기풍을 띠는 그것은 이윽고 화려한 무대로 모습을 바꾼다.

● 강철을 맞부딪히는 나날

전투를 생업으로 삼는 이상 기사 계급에 속한 전사들에게 있어서 훈련은 필수불가결이었다. 기사 집안에 태어난 아이들 또는 평민에서 발탁된 우수한 아이들은 7세부터 시동으로서 기사들의 시중과 뒷바라지를 하면서 매너를 익힌다. 그리고 어느 정도 연령이 되면 견습 기사로서 말을 돌보고 무구를 손질하면서 짬짬이 승마, 무기 다루는 법, 격투술, 마라톤과 수영 등 기초체력 단련 등의 훈련을 한다. 훈련 중에 특히 눈에 띄는 것은 마상창 랜스 훈련일 것이다. 마상에서 자세를 잡고 적에게 돌격해서 돌파하는 전법을 구사하는 이 창 훈련에는 특별한 인형을 사용한다. 이 인형은 방패를 들고 반대측 팔에 저울추를 달은 회전식으로, 랜스로 방패를 친 후 재빨리 돌파하지 않으면 호된 반격을 받았다.

이러한 훈련 중에서도 가장 화려한 것이 오늘날 토너먼트라고 알려진 무예 시합이다. 무예 시합은 기사 서임 등으로 축제가 벌어지는 날과 무용을 과시하고 싶은 영주와 기사 주최로 인해 열린다. 서로 정면에서 부딪쳐서 상대를 쓰러트리는 저명한 마상창시합은 중세 후반부터 성행하게 되는 것으로 여명기에는 말에서 내려 전투나 실전적인 집단전을 하는 것이 주류였다. 승자는 주최자로부터 칭찬과 상품뿐만이 아니라, 패자의 무구와 몸값을 얻을 수가 있다. 하지만 중세 초기에는 아직 룰이 확립되지 않아 훈련용 무기뿐만이 아니라 석궁까지 들고 나오는 난투가 벌어지거나 유혈 사태 끝에 사망자가 나오는 경우도 적지 않았다. 그 때문에 때때로 왕들은 종종 무예시합을 금지하는 법령을 선포하곤 했다. 여기에는 무장한 기사들의 집단 봉기를 경계하여 반란을 미연에 방지하려는 목적도 있었다.

중세 후반에 들어서면 무예 시합은 한층 더 오락성이 강해져서 귀부인의 응원 속에서 마상창시합을 벌이고, 팔씨름과 체스 시합, 연회 등을 즐기게 된다.

기사도 교육과 훈련

시동 시대

· 시중과 뒷바라지를 하면서 매너를 익힌다.
  ※시동이 되는 것은 대체적으로 7세 즈음부터.

견습 기사 시대

· 승마.   · 격투기.   · 마라톤.
· 수영.   · 무기 취급.
  ※상기 사항을 무구 손질, 말을 돌보는 짬짬이 배운다.

창시합의 훈련 장치
방패를 찌르고 재빠르게
돌파하지 않으면 호된 반
격을 당한다.

토너먼트 시합

토너먼트란?

기사 서임 등의 축제날과 무용을 과시하고 싶은 영주와 기사의 주최로 열리는 무예 시합을
뜻한다.

주최자 — 대가를 지불한다. → 승자 ← 몸값을 지불한다. 무구를 양도한다. — 패자

여명기의 토너먼트

말에서 내려 전투

대전

집단전

대전

· 룰이 미확정.
· 유혈 사태와 무장봉기의 위험 때문에
  종종 금지되었다.

중기 이후의 토너먼트

마상창시합
팔씨름
체스

대전

· 오락성이 강해진다.
· 귀부인들의 응원 속에 열린다.
· 연회 등도 동시에 개최되었다.

관련 항목
● 기사 → No.092
● 견습 기사와 시동 → No.093
● 무구 → No.107
● 말 → No.109

No.107

무구

스스로를 무력투쟁을 위한 집단이라 규정한 영주와 기사들에게 있어서 무구는 떼려야 뗄 수 없는 도구이며 둘도 없는 파트너였다.

● 기사의 상징이었던 장검

투쟁을 생업으로 하는 자들에게 무구는 중요한 생활 도구였다.

그중에서도 가장 중요한 것이 장검이다. 귀중한 철을 아낌없이 사용하는 장검은 이를 조달할 수 있는 재력을 보여주는 증표이자 무장권을 지니는 기사의 상징이기도 했다. 반대로 단조가 용이한 단검은 일반 민중도 소지했다. 곤봉과 메이스, 워햄머, 도끼 등 타격력이 높은 무기도, 갑옷과 투구로 무장한 기사에게 대항할 수 있으므로 선호했다. 기사가 사용하는 것은 마상에서 사용할 수 있도록 한 손으로 들 수 있는 사이즈다. 이러한 무기를 마상에서 사용할 수 있게 된 것은 마구의 발전, 특히 등자에 힘입은 바가 크다. 특히 큰 은혜를 받은 것이 창으로, 기사가 마상에서 사용하는 랜스를 탄생시키게 된다. 그러는 한편 장창과 할버드 등의 자루가 긴 무기는 주로 기사가 아니라 병사가 사용하는 것으로 취급되었다. 사격 무기도 마찬가지다. 활은 주목제를 최고로 쳤으며 전문 궁병도 생겨났다. 또한 기계식 석궁은 강력한 무기로 잘 알려져 있다.

갑옷으로는, 금속 리벳과 갑옷 미늘로 보강한 긴옷과 호버크라고 하는 긴 사슬 갑옷을 입었다. 갑옷 속에는 두터운 퀼팅천으로 만든 갬버슨, 아케튼이라고 하는 천 갑옷을 입는다. 그러나 사슬 갑옷은 매우 고가였기에 가난한 기사와 견습 기사는 기장이 짧거나 저킨이라고 하는 갬버슨과 비슷한 소매없는 천갑옷을 사용했다. 투구는 주로 물방울 형태에 코가리개가 있는 것을 사용했다. 이러한 것들은 머리 전체를 덮어주도록 진화하여 대형 투구와 베럴 헬름이라고 하는 나무통 형태가 되었다. 시대가 흐름에 따라 이러한 무장은 한층 더 진화하여 바시네트라 불리는 안면보호대가 달린 투구와 철판으로 보강한 코트 오브 플레이트라고 불리는 갑옷, 철제 토시와 정강이 보호대를 병용하게 된다. 또한 15세기에 들어서자 야금술이 발달하여 판금 갑옷이 탄생했다. 방패는 목제가 많으며 연 형태를 선호했다. 이러한 것들은 몇 년 후에 기사의 문장으로 아름답게 장식되었다.

228

중세 무기

● 절단 무기

장검　매우 고가의 무기. 기사의 상징.
단검　가공이 용이하며 가격이 싸다. 민중도 사용했다.

● 둔기

도끼　위햄머

곤봉, 메이스, 위햄머, 도끼
갑옷을 입은 상대와 싸우기 위한 타격력 있는 무기.
기승용은 등자의 발전과 함께 등장. 한 손으로 사용한다.

● 자루가 긴 무기

랜스　등자의 발전으로 등장. 기사의 상징.
장창　주로 병사가 사용한다.

● 사격 무기

석궁

활　주목제를 최고로 쳐준다. 주로 병사가 사용한다.
석궁　기계식 활. 주로 병사가 사용한다.

중세의 무구

● 갑옷

호버크
기장이 긴
사슬 갑옷.

아케튼
사슬 갑옷 안
에 입는 퀼팅
제 천갑옷.

재킨
가난한 자가 입는
천갑옷. 짧은 사
슬 갑옷을 입는
경우도 있다.

철제 손목, 정
강이 보호대
를 다는 경우
도 있다.

코트 오브 플레이트

● 투구　　● 방패

코 가리개.

물방울형 투구　대형 투구
(버렐 헬름)

주로 목제이
며 연 형태.
나중에 문장
이 그려지게
된다.

관련 항목
● 기사 → No.092
● 문장학 → No.104
● 전쟁 → No.105
● 말 → No.109

공성병기

우뚝 선 석탑을 무너트리는 거대한 병기들. 그것은 고대 로마가 남긴 옛 병기의 잔재라고 할
만한 것이었다.

● 성벽을 파괴하는 거대한 기계들

중세에 있어서 공성병기는 고대 로마에서 사용했던 것과 큰 차이는 없다. 중세의 군사
기술은 이를 재이용하면서 새로이 개발된 독자적인 개량이 더해졌다.

공성병기 중에서도 가장 단순하면서 기본적인 것이 램(공성추)이라 불리는 것이다. 이는
단순히 통나무나 통나무 끝을 금속으로 덮은 것으로 램(양)이라는 이름대로 금속제 양머리
를 달은 것이었다. 램은 그대로 병사가 들고 성벽이나 성문을 두들기거나, 바퀴가 달린 공
성 탑에 종을 치는 당목처럼 매달아 놓았다. 공성탑은 바퀴가 달린 거대한 탑으로 성벽에
접근해서 도개교를 걸쳐서 병사를 투입시키거나 궁병을 태워서 성벽 위 병사를 공격하기
위해 사용한다. 이 공성탑은 불에 약해서 화재를 방지하기 위해 소 등의 날가죽으로 덮었
다. 투석기는 새끼줄과 머리카락 등을 다발로 묶은 것에 돌을 유지하는 가로대를 꽂아 비
틀어서 그 반발력으로 돌을 날린다. 이는 고대 로마에서 사용했던 것과 동일한 것이다. 이
슬람 기술이 도입되자 이 투석기는 추를 이용하여 한층 더 정확한 사격이 가능한 트레뷰
셋이라 불리는 대형 투석기로 진화한다. 또한 고대의 발리스타에 해당하는 고정식 대궁도
대인용, 성벽용으로 사용하였다.

방어용 병기로는 지면에 설치하여 성으로 투사물을 날리는 것에 대비하는 맨틀렛이라고
하는 대형 방패가 있다. 또한 직접적인 공격 병기는 아니지만 해자를 메우기 위해 나뭇가
지를 다발로 묶은 파신, 해자를 뛰어넘기 위해 통나무 위에 다리를 올린 가동교 같은 것도
사용했다.

14세기에 들어 공성 병기는 더욱 발전하는 시대를 맞이한다. 바로 화기의 등장이다. 화
살을 날리는 밀메트 캐논부터 핸드 캐논, 거치형 대포로 진화한 화기는 이윽고 공성전을
일변시키게 된다.

중세의 병기

중세의 병기는 고대의 공성 병기와 큰 차이는 보이지 않는다.
그러나 중동에서 유입된 기술로 인해 다양한 개량이 추가되었다.

● 램(공성추)

통나무를 성이나 문에 부딪치는 단순한 병기. 끝부분은 금속 등으로 강화되어 있다. 지붕을 덮은 차에 타고 사용하는 경우도 있다.

● 공성탑

성벽을 넘어가기 위해 만든 바퀴 달린 탑. 도개교를 걸쳐서 성내에 병사를 침투시킨다. 궁병을 태워 성내를 공격하는 경우도 있다.

도개교를 성벽에 건다.

화재를 막기 위해서 날가죽으로 덮는다.

꼭 안고서 문을 두들긴다.

● 투석기

다발로 묶은 새끼줄이나 머리카락의 반발력을 이용하여 지렛대 원리로 커다란 돌을 날리는 장치.

그 기세로 돌이 날아간다.

중동의 기술 유입으로 추를 동력으로 사용하는 트레뷰셋으로 발전.

트레뷰셋

밧줄의 반발력으로 눕혀 있던 암이 일어선다.

● 대궁

두꺼운 화살을 쏘아내는 대형 석궁. 보병이 들고 다니는 게 아니라 고정하여 사용한다.

14세기 들어 화약을 사용한 대포 등의 신병기가 등장.
병기 발전은 새로운 기술과 함께 새로운 시대를 맞이한다.

관련 항목

● 전쟁 → No.105

말

기사를 기승하는 전사들로 만들어주는 존재가 바로 말이다. 기사들은 이 파트너를 다양한 용도에 맞게 가려 썼다.

● 기사들을 지탱하는 말들

말은 기사가 기사이기 위한 심볼이며 전장의 파트너, 중요한 무구이기도 하다. 그래서 기사는 매일매일 말의 사육과 품종 개량에 매진했다.

현재에도 경주마와 농경마 등 다양한 품종을 볼 수 있듯이 기사들도 용도에 따라서 말을 사용했다. 가장 중요한 것이 갑옷을 입은 기사를 태워 전투와 마상창시합에 종사하는 데스트리어라 불리는 군마다. 데스트리어라는 이름은 이 군마를 견습 기사가 끌고 올 때 고귀한 팔이라 여겼던 오른팔(덱스톨)로 끌고 온다는 것에서 유래한다. 그레이트 호스라고도 불리는 군마는 가슴이 두텁고 내구력이 있으며 민첩하고 용감했다. 아랍과 중앙아시아에서 유입된 품종을 토대로 선별 교배를 반복하여 태어난 이 말을 각국의 왕은 솔선해서 사육시켰다. 특히 유명한 것이 이탈리아, 프랑스, 스페인, 영국이며 그중에서도 아라곤, 카스티야, 가스코뉴산의 군마가 명성이 높다. 또한 군마는 남성 우위의 위엄을 숭상하는 기사에게 있어 숫말만이 어울린다고 여겼다. 한편 쾌속을 자랑하는 코서라 불리는 말은 전투뿐만이 아니라 사냥용으로서도 선호하였다. 의식용과 귀부인, 성직자의 이동용으로는 고급스럽고 보기 좋은 의장마 폴프리를 이용했다. 이런 기사의 말에 비해 견습 기사는 론산이라고 하는 준마 또는 질이 낮은 말을 사용했다. 짐을 옮기는 것은 섬프터라고 하는 다리가 짧고 튼실한 짐말을 사용했다.

이렇게 말이 기사의 파트너가 될 수 있었던 것은 마구의 전파와 발전에 기인한다. 등자는 마상에서 버티는 것을 가능케 해주었으며 장시간의 승마와 전투에 도움을 주었다. 편자는 다치기 십상인 말발굽을 보호하여 장거리 이동을 가능하게 해준다. 박차는 말의 제어뿐만이 아니라 말을 소유하는 인간의 지위를 드러내는 데도 사용되었다. 견습 기사는 은 박차를 사용하지만 기사에게는 황금 박차를 하사하였다.

기사들과 함께했던 말들

위대한 군마 데스트리어

· 그레이트 호스라고도 불린다.
· 기사의 승마 중에서 가장 희소.
· 크고, 강하고, 민첩.
· 다수의 왕이 솔선해서 육성.

중세의 군마 산지
· 스페인
· 프랑스
· 이탈리아
· 영국

※그중에서도 아라곤, 카스티야, 가스코뉴산이 유명하다.

그 외 말들

코서
일반적인 군마. 쾌속.

팔프리
의례, 이동용. 성직자와 귀부인도 탄다.

론산
견습 기사 등이 사용. 준마 또는 질 낮은 말.

섬프터
짐말. 튼실하다.

말의 사용을 도와준 마구

말이 기사의 파트너가 될 수 있었던 것은 마구의 전파와 발전에서 기인한 바가 크다!

안장과 등자
안장과 등자 덕분에 기사는 마상에서 버티는 것이 가능해졌으며 이동과 전투를 하기 편해졌다.

박차
박차는 말의 제어를 용이하게 해줄 뿐 아니라 소재에 따라서 신분의 증표가 되기도 했다.

편자
편자로 말발굽을 보호함으로써 장거리 이동이 가능해졌다.

관련 항목
● 삼림과 사냥 → No.045
● 기사 → No.092
● 견습 기사와 시동 → No.093
● 전쟁 → No.105

연금술

오늘날에도 초기 과학의 발아로서 알려져 있는 연금술. 이 기술은 단지 금을 만들어내는 것 뿐만이 아니라 세계의 의문을 해명하는 학문이었다.

● 중동의 최신 기술이었던 연금술

사람의 호기심은 끝이 없다. 자연의 법칙을 이해하고 이를 이용함으로써 이익을 얻으려 하는 시도는 아득히 먼 고대부터 행해졌다. 그중에서도 귀금속을 만들어내는 연금술은 다수의 꿈꾸는 지식인이 동경하는 것이었다.

연금술이라 불리는 기술이 탄생한 것은 기원전 3세기~기원후 3세기에 걸쳐서 알렉산드리아에서 발전하였다고 전해진다. 알렉산드로스 대왕(재위 기원전 336년~기원전 323년)에 의해서 조성된 이 도시는 그리스, 로마, 고대 이집트, 오리엔트의 지식이 모여드는 도가니였다. 여기서 집적된 그노시스 주의와 헤르메스 사상, 밀의 종교 등의 사상으로부터 파생된 연금술은 당시에는 어디까지나 개념적이었으며 금을 만드는 데 성공했다고 하는 실제 사례 같은 것은 존재하지 않았다. 하지만 이를 가능케 하는 현자의 돌 개념과 아랍에서 실험기구를 개발하는 데 힘입어 연금술은 실체를 갖춘 기술로 확립되어간다.

중세 유럽에서 연금술 사상이 유입된 것은 서유럽이 중동권의 기술과 지식을 얻는 계기가 된 십자군 원정 이후이다. 연금술은 그 태생 그대로 이교적인 신비 사상으로 물들어 있었지만 당시 교회는 문제시하지 않았다. 오히려 최첨단 기술이라 칭찬하며 연구를 하였다. 초기 연금술사로 불리던 사람들이 수도사였다는 것만 봐도 알 수 있다. 그들은 전설의 연금술사 헤르메스 트리스메기스토스가 저술했다고 알려져 있는 『에메랄드 타블렛』을 믿고 만물에 깃든 영혼을 진화시키는 생명의 숨결을 응고시켜 현자의 돌로 만드는 비술을 찾으려 했다. 이는 만물의 의문을 해명하여 모든 이상을 가능케 하는 것이기도 했다. 중세 후기에 대학이 융성하게 되자 연금술의 열기는 일반 지식 계급과 귀족들에게도 전파되었다. 그러나 기구와 재료에 막대한 자금을 필요로 하는 연금술은 욕심에 눈이 먼 스폰서를 속여서 비용만 뜯어내는 다수의 사기꾼을 양산하게 된다.

연금술의 탄생

연금술이란?

세계의 비밀을 해명하기 위한 학문.
귀금속을 만드는 등의 이익은 어디까지나 부차적인 것에 지나지 않는다.

알렉산드리아

알렉산드로스 대왕에 의해서 세워진 북아프리카 도시.
문화의 도가니라고도 불리는 풍토.

고대 그리스 문화	고대 이집트 문화
고대 로마 문화	고대 오리엔트 문화

알렉산드리아에서
자라난 주요 사상
· 그노시스 사상
· 헤르메스 주의
· 밀의 종교

· 현자의 돌 개념이 부상한다.
· 아랍에서 실험기구 발달.

체계적인 학문으로서 연금술이 확립된다!

중세 사회에서 받아들여진 연금술

십자군원정

『에메랄드 타블렛』
전설의 연금술사 헤르메스 트리스
메기스토스가 저술했다고 전해지
는 서적.

연금술 지식이 서유럽에 도래한다!

수도사

· 교회, 수도원 양쪽 다 이교적인 에센스를 포함하는 것을 문제 삼지 않는다.
· 최첨단 기술로서 연구.
· 모든 이상을 가능케 한다고 일컬어지는 현자의 돌을 찾는다.

대학이 융성하면서 연금술 지식이 일반으로 확산된다.

지식 계급, 귀족

막대한 자금을 필요로 하는 연금술은
스폰서를 속여서 돈을 뜯어내려는
사기꾼을 양산한다!

관련 항목

● 성직자 → No.079　　　　　　　　　● 성의 주민 → No.090

색인

238

참고 문헌

■통사

『개정 서양중세의 문화(改稿 西洋中世の文化)』 오오루이 노부루(大類伸) 저 / 후잔보(冨山房)

『중세 서구 문명(中世西欧文明)』 자크 르 고프 저 / 키리무라 야스지(桐村泰次) 역 / 론소샤(論創社)

『또 하나의 중세를 위해서(もうひとつの中世のために)』 자크 르 고프 저 / 카노 오사무(加納修) 역 / 햐쿠스이샤(白水社)

『유럽의 중세 1 중세 세계란 무엇인가(ヨーロッパの中世1 中世世界とは何か)』 사토 쇼이치(佐藤彰一) 저 / 이와나미쇼텐(岩波書店)

『도설 중세 유럽의 삶(図説中世ヨーロッパの暮らし)』 카와라 온(河原温), 호리코시 코이치(堀越宏一) 저 / 카와데쇼보신샤(河出書房新社)

『중세의 창문으로부터(中世の窓から)』 아베 킨야(阿部謹也) 저 / 아사히(朝日)신문사

『중세 천민의 우주 유럽의 원점으로 떠나는 여행(中世賤民の宇宙 ヨーロッパ原点への旅)』 아베 킨야(阿部謹也) 저 / 치쿠마쇼보(筑摩書房)

『서양 중세의 남자와 여자 신성의 주박 아래에서(西洋中世の男と女 聖性の呪縛の下で)』 아베 킨야(阿部謹也) 저 / 치쿠마쇼보(筑摩書房)

『중세 유럽의 생활지(中世ヨーロッパ生活誌)』 로버트 델로트 저 / 키리무라 야스지(桐村泰次) 역 / 론소샤(論創社)

『유럽 중세 사회사 사전(ヨーロッパ中世社会史事典)』 아그네 제럴 저 / 이케다 켄지(池田健二) 역 / 후지와라쇼텐(藤原書店)

『중세 유럽 생활지 1(中世ヨーロッパ生活誌1)』 오토 보르스트 저 / 나가노 후지오(永野藤夫) 역 / 햐쿠스이샤(白水社)

『중세 유럽 생활지 2(中世ヨーロッパ生活誌2)』 오토 보르스트 저 / 나가노 후지오(永野藤夫) 역 / 햐쿠스이샤(白水社)

『15가지 테마로 배우는 중세 유럽사(15のテーマで学ぶ中世ヨーロッパ史)』 호리코시 코이치(堀越宏一), 진노 타카시(甚野尚志) 편저 / 미네르바쇼보(ミネルヴァ書房)

『서구 중세사 사전 국제와 사회 조직(西欧中世史事典 国制と社会組織)』 한스 K 슐츠 저 / 치바 노리오(千葉徳夫) 외 역 / 미네르바쇼보(ミネルヴァ書房)

『서구 중세사 사전 II 황제와 제국(西欧中世史事典 II 皇帝と帝国)』 한스 K 슐츠 저 / 이가라시 오사무(五十嵐修) 외 역 / 미네르바쇼보(ミネルヴァ書房)

『서구 중세사 사전 III 왕권과 그 지배(西欧中世史事典 III 王権とその支配)』 한스 K 슐츠 저 / 오구라 킨이치(小倉欣一), 코오노 준(河野淳) 역 / 미네르바쇼보(ミネルヴァ書房)

『영국 중세 문화사 사회·문화·아이덴티티(イギリス中世文化史 社会·文化·アイデンティティー)』 토미자와 레이간(富沢霊岸) 저 / 미네르바쇼보(ミネルヴァ書房)

『중세 유럽을 살아가다(中世ヨーロッパを生きる)』 진노 타카시(甚野尚志), 호리코시 코이치(堀越宏一) 편 / 도쿄(東京)대학출판회

『100마디로 알 수 있는 서구 중세(100語でわかる西欧中世)』 문고Que sais-je 넬리 라브레, 베네틱스 세레 저 / 타나카 야스후미(高名康文) 역 / 햐쿠스이샤(白水社)

『독일 중세의 일상 생활 기사·농민·도시민(ドイツ中世の日常生活 騎士·農民·都市民)』 콜트 멕제퍼, 엘리자벳 슈라우트 공편 / 세하라 요시오(瀬原義生) 감역 / 아카사카 슌이치(赤阪俊一), 사토 센지(佐藤専次) 역 / 토스이쇼보(刀水書房)

『중세 유럽(中世ヨーロッパ)』 비주얼 박물관 제65권 앤드류 랭글리 저 / 이케가미 슌이치(池上俊一) 감수 / 도호샤(同朋舎)

『도설 로마네스크 교회당(図説ロマネスクの教会堂)』 츠지모토 케이코(辻元敬子), 달링 마스요(ダーリング益代) 저 / 카와데쇼보신샤(河出書房新社)

『도설 대성당 이야기 고딕 건축과 미술(図説大聖堂物語 ゴシックの建築と美術)』 사토 타츠오(佐藤達生), 키마타 모토카즈(木俣元一) 저 / 카와데쇼보신샤(河出書房新社)

『컬러 일러스트 세계의 생활사 7 중세의 도시 생활(カラーイラスト世界の生活史7 中世の都市生活)』 피에르 미켈 저 / 후쿠이 요시오(福井芳男), 키무라 쇼사부로(木村尚三郎) 감역 / 도쿄서적(東京書籍)

『컬러 일러스트 세계의 생활사 22 고대와 중세 유럽 사회(カラーイラスト世界の生活史22 古代と中世のヨーロッパ社会)』 조반니 카셀리 저 / 키무라 쇼사부로(木村尚三郎), 호리코시 코이치(堀越宏一) 감역 / 도쿄서적(東京書籍)

『생활의 세계역사 6 중세의 숲속에서(生活の世界歴史6 中世の森の中で)』 카와데문고 호리고메 요조(掘米庸三) 편 / 카와데쇼보신샤(河出書房新社)

『서양 경제사(西洋経済史)』 이와나미전서 카와노 켄지(河野健二) 저 / 이와나미쇼텐(岩波書店)

『서양 중세 세계의 발전(西洋中世世界の発展)』 이와나미전서 콘노 쿠니오(今野國男) 저 / 이와나미쇼텐(岩波書店)
『중세의 빛과 그림자(상)(中世の光と影(上))』 코단샤학술문고 호리고메 요조(掘米庸三) 저 / 코단샤(講談社)
『서구문명의 본래 모습(西欧文明の原像)』 코단샤학술문고 키무라 쇼사부로(木村尚三郎) 저 / 코단샤(講談社)
『서양 거주사 돌의 문화와 나무의 문화(西洋住居史 石の文化と木の文化)』 고토 히사시(後藤久) 저 / 쇼코쿠샤(彰国社)
『중세에 사는 사람들(中世に生きる人々)』 아일린 파워 저 / 미요시 요코(三好洋子) 역 / 도쿄(東京)대학출판회
『세계 풍속 사전 I 의식주편 유럽(世界風俗じてん I 衣食住の巻 ヨーロッパ)』 이소미 타츠노리(磯見辰典) 외 저 / 산세이도(三省堂)
『유럽 중세의 사회사(ヨーロッパ中世の社会史)』 이와나미세미나북스 마스다 시로 저 / 이와나미쇼텐(岩波書店)
『개정신판 세계사B용어집(改訂新版 世界史B用語集)』 전국 역사교육연구 협의회 편 / 야마카와(山川)출판사
『도설 밤의 중세사(図説夜の中世史)』 장 벨든 저 / 요시다 하루미(吉田春美) 역 / 하라쇼보(原書房)
『도설 쾌락의 중세사(図説快楽の中世史)』 장 벨든 저 / 이케가미 슌이치(池上俊一) 감수 / 요시다 하루미(吉田春美) 역 / 하라쇼보(原書房)
『삶의 영국사 왕후에서 서민까지(暮らしのイギリス史 王侯から庶民まで)』 루시 워슬리 저 / 나카시마 토시로(中島俊郎), 타마이 후미에(玉井史絵) 역 / NTT출판
『유럽 중세의 사물 열거 안경부터 나침반까지 컬러판(ヨーロッパ中世ものづくし メガネから羅針盤まで カラー版)』 키아라 푸르고니 저 / 타카하시 토모코(高橋友子) 역 / 이와나미쇼텐(岩波書店)

■의복
『서양 복장 조형사 고대·중세(西洋服装造形史 古代·中世)』 치무라 미치오(千村典夫) 저 / 스기노(杉野)학원출판
『중세 유럽의 복장(中世ヨーロッパの服装)』 오귀스트 라시네 원저 / 마루샤(マール社)편집부 편 / 마루샤(マール社)
『복식의 역사 고대·중세편(服飾の歴史 古代·中世篇)』 미쉘 보류 저 / 나카무라 유조(中村裕三) 역 / 하쿠스이샤(白水社)

■음식
『음식의 역사 I (食の歴史 I)』 J=L 프랜드런, M 몬터너리 편 / 미야하라 마코토(宮原信), 키타다이 미와코(北代美和子) 감역 / 키쿠치 쇼코(菊地祥子) 외 역 / 후지와라쇼텐(藤原書店)
『음식의 역사 II (食の歴史 II)』 J=L 프랜드런, M 몬터너리 편 / 미야하라 마코토(宮原信), 키타다이 미와코(北代美和子) 감역 / 키쿠치 쇼코(菊地祥子) 외 역 / 후지와라쇼텐(藤原書店)
『중세의 식생활 단식과 연회(中世の食生活 断食と宴)』 브리짓 앤 헤이시 저 / 후지와라 야스아키(藤原保明) 역 / 호세이(法政)대학출판국

■의학
『의학의 역사(医学の歴史)』 코단샤학술문고 카지타 아키라(梶田昭) 저 / 코단샤(講談社)
『만화 의학의 역사(まんが医学の歴史)』 이바라키 타모츠(茨木保) 저 / 의학서원(医学書院)
『「최악」의 의료 역사(「最悪」の医療の歴史)』 네이선 베로프스키 저 / 이토 하루미(伊藤はるみ) 역 / 하라쇼보(原書房)
『서양 의학사 핸드북(西洋医学史ハンドブック)』 디터 제터 저 / 야마모토 슌이치(山本俊一) 역 / 아사쿠라쇼텐(朝倉書店)

■형법
『개설 서양법제사(概説西洋法制史)』 카츠타 아리츠네(勝田有恒), 모리 세이이치(森征一), 야마우치 스스무(山内進) 편저 / 미네르바쇼보(ミネルヴァ書房)
『서양 중세의 죄와 벌 망령의 사회사(西洋中世の罪と罰 亡霊の社会史)』 아베 킨야(阿部謹也) 저 / 코분도(弘文堂)
『형리의 사회사 중세 유럽의 서민 생활(刑吏の社会史 中世ヨーロッパの庶民生活)』 주코신서 아베 킨야 저 / 추오코론샤(中央公論社)
『어느 망나니의 일기(ある首斬り役人の日記)』 프란츠 슈미트 저 / 후지시로 코이치(藤代幸一) 역 / 하쿠스이샤(白水社)
『고문과 형벌의 역사(拷問と刑罰の歴史)』 카렌 패링톤 편저 / 이이즈미 에미코(飯泉恵美子) 역 / 카와데쇼보신샤(河出書房新社)

■기사·귀족
『도설 기사의 세계(図説騎士の世界)』 이케가미 슌이치(池上俊一) 저 / 카와데쇼보신샤(河出書房新社)
『중세 유럽 성에서의 생활(中世ヨーロッパの城の生活)』 코단샤학술문고(講談社学術文庫) 조셉 기스, 프란시스 기스 저 / 쿠리하라 이즈미(栗原泉) 역 / 코단샤(講談社)
『기사 중세의 낭만 영광의 기사도의 세계를 살펴보다(騎士 中世のロマン栄光の騎士道の世界を探る)』 비주얼 박물

관 제43호 크리스토퍼 그라벳 저 / 릴리프 시스템즈 역 / 도호샤(同朋舍)

『고성 사전(古城事典)』크리스토퍼 그라벳 저 / 모리오카 케이이치로(森岡敬一郎) 감수 / 사카모토 켄이치(坂本憲一) 역 / 도호샤(同朋舍)

『컬러 일러스트 세계의 생활사 8 성과 기사(カラーイラスト世界の生活史8 城と騎士)』필립 브로셜 저 / 후쿠이 요시오(福井芳男), 키무라 쇼사부로(木村尚三郎) 감역 / 도쿄서적(東京書籍)

『기사도 백과도감(騎士道百科図鑑)』콘스탄스 B 부사르 저 / 호리코시 코이치(堀越孝一) 감수 / 유쇼칸(悠書館)

『도설 서양 갑주 무기 사전(図説西洋甲冑武器事典)』미우라 카이리(三浦權利) 저 / 카시와쇼보(柏書房)

『무기점(武器屋)』Truth In Fantasy편집부 편저 / 신키겐샤(新紀元社)

『무기 갑주 도감(武器甲冑図鑑)』이치카와 사다하루(市川定春) 저 / 신키겐샤(新紀元社)

『전략 전술 병기 사전5 유럽 성곽편(戦略戦術兵器事典5 ヨーロッパ城郭編)』각켄

『기사단(騎士団)』세계사연구쌍서 4 하시구치 토모스케(橋口倫介) 저 / 콘도(近藤)출판사

『도설 중세 유럽 무기·방어구·전술백과(図説中世ヨーロッパ武器·防具·戦術百科)』마틴 J 도허티 저 / 히구라시 마사미치(日暮雅道) 감역 / 하라쇼보(原書房)

『광대의 사회사 영국 민중 문화속의 실상(道化の社会史 イギリス民衆文化のなかの実像)』총서연극과 구경거리의 문화사 산드라 빌링턴 저 / 이시이 미키코(石井美樹子) 역 / 헤이본샤(平凡社)

『중세의 성 일지 소년 토비어스 시동이 되다(中世の城日誌―少年トビアス、小姓になる)』리처드 플라트 글 / 크리스 리델 그림 / 나가토모 케이코(長友恵子) 역 / 이와나미쇼텐(岩波書店)

『유럽의 성(ヨーロッパの城)』이노우에 무네카즈(井上宗和) 저 / 샤카이시소샤(社会思想社)

■종교·사상

『수도원 금욕과 관상의 중세(修道院 禁欲と観想の中世)』코단샤현대신서 아사쿠라 분이치(朝倉文市) 저 / 코단샤(講談社)

『중세 사상 원전 집성 별권 중세 사상 원전 집성 총색인(中世思想原典集成 別巻 中世思想原典集成総索引)』죠우치 대학 중세사상연구소 편역·감수 / 헤이본샤(平凡社)

『지식 제로부터 시작하는 교회 입문(知識ゼロからの教会入門)』후나모토 히로키(船本弘毅) 감수 / 겐토샤(幻冬舍)

『쉽게 이해하는 가톨릭 그 신앙과 매력(よくわかるカトリック その信仰と魅力)』오다카 타케시(小高毅) 저 / 쿄분칸(教文館)

『지옥 사전(地獄の辞典)』콜랭 드 플랑스 저 / 토코나베 타케히코(床鍋剛彦) 역 / 코단샤(講談社)

『에피소드 마법의 역사 흑마술과 백마술(エピソード魔法の歴史 黒魔術と白魔術)』현대 교양 문고 G 제닝스 저 / 이치바 야스오(市場泰男) 역 / 샤카이시소샤(社会思想社)

『마술의 복권 이탈리아 르네상스의 명과 암(魔術の復権 イタリア·ルネサンスの陰と陽)』사와이 시게오(沢井繁男) 저 / 진분쇼인(人文書院)

『중세의 축제 전설·신화·기원(中世の祝祭 伝説·神話·起源)』필립 월터 저 / 와타나베 코지(渡邉浩司), 와타나베 유미코(渡邉裕美子) 역 / 하라쇼보(原書房)

『유럽의 축제전 중세의 연회와 먹거리들(ヨーロッパの祝祭典 中世の宴とグルメたち)』마들렌 P 코즈만 저 / 카토 쿄코(加藤恭子), 야마다 토시코(山田敏子) 역 / 하라쇼보(原書房)

『도해 연금술(図解錬金術)』F-Files No.004 쿠사노 타쿠미 저 / 신키겐샤(新紀元社)

『서구 중세 민중 신앙 신비의 감수와 이단(西欧中世の民衆信仰 神秘の感受と異端)』라울 맨셀리 저 / 오오하시 요시유키(大橋喜之) 역 / 야사카쇼보(八坂書房)

『바늘 위에서 천사는 몇이나 춤출 수 있나 환상과 이성의 중세 르네상스(針の上で天使は何人踊れるか 幻想と理性の中世·ルネサンス)』대런 올드리지 저 / 이케가미 슌이치(池上俊一) 감수 / 테라오 마치코(寺尾まち子) 역 / 카시와쇼보(柏書房)

『중세 르네상스 음악(中世·ルネサンスの音楽)』코단샤현대신서 미나가와 타츠오(皆川達夫) 저 / 코단샤(講談社)

■도시

『유럽의 중세 2 도시의 창조력(ヨーロッパの中世2 都市の創造力)』이케가미 슌이치(池上俊一), 카와라 온(河原温) 편 / 이와나미쇼텐(岩波書店)

『유럽의 중세 4 여행하는 사람들(ヨーロッパの中世4 旅する人びと)』세키 테츠유키(関哲行) 저 / 이와나미쇼텐(岩波書店)

『유럽의 중세 5 사물과 기술의 변증법(ヨーロッパの中世5 ものと技術の弁証法)』호리코시 코이치(堀越宏一) 저 / 이와나미쇼텐(岩波書店)

『중세 유럽의 도시 생활(中世ヨーロッパの都市の生活)』코단샤학술문고 조셉 기스, 프란시스 기스 저 / 아오시마 요

시코(青島淑子) 역 / 코단샤(講談社)

『중세 이탈리아 도시와 상인(中世イタリアの都市と商人)』시미즈 코이치로(清水広一郎) 저 / 요센샤(洋泉社)

『중세 도시와 폭력(中世都市と暴力)』니콜 콘디에 저 / 후지타 토모히사(藤田朋久), 후지타 나치코(藤田なち子) 역 / 하쿠스이샤(白水社)

『서양 중세 도시의 자유와 자치(西洋中世都市の自由と自治)』하야시 키로쿠(林毅) 저 / 케이분도(敬文堂)

『성벽으로 둘러싸인 도시 방어 시설 변천사(城壁にかこまれた都市 防御施設の変遷史)』호스트 드래크로워 저 / 와타나베 요코(渡辺洋子) 역 / 이노우에쇼인(井上書院)

『중세 유럽의 도시 세계(中世ヨーロッパの都市世界)』세계사 리브레토 23 카와라 온(河原温) 저 / 야마카와(山川)출판사

『중세 파리의 생활사(中世パリの生活史)』시몬느 루(シモーヌ·ルー) 저 / 스기사키 타이치로(杉崎泰一郎) 감수 / 요시다 하루미(吉田春美) 역 / 하라쇼보(原書房)

■농촌

『중세를 여행하는 사람들 유럽 서민 생활 점묘(中世を旅する人びと ヨーロッパ庶民生活点描)』아베 킨야(阿部謹也) 저 / 헤이본샤(平凡社)

『중세 유럽의 농촌 생활(中世ヨーロッパの農村の生活)』코단샤학술문고(講談社学術文庫) 조셉 기스, 프란시스 기스 저 / 아오시마 요시코(青島淑子) 역 / 코단샤(講談社)

『중세 유럽의 농촌 세계(中世ヨーロッパの農村世界)』세계 리브레토 24 호리코시 코이치(堀越宏一) 저 / 야마카와(山川)출판사

창작을 꿈꾸는 이들을 위한 안내서
AK 트리비아 시리즈

-AK TRIVIA BOOK

No. 01 도해 근접무기
오나미 아츠시 지음 | 이창협 옮김 | 228쪽 | 13,000원
근접무기, 서브 컬처적 지식을 고찰하다!
검, 도끼, 창, 곤봉, 활 등 현대적인 무기가
등장하기 전에 사용되던 냉병기에 대한 개
설서. 각 무기의 형상과 기능, 유형부터 사용 방법은 물론
서브컬처의 세계에서 어떤 모습으로 그려지는가에 대해
서도 상세히 해설하고 있다.

No. 02 도해 크툴루 신화
모리세 료 지음 | AK커뮤니케이션즈 편집부 옮김 |
240쪽 | 13,000원
우주적 공포, 현대의 신화를 파헤치다!
현대 환상 문학의 거장 H.P 러브크래프트
의 손에 의해 창조된 암흑 신화인 크툴루 신화. 111가지
의 키워드를 선정, 각종 도해와 일러스트를 통해 크툴루
신화의 과거와 현재를 해설한다.

No. 03 도해 메이드
이케가미 료타 지음 | 코트랜스 인터내셔널 옮김 |
238쪽 | 13,000원
메이드의 모든 것을 이 한 권에!
메이드에 대한 궁금증을 확실하게 해결해
주는 책. 영국, 특히 빅토리아 시대의 사회를 중심으로,
실존했던 메이드의 삶을 보여주는 가이드북.

No. 04 도해 연금술
쿠사노 타쿠미 지음 | 코트랜스 인터내셔널 옮김 |
220쪽 | 13,000원
기적의 학문, 연금술을 짚어보다!
연금술사들의 발자취를 따라 연금술에 대
해 자세하게 알아보는 책. 연금술에 대한 풍부한 지식을
쉽고 간결하게 정리하여, 체계적으로 해설하며, '진리'를
위해 모든 것을 바친 이들의 기록이 담겨있다.

No. 05 도해 핸드웨폰
오나미 아츠시 지음 | 이창협 옮김 | 228쪽 | 13,000원
모든 개인화기를 총망라!
권총, 소총, 기관총, 어설트 라이플, 샷건, 머
신건 등, 개인 화기를 지칭하는 다양한 명칭
들은 대체 무엇을 기준으로 하며 어떻게 붙여진 것일까?
개인 화기의 모든 것을 기초부터 해설한다.

No. 06 도해 전국무장
이케가미 료타 지음 | 이재경 옮김 | 256쪽 | 13,000원
전국시대를 더욱 재미있게 즐겨보자!
소설이나 만화, 게임 등을 통해 많이 접할
수 있는 일본 전국시대에 대한 입문서. 무
장들의 활약상, 전국시대의 일상과 생활까지 상세히 서
술, 전국시대에 쉽게 접근할 수 있도록 구성했다.

No. 07 도해 전투기
가와노 요시유키 지음 | 문우성 옮김 | 264쪽 | 13,000원
빠르고 강력한 병기, 전투기의 모든 것!
현대전의 정점인 전투기. 역사와 로망 속
의 전투기에서 최신예 스텔스 전투기에 이
르기까지, 인류의 전쟁사를 바꾸어놓은 전투기에 대하여
상세히 소개한다.

No. 08 도해 특수경찰
모리 모토사다 지음 | 이재경 옮김 | 220쪽 | 13,000원
실제 SWAT 교관 출신의 저자가 특수경찰
의 모든 것을 소개!
특수경찰의 훈련부터 범죄 대처법, 최첨단
수사 시스템, 기밀 작전의 아슬아슬한 부분까지 특수경
찰을 저자의 풍부한 지식으로 폭넓게 소개한다.

No. 09 도해 전차

오나미 아츠시 지음 | 문우성 옮김 | 232쪽 | 13,000원

지상전의 왕자, 전차의 모든 것!
지상전의 지배자이자 절대 강자 전차를 소개한다. 전차의 힘과 이를 이용한 다양한 전술, 그리고 그 독특한 모습까지, 알기 쉬운 해설과 상세한 일러스트로 전차의 매력을 전달한다.

No. 10 도해 헤비암즈

오나미 아츠시 지음 | 이재경 옮김 | 232쪽 | 13,000원

전장을 압도하는 강력한 화기, 총집합!
전장의 주역, 보병들의 든든한 버팀목인 강력한 화기를 소개하는 책. 대구경 기관총부터 유탄 발사기, 무반동총, 대전차 로켓 등, 압도적인 화력으로 전장을 지배하는 화기에 대하여 알아보자!

No. 11 도해 밀리터리 아이템

오나미 아츠시 지음 | 이재경 옮김 | 236쪽 | 13,000원

군대에서 쓰이는 군장 용품을 완벽 해설!
이제 밀리터리 세계에 발을 들이는 입문자들을 위해 '군장 용품'에 대해 최대한 알기 쉽게 다루는 책. 세부적인 사항에 얽매이지 않고, 상식적으로 갖추어야 할 기초지식을 중심으로 구성되어 있다.

No. 12 도해 악마학

쿠사노 타쿠미 지음 | 김문광 옮김 | 240쪽 | 13,000원

악마에 대한 모든 것을 담은 총집서!
악마학의 시작부터 현재까지의 그 연구 및 발전 과정을 한눈에 알아볼 수 있도록 구성한 책. 단순한 흥미를 뛰어넘어 영적이고 종교적인 지식의 깊이까지 더할 수 있는 내용으로 구성.

No. 13 도해 북유럽 신화

이케가미 료타 지음 | 김문광 옮김 | 228쪽 | 13,000원

세계의 탄생부터 라그나로크까지!
북유럽 신화의 세계관, 등장인물, 여러 신과 영웅들이 사용한 도구 및 마법에 대한 설명까지! 당시 북유럽 국가들의 생활상을 통해 북유럽 신화에 대한 이해도를 높일 수 있도록 심층적으로 해설한다.

No. 14 도해 군함

다카하라 나루미 외 1인 지음 | 문우성 옮김 | 224쪽 | 13,000원

20세기의 전함부터 항모, 전략 원잠까지!
군함에 대한 입문서. 종류와 개발사, 구조, 제원 등의 기본부터, 승무원의 일상, 정비 비용까지 어렵게 여겨질 만한 요소를 도표와 일러스트로 쉽게 해설한다.

No. 15 도해 제3제국

모리세 료 외 1인 지음 | 문우성 옮김 | 252쪽 | 13,000원

나치스 독일 제3제국의 역사를 파헤친다!
아돌프 히틀러 통치하의 독일 제3제국에 대한 개론서. 나치스가 권력을 장악한 과정부터 조직 구조, 조직을 이끈 핵심 인물과 상호 관계와 갈등, 대립 등, 제3제국의 역사에 대해 해설한다.

No. 16 도해 근대마술

하니 레이 지음 | AK커뮤니케이션즈 편집부 옮김 | 244쪽 | 13,000원

현대 마술의 개념과 원리를 철저 해부!
마술의 종류와 개념, 이름을 남긴 마술사와 마술 단체, 마술에 쓰이는 도구 등을 설명한다. 겉핥기식의 설명이 아닌, 역사와 각종 매체 속에서 마술이 어떤 영향을 주었는지 심층적으로 해설하고 있다.

No. 17 도해 우주선

모리세 료 외 1인 지음 | 이재경 옮김 | 240쪽 | 13,000원

우주를 꿈꾸는 사람들을 위한 추천서!
우주공간의 과학적인 설명은 물론, 우주선의 태동에서 발전의 역사, 재질, 발사와 비행의 원리 등, 어떤 원리로 날아다니고 착륙할 수 있는지, 자세한 도표와 일러스트를 통해 해설한다.

No. 18 도해 고대병기

미즈노 히로키 지음 | 이재경 옮김 | 224쪽 | 13,000원

역사 속의 고대병기, 집중 조명!
지혜와 과학의 결정체, 병기. 그중에서도 고대의 병기를 집중적으로 조명, 단순한 병기의 나열이 아닌, 각 병기의 탄생 배경과 활약상, 계보, 작동 원리 등을 상세하게 다루고 있다.

No. 19 도해 UFO

사쿠라이 신타로 지음 | 서형주 옮김 | 224쪽 | 13,000원

UFO에 관한 모든 지식과, 그 허와 실.
첫 번째 공식 UFO 목격 사건부터 현재까지, 세계를 떠들썩하게 만든 모든 UFO 사건을 다룬다. 수많은 미스터리는 물론, 종류, 비행 패턴 등 UFO에 관한 모든 지식들을 알기 쉽게 정리했다.

No. 20 도해 식문화의 역사

다카하라 나루미 지음 | 채다인 옮김 | 244쪽 | 13,000원

유럽 식문화의 변천사를 조명한다!
중세 유럽을 중심으로, 음식문화의 변화를 설명한다. 최초의 조리 역사부터 식재료, 예절, 지역별 선호메뉴까지, 시대상황과 분위기, 사람들의 인식이 어떠한 영향을 끼쳤는지 흥미로운 사실을 다룬다.

No. 21 도해 문장

신노 케이 지음 | 기미정 옮김 | 224쪽 | 13,000원

역사와 문화의 시대적 상징물. 문장!
기나긴 역사 속에서 문장이 어떻게 만들어
졌고, 어떤 도안들이 이용되었는지, 발전 과
정과 유럽 역사 속 위인들의 문장이나 특징적인
인물에 대해 설명한다.

No. 22 도해 게임이론

와타나베 타카히로 지음 | 기미정 옮김 | 232쪽 | 13,000
원

이론과 실용 지식을 동시에!
죄수의 딜레마, 도덕적 해이, 제로섬 게임
등 다양한 사례 분석과 알기 쉬운 해설을 통해, 누구나가
쉽고 직관적으로 게임이론을 이해하고 현실에 적용할 수
있도록 도와주는 최고의 입문서.

No. 23 도해 단위의 사전

호시다 타다히코 지음 | 문우성 옮김 | 208쪽 | 13,000원

세계를 바라보고, 규정하는 기준이 되는 단
위를 풀어보자!
전 세계에서 사용되는 108개 단위의 역사
와 사용 방법 등을 해설하는 본격 단위 사전. 정의와 기
준, 유래, 측정 대상 등을 명쾌하게 해설한다.

No. 24 도해 켈트 신화

이케가미 료타 지음 | 곽형준 옮김 | 264쪽 | 13,000원

쿠 훌린과 핀 막 쿨의 세계!
켈트 신화의 세계관, 각 설화와 전설의 주요
등장인물들! 이야기에 따라 내용뿐만 아니
라 등장인물까지 뒤바뀌는 경우도 있는데, 그런 특별한
사항까지 다루어, 신화의 읽는 재미를 더한다.

No. 25 도해 항공모함

노가미 아키토 외 1인 지음 | 오광웅 옮김 | 240쪽 |
13,000원

군사기술의 결정체, 항공모함 철저 해부!
군사력의 상징이던 거대 전함을 과거의 유
물로 전락시킨 항공모함. 각 국가별 발달의 역사와 임무,
영향력에 대한 광범위한 자료를 한눈에 파악할 수 있다.

No. 26 도해 위스키

츠치야 마모루 지음 | 기미정 옮김 | 192쪽 | 13,000원

위스키, 이제는 제대로 알고 마시자!
다양한 음용법과 글라스의 차이, 바 또는 집
에서 분위기 있게 마실 수 있는 방법까지,
위스키의 맛을 한층 돋아주는 필수 지식이 가득! 세계적
인 위스키 평론가가 전하는 입문서의 결정판.

No. 27 도해 특수부대

오나미 아츠시 지음 | 오광웅 옮김 | 232쪽 | 13,000원

불가능이란 없다! 전장의 스페셜리스트!
특수부대의 탄생 배경. 종류, 규모, 각종 임
무, 그들만의 특수한 장비. 어떠한 상황에서
도 살아남기 위한 생존 기술까지 모든 것을 보여주는 책.
왜 그들이 스페셜리스트인지 알게 될 것이다.

No. 28 도해 서양화

다나카 쿠미코 지음 | 김상호 옮김 | 160쪽 | 13,000원

서양화의 변천사와 포인트를 한눈에!
르네상스부터 근대까지, 시대를 넘어 사랑
받는 명작 84점을 수록. 각 작품들의 배경
과 특징, 그림에 담겨있는 비유적 의미와 기법 등. 감상
포인트를 명쾌하게 해설하였으며, 더욱 깊은 이해를 위
한 역사와 종교 관련 지식까지 담겨있다.

No. 29 도해 갑자기 그림을 잘 그리게 되는 법

냐카야마 시게노부 지음 | 이연희 옮김 | 204쪽 | 13,000원

멋진 일러스트의 초간단 스킬 공개!
투시도와 원근법만으로, 멋지고 입체적인
일러스트를 그릴 수 있는 방법 그림에 대한 재능이 없다
생각 말고 읽어보자. 그림이 극적으로 바뀔 것이다.

No. 30 도해 사케

키미지마 사토시 지음 | 기미정 옮김 | 208쪽 | 13,000원

사케를 더욱 즐겁게 마셔 보자!
선택 법, 온도, 명칭. 안주와의 궁합. 분위기
있게 마시는 법 등. 사케의 맛을 한층 더 즐
길 수 있는 모든 지식이 담겨 있다. 일본 요리의 거장이
전해주는 사케 입문서의 결정판.

No. 31 도해 흑마술

쿠사노 타쿠미 지음 | 곽형준 옮김 | 224쪽 | 13,000원

역사 속에 실존했던 흑마술을 총망라!
악령의 힘을 빌려 행하는 사악한 흑마술을
총망라한 책. 흑마술의 정의와 발전. 기본
법칙을 상세히 설명한다. 또한 여러 국가에서 행해졌던
흑마술 사건들과 관련 인물들을 소개한다.

No. 32 도해 현대 지상전

모리 모토사다 지음 | 정은택 옮김 | 220쪽 | 13,000원

아프간 이라크! 현대 지상전의 모든 것!!
저자가 직접. 실제 전장에서 활동하는 군인
은 물론 민간 군사기업 관계자들에게 폭넓
게 교류하면서 얻은 정보를 아낌없이 공개한 책. 현대
전에 투입되는 지상전의 모든 것을 해설한다.

No. 33 도해 건파이트

오나미 아츠시 지음 | 송명규 옮김 | 232쪽 | 13,000원

총격전에서 일어나는 상황을 파헤친다!
영화, 소설, 애니메이션 등에서 볼 수 있는
총격전. 그 장면들은 진짜일까? 실전에서는
총기를 어떻게 다루고, 어디에 몸을 숨겨야 할까. 자동차
추격전에서의 대처법 등 건 액션의 핵심 지식.

No. 34 도해 마술의 역사

쿠사노 타쿠미 지음 | 김진아 옮김 | 224쪽 | 13,000원

마술의 탄생과 발전 과정을 알아보자!
고대에서 현대에 이르기까지 마술은 문화
의 발전과 함께 널리 퍼져나갔으며, 다른 마
술과 접촉하면서 그 깊이를 더해왔다. 마술의 발생시기
와 장소, 변모 등 역사와 개요를 상세히 소개한다.

No. 35 도해 군용 차량

노가미 아키토 지음 | 오광웅 옮김 | 228쪽 | 13,000원

지상의 왕자, 전차부터 현대의 바퀴달린 사
역마까지!!
전투의 핵심인 전투 차량부터 눈에 띄지 않
는 무대에서 묵묵히 임무를 다하는 각종 지원 차량까지.
각자 맡은 임무에 충실하도록 설계되고 고안된 군용 차
량만의 다채로운 세계를 소개한다.

No. 36 도해 첩보·정찰 장비

사카모토 아키라 지음 | 문성호 옮김 | 228쪽 | 13,000원

승리의 열쇠 정보! 정보전의 모든 것!
소음총, 소형 폭탄, 소형 카메라 및 통신기
등 영화에서나 등장할 법한 첩보원들의 특
수장비부터 정찰 위성에 이르기까지 첩보 및 정찰 장비
들을 400점의 사진과 일러스트로 설명한다.

No. 37 도해 세계의 잠수함

사카모토 아키라 지음 | 류재학 옮김 | 242쪽 | 13,000원

바다를 지배하는 침묵의 자객, 잠수함.
잠수함은 두 번의 세계대전과 냉전기를 거
쳐, 최첨단 기술로 최신 무장시스템을 갖추
어왔다. 원리와 구조, 승조원의 훈련과 임무, 생활과 전투
방법 등을 사진과 일러스트로 철저히 해부한다.

No. 38 도해 무녀

토키타 유스케 지음 | 송명규 옮김 | 236쪽 | 13,000원

무녀와 샤머니즘에 관한 모든 것!
무녀의 기원부터 시작하여 일본의 신사에
서 치르고 있는 각종 의식, 그리고 델포이의
무녀, 한국의 무당을 비롯한 세계의 샤머니즘과 각종 종
교를 106가지의 소주제로 분류하여 해설한다!

No. 39 도해 세계의 미사일 로켓 병기

사카모토 아키라 | 유병준·김성훈 옮김 | 240쪽
| 13,000원

ICBM부터 THAAD까지!
현대전의 진정한 주역이라 할 수 있는 미사
일. 보병이 휴대하는 대전차 로켓부터 공대공 미사일, 대
륙간 탄도탄, 그리고 근래 들어 언론의 주목을 받고 있는
ICBM과 THAAD까지 미사일의 모든 것을 해설한다!

No. 40 독과 약의 세계사

후나야마 신지 지음 | 진정숙 옮김 | 292쪽 | 13,000원

독과 약의 차이란 무엇인가?
화학물질을 어떻게 하면 유용하게 활용할
수 있는가 하는 것은 인류에 있어 중요한
과제 가운데 하나라 할 수 있다. 독과 약의 역사, 그리고
우리 생활과의 관계에 대하여 살펴보도록 하자.

No. 41 영국 메이드의 일상

무라카미 리코 지음 | 조아라 옮김 | 460쪽 | 13,000원

가사 노동자이며 직장 여성의 최대 다수를
차지했던 메이드의 일과 생활을 통해 영국
의 다른 면을 살펴본다. 『엠마 빅토리안 가
이드』의 저자 무라카미 리코의 빅토리안 시대 안내서.

No. 42 영국 집사의 일상

무라카미 리코 지음 | 기미정 옮김 | 292쪽 | 13,000원

집사, 남성 가사 사용인의 모든 것!
Butler, 즉 집사로 대표되는 남성 상급 사용
인. 그들은 어떠한 일을 했으며 어떤 식으로
하루를 보냈을까? 『엠마 빅토리안 가이드』의 저자 무라
카미 리코의 빅토리안 시대 안내서 제2탄.

No. 43 중세 유럽의 생활

가와하라 아쓰시 외 1인 지음 | 남지연 옮김 | 260쪽 | 13,000원

새롭게 조명하는 중세 유럽 생활사
철저히 분류되는 중세의 신분. 그 중 「일하
는 자」의 일상생활은 어떤 것이었을까? 각
종 도판과 사료를 통해, 중세 유럽에 대해 알아보자.

No. 44 세계의 군복

사카모토 아키라 지음 | 진정숙 옮김 | 130쪽 | 13,000원

세계 각국 군복의 어제와 오늘!!
형태와 기능미가 절묘하게 융합된 의복인
군복. 제2차 세계대전에서 현대에 이르기
까지, 각국의 전투복과 정복 그리고 각종 장구류와 계급
장, 훈장 등, 군복만의 독특한 매력을 느껴보자!

No. 45 세계의 보병장비

사카모토 아키라 지음 | 이상언 옮김 | 234쪽 | 13,000원

현대 보병장비의 모든 것!
군에 있어 가장 기본이 되는 보병! 개인화기,
전투복, 군장, 전투식량, 그리고 미래의 장비
까지. 제2차 세계대전 이후 눈부시게 발전한 보병 장비와
현대전에 있어 보병이 지닌 의미에 대하여 살펴보자.

No. 46 해적의 세계사

모모이 지로 지음 | 김효진 옮김 | 280쪽 | 13,000원

「영웅」인가, 「공적」인가?
지중해, 대서양, 카리브해, 인도양에서 활동
했던 해적을 중심으로, 영웅이자 약탈자, 정
복자, 야심가 등 여러 시대에 걸쳐 등장했던 다양한 해적
들이 세계사에 남긴 발자취를 더듬어본다.

No. 47 닌자의 세계

야마키타 아츠시 지음 | 송명규 옮김 | 232쪽 |
13,000원

실제 닌자의 활약을 살펴본다!
어떠한 임무라도 완수할 수 있도록 닌자는
온갖 지혜를 짜내며 궁극의 도구와 인술을 만들어냈다.
과연 닌자는 역사 속에서 어떤 활약을 펼쳤을까.

No. 48 스나이퍼

오나미 아츠시 지음 | 이상언 옮김 | 240쪽 | 13,000원

스나이퍼의 다양한 장비와 고도의 테크닉!
아군의 절체절명 위기에서 한 끗 차이의 절
묘한 타이밍으로 전세를 역전시키기도 하는
스나이퍼의 세계를 알아본다.

환상 네이밍 사전

신키겐샤 편집부 지음 | 유진원 옮김 | 288쪽 | 14,800원

의미 없는 네이밍은 이제 그만!
운명은 프랑스어로 무엇이라고 할까? 독일
어, 일본어로는? 중국어로는? 더 나아가 이
탈리아어, 러시아어, 그리스어, 라틴어, 아랍어에 이르기
까지. 1,200개 이상의 표제어와 11개국어, 13,000개
이상의 단어를 수록!!

중2병 대사전

노무라 마사타카 지음 | 이재경 옮김 | 200쪽 | 14,800원

이 책을 보는 순간, 당신은 이미 궁금해하고
있다!
　　사춘기 청소년이 행동할 법한, 손발이 오그
라드는 행동이나 사고를 뜻하는 중2병. 서브컬쳐 작품에
자주 등장하는 중2병의 의미와 기원 등. 102개의 항목
에 대해 해설과 칼럼을 곁들여 알기 쉽게 설명 한다.

크툴루 신화 대사전

고토 카츠 외 1인 지음 | 곽형준 옮김 | 192쪽 | 13,000원

신화의 또 다른 매력, 무한한 가능성!
H.P. 러브크래프트를 중심으로 여러 작가들
의 설정이 거대한 세계관으로 자리잡은 크
툴루 신화. 현대 서브 컬처에 지대한 영향을 끼치고 있다.
대중 문화 속에 알게 모르게 자리 잡은 크툴루 신화의 요
소를 설명하는 본격 해설서.

문양박물관

H. 돌메치 지음 | 이지은 옮김 | 160쪽 | 8,000원

세계 문양과 장식의 정수를 담다!
19세기 독일에서 출간된 H.돌메치의 『장식
의 보고』를 바탕으로 제작된 책이다. 세계
각지의 문양 장식을 소개한 이 책은 이론보다 실용에 초
점을 맞춘 입문서. 화려하고 아름다운 전 세계의 문양을
수록한 실용적인 자료집으로 손꼽힌다.

고대 로마군 무기·방어구·전술 대전

노무라 마사타카 외 3인 지음 | 기미정 옮김 | 224쪽 |
13,000원

위대한 정복자, 고대 로마군의 모든 것!
　　부대의 편성부터 전술, 장비 등. 고대 최강
의 군대라 할 수 있는 로마군이 어떤 집단이었는지 상세
하게 분석하는 해설서. 압도적인 군사력으로 세계를 석
권한 로마 제국. 그 힘의 전모를 철저하게 검증한다.

중세 유럽의 무술, 속 중세 유럽의 무술

오사다 류타 지음 | 남유리 옮김 |
각 권 672쪽~624쪽 | 각 권 29,000원

본격 중세 유럽 무술 소개서!
막연하게만 떠오르는 중세 유럽~르네상스
시대에 활약했던 검술과 격투술의 모든 것
을 담은 책. 영화 등에서만 접할 수 있었던
유럽 중세시대 무술의 기본이념과 자세. 방
어, 보법부터, 시대를 풍미한 각종 무술까
지, 일러스트를 통해 알기 쉽게 설명한다.

도감 무기 갑옷 투구

이치카와 사다하루 외 3인 지음 | 남지연 옮김 | 448쪽 |
29,000원

역사를 망라한 궁극의 군장도감!
고대로부터 무기는 당시 최신 기술의 정수
와 함께 철학과 문화, 신념이 어우러져 완성되었다. 이 책
은 그러한 무기들의 기능. 원리, 목적 등과 더불어 그 기
원과 발전 양상 등을 그림과 표를 통해 알기 쉽게 설명하
고 있다. 역사상 실재한 무기와 갑옷, 투구들을 통사적으
로 살펴보자!

최신 군용 총기 사전

토코이 마사미 지음 | 오광웅 옮김 | 564쪽 | 45,000원

세계 각국의 현용 군용 총기를 총망라!
주로 군용으로 개발되었거나 군대 또는 경
찰의 대테러부대처럼 중무장한 조직에 배
치되어 사용되고 있는 소화기가 중점적으로 수록되어 있
으며, 이외에도 각 제작사에서 국제 군수시장에 수출할
목적으로 개발, 시제품만이 소수 제작되었던 총기류도
함께 실려 있다.

초패미컴, 초초패미컴

타네 키요시 외 2인 지음 | 문성호 외 1인 옮김 |
각 권 360, 296쪽 | 각 14,800원

게임은 아직도 패미컴을 넘지 못했다!
패미컴 탄생 30주년을 기념하여, 1983년
『동키콩』부터 시작하여, 1994년 『타카하
시 명인의 모험도 IV』까지 총 100여 개의
작품에 대한 리뷰를 담은 영구 소장판. 패미
컴과 함께했던 아련한 추억을 간직하고 있
는 모든 이들을 위한 책이다.

초쿠소게 1,2

타네 키요시 외 2인 지음 | 문성호 옮김 |
각 권 224, 300쪽 | 각 권 14,800원

망작 게임들의 숨겨진 매력을 재조명!
『쿠소게クソゲ-』란 '똥-クソ'과 '게임-Game'
의 합성어로, 어감 그대로 정말 못 만들고
재미없는 게임을 지칭할 때 사용되는 조어
이다. 우리말로 바꾸면 망작 게임 정도가 될
것이다. 레트로 게임에서부터 플레이스테이
션3까지 게이머들의 기대를 보란듯이 저버
렸던 수많은 쿠소게들을 총망라하였다.

초에로게, 초에로게 하드코어

타네 키요시 외 2인 지음 | 이은수 옮김 |
각 권 276쪽, 280쪽 | 각 권 14,800원

명작 18금 게임 총출동!
에로게란 '에로-エロ'와 '게임-Game'의 합성어로, 말 그대로 성적인 표현이 담긴 게임을 지
칭한다. '에로게 헌터라 자처하는 베테랑 저자
들의 엄격한 심사(?)를 통해 선정된 '명작 에
로게'들에 대한 본격 리뷰집!!

세계의 전투식량을 먹어보다

키쿠즈키 토시유키 지음 | 오광웅 옮김 | 144쪽 | 13,000원

전투식량에 관련된 궁금증을 이 한권으로
해결!
전투식량이 전장에서 자리를 잡아가는 과
정과, 미국의 독립전쟁부터 시작하여 역사 속 여러 전쟁
의 전투식량 배급 양상을 살펴보는 책. 식품부터 식기까
지, 수많은 전쟁 속에서 전투식량이 어떠한 모습으로 등
장하였고 병사들은 이를 어떻게 취식하였는지, 흥미진진
한 역사를 소개하고 있다.

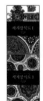

세계장식도 I , II

오귀스트 라시네 지음 | 이지은 옮김 | 각 권 160쪽 |
각 권 8,000원

공예 미술계 불후의 명작을 농축한 한 권!
19세기 프랑스에서 가장 유명한 디자이너
였던 오귀스트 라시네의 대표 저서 『세계장
식 도집성』에서 인상적인 부분을 뽑아내 콤
팩트하게 정리한 다이제스트판. 공예 미술
의 각 분야를 포괄하는 내용을 담은 책으로,
방대한 예시를 더욱 정교하게 소개한다.

서양 건축의 역사

사토 다쓰키 지음 | 조민경 옮김 | 264쪽 | 14,000원

서양 건축사의 결정판 가이드 북!
건축의 역사를 살펴보는 것은 당시 사람들
의 의식을 들여다보는 것과도 같다. 이 책
은 고대에서 중세, 르네상스기로 넘어가며 탄생한 다양
한 양식들을 당시의 사회, 문화, 기후, 토질 등을 바탕으
로 해설하고 있다.

세계의 건축

코우다 미노루 외 1인 지음 | 조민경 옮김 | 256쪽 |
14,000원

고품격 건축 일러스트 자료집!
시대를 망라하여, 건축물의 외관 및 내부의
장식을 정밀한 일러스트로 소개한다. 흔히 보이는 풍경
이나 딱딱한 도시의 건축물이 아닌, 고풍스러운 건물들
을 섬세하고 세밀한 선화로 표현하여 만화, 일러스트 자
료에 최적화된 형태로 수록하고 있다

지중해가 낳은 천재 건축가
-안토니오 가우디

이리에 마사유키 지음 | 김진아 옮김 | 232쪽 | 14,000원

천재 건축가 가우디의 인생, 그리고 작품
19세기 말~20세기 초의 카탈루냐 지역 및
그의 작품들이 지어진 바르셀로나의 지역사, 그리고 카
사 바트요, 구엘 공원, 사그라다 파밀리아 성당 등의 작품
들을 통해 안토니오 가우디의 생애를 본격적으로 살펴본
다.

민족의상 1,2

오귀스트 라시네 지음 | 이지은 옮김 |
각 권 160쪽 | 각 권 8,000원

화려하고 기품 있는 색감!!
디자이너 오귀스트 라시네의 『복식사』 전 6
권 중에서 민족의상을 다룬 부분을 바탕으
로 제작되었다. 당대에 정점에 올랐던 석판
인쇄 기술로 완성되어, 시대가 흘렀음에도
그 세세하고 풍부하고 아름다운 색감이 주
는 감동은 여전히 빛을 발한다.

중세 유럽의 복장

오귀스트 라시네 지음 | 이지은 옮김 | 160쪽 | 8,000원

고품격 유럽 민족의상 자료집!!
19세기 프랑스의 유명한 디자이너 오귀스트 라시네가 직접 당시의 민족의상을 그린 자료집. 유럽 각지에서 사람들이 실제로 입었던 민족의상의 모습을 그대로 풍부하게 수록하였다. 각 나라의 특색과 문화가 담겨 있는 민족의상을 감상할 수 있다.

사육 재배 도감

아라사와 시게오 지음 | 김민영 옮김 | 384쪽 | 18,000원

동물과 식물을 스스로 키워보자!
생명을 돌보는 것은 결코 쉬운 일이 아니다. 꾸준히 손이 가고, 인내심과 동시에 책임감을 요구하기 때문이다. 그럴 때 이 책과 함께 한다면 어떨까? 살아있는 생명과 함께하며 성숙해진 마음은 그 무엇과도 바꿀 수 없는 보물로 남을 것이다.

그림과 사진으로 풀어보는 이상한 나라의 앨리스

구와바라 시게오 지음 | 조민경 옮김 | 248쪽 | 14,000원

매혹적인 원더랜드의 논리를 완전 해설!
산업 혁명을 통한 눈부신 문명의 발전과 그 그늘. 도덕주의와 엄숙주의, 위선과 허영이 병존하던 빅토리아 시대는 『원더랜드』의 탄생과 그 배경으로 어떻게 작용했을까? 순진 무구한 소녀 앨리스가 우연히 발을 들인 기묘한 세상의 완전 가이드북!!

식물은 대단하다

다나카 오사무 지음 | 남지연 옮김 | 228쪽 | 9,800원

우리 주변의 식물들이 지닌 놀라운 힘!
오랜 세월에 걸쳐 거목을 말려 죽이는 교살자 무화과나무, 딱지를 만들어 몸을 지키는 바나나 등 식물이 자신을 보호하는 아이디어, 환경에 적응하여 살아가기 위한 구조의 대단함을 해설한다. 동물은 흉내 낼 수 없는 식물의 경이로운 능력을 알아보자.

그림과 사진으로 풀어보는 알프스 소녀 하이디

지바 가오리 외 지음 | 남지연 옮김 | 224쪽 | 14,000원

하이디를 통해 살펴보는 19세기 유럽사!
『하이디』라는 작품을 통해 19세기 말의 스위스를 알아본다. 또한 원작자 슈피리의 생애를 교차시켜 『하이디』의 세계를 깊이 파고든다. 『하이디』를 읽은 사람은 물론, 작품을 보다 깊이 감상하고 싶은 사람에게 있어 좋은 안내서가 되어줄 것이다.

그림과 사진으로 풀어보는 마녀의 약초상자

니시무라 유코 지음 | 김상호 옮김 | 220쪽 | 13,000원

「약초」라는 키워드로 마녀를 추적하다!
정체를 알 수 없는 약물을 제조하거나 저주와 마술을 사용했다고 알려진 「마녀」란 과연 어떤 존재였을까? 그들이 제조해온 마법약의 재료와 제조법, 마녀들이 특히 많이 사용했던 여러 종의 약초와 그에 얽힌 이야기들을 통해 마녀의 비밀을 알아보자.

영국 귀족의 생활

다나카 료조 지음 | 김상호 옮김 | 192쪽 | 14,000원

영국 귀족의 우아한 삶을 조명한다!
현대에도 귀족제도가 남아있는 영국. 귀족이 영국 사회에서 어떠한 의미를 가지고 또 기능하는지, 상세한 설명과 사진자료를 통해 귀족 특유의 화려함과 고상함의 이면에 자리 잡은 책임과 무게. 귀족의 삶 깊숙한 곳까지 스며든 '노블레스 오블리주'의 진정한 의미를 알아보자.

초콜릿 세계사-근대 유럽에서 완성된 갈색의 보석

다케다 나오코 지음 | 이지은 옮김 | 240쪽 | 13,000원

신비의 약이 연인 사이의 선물로 자리 잡기까지의 역사!
원산지에서 「신의 음료」라고 불렸던 카카오. 유럽 탐험가들에 의해 서구 세계에 알려진 이래, 19세기에 이르러 오늘날의 형태와 같은 초콜릿이 탄생했다. 전 세계로 널리 퍼질 수 있었던 초콜릿의 흥미진진한 역사를 살펴보자.

요리 도감

오치 도요코 지음 | 김세원 옮김 | 384쪽 | 18,000원

요리는 힘! 삶의 저력을 키워보자!!
이 책은 부모가 자식에게 조곤조곤 알려주는 요리 조언집이다. 처음에는 요리가 서툴고 다소 귀찮게 느껴질지 모르지만, 약간의 요령과 습관만 익히면 스스로 요리를 완성한다는 보람과 매력, 그리고 요리라는 삶의 지혜에 눈을 뜨게 될 것이다.

초콜릿어 사전

Dolcerica 가가와 리카코 지음 | 이지은 옮김 | 260쪽 | 13,000원

사랑스러운 일러스트로 보는 초콜릿의 매력!
나른해지는 오후, 기력 보충 또는 기분 전환 삼아 한 조각 먹게 되는 초콜릿. 『초콜릿어 사전』은 초콜릿의 역사와 종류, 제조법 등 기본 정보와 관련 용어 그리고 그 해설을 유머러스하면서도 사랑스러운 일러스트와 함께 싣고 있는 그림 사전이다.

판타지세계 용어사전

고타니 마리 감수 | 전홍식 옮김 | 248쪽 | 18,000원

판타지의 세계를 즐기는 가이드북!

온갖 신비로 가득한 판타지의 세계. 『판타지세계 용어사전』은 판타지의 세계에 대한 이해를 돕고 보다 깊이 즐길 수 있도록, 세계 각국의 신화, 전설, 역사적 사건 속의 용어들을 뽑아 해설하고 있으며, 한국어판 특전으로 역자가 엄선한 한국 판타지 용어 해설집을 수록하고 있다.

세계사 만물사전

헤이본사 편집부 지음 | 남지연 옮김 | 444쪽 | 25,000원

우리 주변의 교통 수단을 시작으로, 의복, 각종 악기와 음악, 문자, 농업, 신화, 건축물과 유적 등. 고대부터 제2차 세계대전 종전 이후까지의 각종 사물 약 3000점의 유래와 그 역사를 상세한 그림으로 해설한다.

중세 유럽의 문화

개정판 1쇄 인쇄 2022년 4월 25일
개정판 1쇄 발행 2022년 4월 30일

저자 : 이케가미 쇼타
번역 : 이은수

펴낸이 : 이동섭
편집 : 이민규, 탁승규
디자인 : 조세연, 김형주
영업 · 마케팅 : 송정환, 조정훈
e-BOOK : 홍인표, 서찬웅, 최정수, 김은혜, 이홍비, 김영은
관리 : 이윤미

㈜에이케이커뮤니케이션즈
등록 1996년 7월 9일(제302-1996-00026호)
주소 : 04002 서울 마포구 동교로 17안길 28, 2층
TEL : 02-702-7963~5 FAX : 02-702-7988
http://www.amusementkorea.co.kr

ISBN 979-11-274-5316-9 03920

"ZUKAI CHUSEI NO SEIKATSU" by Shouta Ikegami
Copyright © Shouta Ikegami 2016
All rights reserved.
Illustrations by Takako Fukuchi
Originally published in Japan by Shinkigensha Co Ltd, Tokyo.

This Korean edition published by arrangement with Shinkigensha Co Ltd, Tokyo
in care of Tuttle-Mori Agency, Inc., Tokyo

이 책의 한국어판 저작권은 일본 SHINKIGENSHA와의 독점계약으로
㈜에이케이커뮤니케이션즈에 있습니다.
저작권법에 의해 한국 내에서 보호를 받는 저작물이므로 무단전재와 무단복제를 금합니다.

*잘못된 책은 구입한 곳에서 무료로 바꿔드립니다.

창작을 위한 아이디어 자료! AK트리비아 시리즈

중세 유럽의 문화

심오하고 매력적인 중세의 세계!

기사, 사제와 수도사, 음유시인에 숙녀, 그리고 농민과
상인과 기술자들. 중세 배경의 판타지 세계에서 자주
보았던 그들의 리얼한 생활을 풍부한 일러스트와 표로
이해한다! 중세라는 로맨틱한 세계에서 사람들은 어떤
의식주 문화를 이루어왔는지 생생하게 보여준다.

값 15,800원
ISBN 979-11-274-5316-9